绿色食品

品牌扶贫理论与实践

张华荣 主编

中国农业出版社
北 京

图书在版编目（CIP）数据

绿色食品品牌扶贫理论与实践 / 张华荣主编．—北京：中国农业出版社，2020．10
ISBN 978-7-109-27338-2

Ⅰ．①绿…　Ⅱ．①张…　Ⅲ．①绿色食品—扶贫—研究—中国　Ⅳ．①F426．82

中国版本图书馆 CIP 数据核字（2020）第 178237 号

中国农业出版社出版
地址：北京市朝阳区麦子店街 18 号楼
邮编：100125
责任编辑：廖　宁　胡烨芳
责任校对：周丽芳
印刷：中农印务有限公司
版次：2020 年 10 月第 1 版
印次：2020 年 10 月北京第 1 次印刷
发行：新华书店北京发行所
开本：787mm×1092mm　1/16
印张：23．5
字数：600 千字
定价：158．00 元

《绿色食品品牌扶贫理论与实践》
编 委 会

序

坚决打赢脱贫攻坚战是党中央的重大决策部署，事关民生福祉，事关全面建成小康社会和“两个一百年”中国梦的实现。党的十八大以来，整个绿色食品工作系统认真贯彻落实党中央决策部署和农业农村部工作要求，切实提高政治站位，强化责任担当，立足自身工作职能，聚焦“三区三州”深度贫困地区、农业农村部定点扶贫县、环京津贫困地区、大兴安岭南麓片区和国家级贫困县，充分发挥绿色食品独特的标准优势、质量优势和品牌优势，通过强化产品认证、基地建设、培训指导、产销对接、政策扶持等措施，有力地推动了贫困地区绿色、优质和品牌农产品发展，促进了贫困地区农业提质增效、农民增收脱贫，走出了一条特色鲜明、成效显著的农业品牌扶贫之路，成为农业产业扶贫的重要抓手和有效途径。

各地在全力推进品牌扶贫工作实践中，结合当地实际，创设了一系列政策举措，创新了一大批扶贫工作模式，涌现出一连串典型经验和成功做法，受到了当地政府、企业和农民朋友的普遍欢迎。为系统总结各地在推进品牌扶贫工作中积累的实践经验，充分展示各地在推进品牌扶贫工作中取得的丰硕成果，大力宣传、推广品牌扶贫的成功模式，中国绿色食品发展中心组织编写了《绿色食品品牌扶贫理论与实践》一书。

本书主要收集了近年来中国绿色食品发展中心及各地在推进绿色食品、有机农产品和农产品地理标志品牌扶贫工作中的实践探索和理论创新，具有较强的理论性、指导性和可操作性，对于进一步巩固品牌扶贫成果、助推产业扶贫与乡村振兴有效衔接，建立解决相对贫困的长效机制，具有一定的借鉴作用和参考价值。

中国绿色食品发展中心

2020年9月

目录

序

理论实践篇

加快发展“两品一标” 助力农业产业扶贫

张华荣
（中国绿色食品发展中心）

坚决打赢脱贫攻坚战是中央的重大决策部署，事关民生福祉，事关全面建成小康社会和“两个一百年”中国梦的实现。近年来，整个绿色食品工作系统认真贯彻党中央的决策部署，坚决把支持贫困地区脱贫致富作为重大政治任务，按照农业农村部工作部署要求，立足自身工作职能，突出发挥绿色食品、有机农产品和农产品地理标志（以下简称“两品一标”）独特的品牌优势，始终坚持“真心实意谋划、真抓实干扶持、真金白银投入”，加快推进贫困地区“两品一标”发展，有力促进了贫困地区农业提质增效、农民增收脱贫，走出了一条特色鲜明、成效显著的农业品牌扶贫之路，成为农业产业扶贫的有力抓手和重要途径。

一、深入学习贯彻习近平总书记扶贫工作重要论述，切实增强做好贫困地区品牌扶贫工作的责任感使命感

党的十八以来，以习近平同志为核心的党中央把脱贫攻坚纳入“五位一体”总体布局和“四个全面”战略布局，摆到治国理政的重要位置，举全党全国全社会之力，全面打响脱贫攻坚战。习近平总书记高度重视产业扶贫，多次强调，发展产业是实现脱贫的根本之策，要把培育产业作为推动脱贫攻坚的根本出路；产业扶贫是最直接、最有效的办法，也是增强贫困地区造血功能、帮助贫困群众就地就业的长远之计；要加大产业扶贫力度，种养业发展有自己的规律，周期较长，要注重长期培育和支持；要组织好产销对接，开展消费扶贫行动，多渠道解决农产品卖难问题。这些重要指示，为打赢脱贫攻坚战，特别是进一步做好产业扶贫工作指明了努力方向、提供了根本遵循。

品牌扶贫是农业产业扶贫工作的重要内容。农业农村部部党组历来高度重视“两品一标”品牌扶贫工作，对发挥“两品一标”品牌在产业扶贫工作中的示范带动作用提出了明确要求。2012 年，在《农业部关于加强农业行业扶贫工作的指导意见》中要求“大力发展‘三品一标’，打造一批具有一定市场竞争力的知名品牌，推进特色种养殖产品规模化生产、标准化管理、产业化经营、品牌化营销”。2020 年，在农业农村部办公厅、国务院扶贫办综合司印发的《关于做好 2020 年产业扶贫工作的意见》中，强调“支持贫困地区开展绿色食品、有机农产品和地理标志农产品认证登记，减免相关费用，实行优先受理、优先现场检查、优先检测、优先审核、优先颁证政策”。农业农村部在农业产业扶贫、定点扶贫、“三区三州”深度贫困地区扶贫等文件和工作方案中，都对“两品一标”品牌扶贫工作提出了明确的任务要求。

中国绿色食品发展中心认真贯彻落实中央脱贫攻坚决策部署和农业农村部党组的要求，切实提高政治站位，树牢大局意识，强化责任担当，加强统筹协调。中国绿色食品发展中心成立了扶贫工作领导小组，制订了扶贫工作方案，主动将扶贫工作纳入农业农村部绩效考核范围，构建了“中心班子统

一抓、分管领导具体抓、业务处室抓落实”的责任机制，明确了每项任务的责任处室和责任人，建立了定期沟通协调机制和落实农业农村部农产品质量安全监管司月台账上报制度，形成了“责任明确、狠抓落实，上下联动、齐抓共推”的工作格局。中国绿色食品发展中心自觉将品牌扶贫工作纳入农产品质量安全监管扶贫工作整体中，引导整个绿色食品工作系统聚焦“三区三州”深度贫困地区、定点扶贫县、环京津贫困地区、大兴安岭南麓片区和国家级贫困县，创新工作思路，强化工作举措，充分发挥“两品一标”的制度优势、标准优势、质量优势和品牌优势，扎实推进品牌扶贫工作，取得了显著成效，为农业产业扶贫工作提供了支撑、贡献了力量，成为农业产业扶贫工作的重要抓手、贫困地区农业提质增效的有力举措、农民增收脱贫的有效途径。

二、多措并举，全力推动贫困地区“两品一标”加快发展

（一）简化认证程序，构建产品优先颁证“快车道”

打通认证“堵点”，优化认证程序，简化认证流程，强化专业服务，着力帮助和支持贫困地区加快“两品一标”产品发展，提高农业发展质量和效益。建立了“优先受理、优先现场检查、优先检测、优先审核、优先颁证”“五优先”的“快车道”政策。根据“三区三州”深度贫困地区少数民族多、填报文字材料困难的情况，专门设计直观、易懂、易填报的制式文本，将以文字描述形式为主的申报材料一律改为判断评价打勾方式；建立现场检查与产品抽样同步实施的工作制度，集中组织材料审核及专家评审；印制专门档案袋，在“金农”信息系统中对“三区三州”企业进行特殊标记，设置工作专班，建立申报“直通车”，实行第一时间登记、第一时间审核、第一时间发证。2020 年上半年，中国绿色食品发展中心从受理登记到证书颁发的平均用时为 31 天，比 2019 年缩短 79 天。

（二）减免相关费用，当好企业发展壮大“助推器”

早在 10 多年前，中国绿色食品发展中心就投入“真金白银”，对贫困地

区发展绿色食品采取初级产品和加工产品分类减免的政策。近年来，为支持企业发展绿色食品、有机农产品，中国绿色食品发展中心进一步加大减免力度。自2019年5月1日起，全部免收“三区三州”深度贫困地区、定点扶贫县、环京津贫困地区、大兴安岭南麓片区等832个贫困县的绿色食品认证费和标志使用费，中国绿色食品发展中心所属中绿华夏有机食品认证中心也减免了35%有机农产品认证费。近3年，中国绿色食品发展中心累计减免贫困地区企业费用达5 400多万元。

（三）加强培训指导，提升农民自我发展“内生力”

坚持扶贫与“扶智”相结合，加大对企业和农民在农产品质量安全、标准化生产、品牌化经营、市场营销等方面的培训和指导，着力提高企业和农民自我发展的内生动力。调动多方技术力量，采取多层次扶持方式，加大对贫困地区企业和农民生产技术的培训教育，组织专家团队赴基地开展面对面、手把手地技术指导。近3年，中国绿色食品发展中心共投入200多万元，累计为贫困地区举办了16期绿色生产技术及品牌建设扶贫培训班，培训人数2 000人次以上。整个工作系统为贫困地区培训内企业检员4 000多人次，有1万人次以上赴贫困地区开展各种绿色生产技术指导服务，帮助贫困地区培养了一批绿色食品业务技术骨干和专业种养大户。2020年上半年，为克服新冠肺炎疫情的影响，中国绿色食品发展中心及时创新培训方式，采取“云上与云下”相结合、中国绿色食品发展中心与地方相配合、集中与分散相结合的方式，集中1个月时间，成功举办了10期品牌扶贫培训班，为“三区三州”培训绿色食品检查员、监管员和企业内检员共计825人。云教育平台数据显示，3个月“云端”课程就有1.36万人次浏览学习。

（四）强化产销对接，搭建品牌价值实现“新平台”

如何让贫困地区绿色优质农产品插上“两品一标”品牌的翅膀，走出大山，走向全国，实现品牌的价值，让贫困农民分享品牌的红利，是产业扶贫必须着力解决的重大课题。近年来，中国绿色食品发展中心依托中国绿色食

品博览会、中国国际有机食品博览会以及区域性绿色食品展会，开辟贫困地区展销专区，免费提供展位，加大绿色优质农产品展销推介。2018 年，中国绿色食品发展中心联合辽宁省农委、大连市人民政府在北京共同举办了大连（六盘水）优质特色农产品产销对接会，现场达成采购意向协议 2 亿多元。2020 年初，中国绿色食品发展中心下属中绿华夏有机食品认证中心以“消费扶贫、奉献爱心”为主题，组织贫困地区企业参加了江苏绿色有机农产品交易会，累计达成意向采购金额 2 000 余万元。

中国绿色食品发展中心以开展“春风万里　绿食有你”绿色食品宣传月活动为契机，连续 3 年组织整个工作系统积极宣传推介贫困地区绿色优质农产品。2020 年 5 月 29 日，采取线上直播的形式，在新浪微博直播间举行“春风万里　绿食有你”绿色食品宣传月启动仪式暨贫困地区产销对接活动，邀请了湖南永顺等 8 个贫困县县长在线代言本地绿色优质农产品，在线参与者达 300 余万人，帮助 17 个贫困县绿色食品产品开设了电商店铺。截至 2020 年 6 月底，全国已有 19 个省（市）级绿色食品工作机构在全国 118 个市（县）分别以线上、线下或线上线下相结合的形式举办了 149 场绿色食品集中宣传推介活动。据不完全统计，在 2020 年宣传月活动中，各地已组织

165 个贫困县的 375 家绿色食品企业，参与了经销商与贫困县产销对接、新媒体公益助农活动、直播带货、“网上农博会”等一系列丰富多彩的宣传推广和产销对接活动，邀请经销商 236 家。

（五）深化联学共建，打造脱贫攻坚“火车头”

“给钱给物，不如建个好支部”，基层党组织是带领农民群众打赢脱贫攻坚战的战斗堡垒。中国绿色食品发展中心高度重视党建促扶贫工作，组织中国绿色食品发展中心党支部与贫困地区党支部广泛开展联学共建促扶贫实践活动。多次组织党员干部赴中国绿色食品发展中心对口帮扶贫困县河北省张北县金家村、豆腐窑村，与村党支部开展结对帮扶，深入农民家里、田间地头、企业车间，详细了解贫困村产业扶贫的情况，为两村的品牌农产品发展和建设把脉献策，并走访慰问贫困户和生活困难的老党员。先后筹措 30 万元经费帮助金家村建设了党群活动中心，支持豆腐窑村改造提升了村党支部办公场所。中国绿色食品发展中心第六党支部（中国优质农产品开发服务协会党支部）筹措经费 18.4 万元，帮助河北省蔚县张南堡村修缮扩建了党员活动中心。通过联学共建，增强了村党支部的组织力和战斗力，坚定了广大党员干部和群众打赢脱贫攻坚战的信心决心。金家村党支部被张家口市委评为 2019 年全市先进基层组织，成为脱贫攻坚的坚强“战斗堡垒”。

三、“两品一标”品牌扶贫工作取得显著成效

（一）做大做强了一批地方特色农产品和主导产业

依托贫困地区的环境优势、资源优势，大力发展“两品一标”农产品，做大了一批有规模、质量高、口碑好的绿色农产品主导产业，唱响了一批“土字号”“乡字号”的特色农产品品牌。自 2017 年 1 月至 2020 年 6 月底，中国绿色食品发展中心支持 832 个国家级贫困县的 5 179 家新型生产经营主体发展了 12 154 个绿色食品、有机农产品，登记农产品地理标志 219 个，

有效提升了贫困地区特色农产品标准化生产、品牌化发展的水平，涌现出洛川苹果、定西马铃薯、和田核桃、苍溪猕猴桃、西藏青稞等一大批知名特色农产品品牌。支持贫困地区创建规模化、标准化、集约化的绿色食品原料基地 175 个，基地面积 4 369 万亩，平均每个基地 24.9 万亩，其中，玉米基地 18 个，面积 1 271 万亩，水稻基地 33 个，面积 957 万亩，蔬菜基地 37 个，面积 578 万亩，水果基地 24 个，面积 355 万亩，茶叶基地 14 个，面积 143 万亩。宁夏中宁县通过创建 14 万亩绿色食品压砂西瓜标准化生产基地，带动中卫市建成品质品牌保护示范区 40 万亩，打造了享誉全国的“香山硒砂瓜”西瓜品牌，成为中卫乃至宁夏的一张“绿色”名片。

（二）培育了一批示范带动能力强的生产经营主体

通过引导“两品一标”龙头企业与贫困地区开展有效对接，引导各地探索建立“‘两品一标’品牌＋龙头企业＋基地＋贫困户”的联贫带贫模式，进一步密切了生产经营主体与贫困户的利益联结机制，提高了生产经营主体的带动能力。在贫困县“两品一标”获证单位中，国家级产业化龙头企业 65 家，省级以上产业化龙头企业 556 家，市级以上农业产业化龙头企业 886 家，农民专业合作社 1 263 家，家庭农场 175 家。河南天豫薯业股份有限公司通过发挥“绿色食品＋农产品地理标志”品牌叠加效应，不断提升企业品牌影响力，公司采取“公司＋基地＋合作社＋农户”模式，与农民专业合作社签订包括最低保护价的“五统一”协议，成为郸城县带动贫困户增收脱贫的龙头企业。

（三）带动了一批农民增收脱贫

“两品一标”形成了“品牌溢价、企业增效、农户增收”的效益传导机制。通过引导贫困地区发展“两品一标”产品，让更多的贫困户参与到“两品一标”发展的产业链中，更多分享绿色优质农产品公共品牌的收益和红利，实现增收脱贫致富。目前，中国绿色食品发展中心支持贫困县创建的175个原料标准化基地，带动575万农户稳定增收，每年直接增加贫困地区农民收入在1.6亿元以上。西藏自治区通过发展无公害农产品及“两品一标”，累计带动近13万农牧民脱贫致富，每年新增加1 200人就业，带动建档立卡贫困户3 200多人次增收脱贫，每年每户累计增加现金收入达1.2万元，品牌扶贫效果显著。新疆岳湖县通过发展绿色食品小茴香，市场价格从原来的16元/千克提高到25元/千克，提高了56%，带动贫困户户均增收近万元，成为当地贫困户增收脱贫的大产业。

（四）促进了一方农业绿色发展

良好的生态环境是贫困地区永续发展的根本大计。“两品一标”坚持践行绿水青山就是金山银山的绿色发展理念，实施“生态产业化、产业生态化”的发展模式，大力推广产地环境洁净化、生产过程标准化、投入品使用减量化、废弃物循环资源化的新型绿色生产技术，促进了贫困地区资源节约型、环境友好型农业的发展。据中国农业大学张福锁院士团队研究表明，2009—2018年的10年间，绿色食品生产模式较普通生产模式共减少氮肥使用1 458万吨，减少一氧化二氮（N_2O）排放4.29万吨、氨气（NH_3）排放98.42万吨、硝酸根离子（NO_3^-）淋洗量61.98万吨、温室气体（GHG）排放量5 558万吨，每年减少农药使用量7.3万吨。绿色食品养殖模式与普通养殖模式相比，饲料生产过程中氮排放量减少48%，碳排放量减少64%；养殖过程中氮减排47%，碳减排11%。

四、几点经验和启示

（一）强化政治担当是打赢脱贫攻坚战的根本保障

中国绿色食品发展中心把“两品一标”品牌扶贫作为重要政治任务、政治责任纳入重要议程日程，与中心党建工作和重点业务工作同研究、同部署、同推进、同考核，先后出台优先认证、减免费用、培训指导、产销对接等一系列务实管用的政策措施。中国绿色食品发展中心班子成员亲自研究部署和督促推进品牌扶贫工作，多次带队深入河北省张北县、青海省河南县、贵州省剑河县等贫困县，开展扶贫调研和指导。中国绿色食品发展中心在自身干部队伍不足的情况下，先后选派 4 名年轻处级干部到贵州省赫章县、西藏自治区农业农村厅、河北省张北县、青海省河南县挂职，推动贫困地区加快“两品一标”发展，为推动脱贫攻坚作出积极贡献。

（二）做强特色产业是促进农民稳定增收的长远之策

发展产业是实现脱贫的根本之策。在品牌扶贫工作中，中国绿色食品发展中心始终紧扣做大做强当地特色农产品和主导产业，通过加快发展“两品一标”，切实提高贫困地区自我发展能力，强化农民增收脱贫的可持续发展机制，取得明显效果。在今后巩固脱贫成果、接续推进乡村产业振兴等重点任务中，中国绿色食品发展中心将继续依托当地的区域优势和资源优势，按照高产、绿色、优质、安全、高效的目标，突出抓好基地建设、产品开发、精深加工、品牌打造、市场营销等关键环节，推动特色产品和主导产业转变为优势产业，促进农业转型升级、农民增收。

（三）坚持精准导向是做好品牌扶贫工作的重要原则

脱贫攻坚，贵在精准。在推进品牌扶贫工作中，中国绿色食品发展中心始终坚持精准导向，根据不同贫困地区生态定位、资源禀赋、企业发展水平和农业生产基础，积极引导，因地制宜发展“两品一标”产品。针对大兴安岭南麓片区的资源优势，中国绿色食品发展中心引导贫困县创建规模化的绿色食品原料基地；针对“三区三州”“两品一标”发展基数低、重视程度不够等短板，因势利导，强化品牌宣传和培训指导，简化申报程序和认证材料，受到了深度贫困地区企业和农户的普遍欢迎。在推进乡村产业振兴战略中，要始终坚持问题导向和目标导向，充分尊重基层部门、企业和农民的意愿，不断提高服务的针对性、精准性和有效性。

（四）强化上下协同是做好品牌扶贫工作的重要保障

紧紧依托“部-省-市-县”上下贯通的绿色食品工作体系优势，形成“上下联动、齐抓共推”的扶贫工作格局。2018 年 6 月，中国绿色食品发展中心研究制定了加强品牌扶贫工作的意见，提出了推进品牌扶贫的 14 条有力措施，鼓励各地结合当地实际，开创性开展品牌扶贫工作，汇聚品牌扶贫工作的强大合力。河南省积极探索建立了“为贫困地区农产品插上品牌翅膀”的产业扶贫模式；西藏主动争取专项奖励补助资金 700 余万元，用于全区发展品牌农产品补助；新疆加大对深度贫困地区绿色食品发展的技术指导。聚焦“三区三州”深度贫困地区的品牌扶贫工作，中国绿色食品发展中心及时建立 6 个发达省份（北京、上海、江苏、浙江、江西、福建）绿色食品工作机构与“三区三州”深度贫困地区对接帮扶机制，帮扶单位直接参与和指导深贫地区的绿色食品材料审核、现场检查等工作。上海市绿色食品发展中心 2020 年 5 月克服新冠肺炎疫情影响，为新疆组织了线上培训，6 月组织 13 人赴新疆喀什地区开展现场检查帮扶。福建省绿色食品发展中心 7 月上旬与甘肃省绿色食品办公室组成闽甘工作组，深入甘肃省临夏州、甘南州开展对口帮扶，彰显了绿色食品工作体系同频共振、齐心协力参与品牌扶贫工作的精神风貌。

为贫困地区农产品插上品牌的翅膀

刘保仓

（河南省农业农村厅）

为深入贯彻中央和河南省委、省政府打赢脱贫攻坚战的决策部署，我们在调查研究的基础上，结合河南实际，提出并落实农业品牌扶贫举措，对加强农业品牌建设、推进农业产业扶贫都有非常重要的指导和引导作用。

一、河南农业品牌建设取得成效，已经成为脱贫攻坚的重要先导力量

近年来，河南省农业系统围绕农业供给侧结构性改革，保障农产品有效供给，增加优质供给，充分发挥政策导向作用，大力推进“三品一标”公共品牌创建，全省品牌农产品健康发展，持续提升。截至2017年底，全省有效期内“三品一标”产品3 597个，其中，无公害农产品2 701个、绿色食品758个、有机农产品41个、农产品地理标志97个。创建4个全国绿色食品标准化原料基地、1个国家级农产品地理标志示范样板、46个省级“三品一标”示范基地。品牌产品类别覆盖面进一步扩大，以绿色食品为例，其中，果品占34%、蔬菜占38%、粮食类初级产品占9%、初级加工品占12%、深加工品占7%，产业带动作用明显增强。以“为贫困地区农产品插上品牌的翅膀”为目标，坚持把优质农产品认出来、管理好和推出去，省、市、县三级工作联动，实施深度贫困县整县推进，培育贫困县有意愿、有发展潜力的经营主体，采取一对一指导以及集中现场办公等措施，推进贫困地区“三品一标”品牌建设。截至2017年底，全省贫困县“三品一标”产品

达 2 561 个，占全省的 71%，其中，无公害农产品 1 791 个，占全省的 66%；绿色食品 675 个，占全省的 89%；有机农产品 30 个，占全省的 73%；农产品地理标志 65 个，占全省的 67%。

“三品一标”品牌农产品，引领了传统农业升级改造，提升了贫困地区产业素质，使产品走出贫困地区，走向广阔的市场，实现溢价销售，带动了贫困农民脱贫和稳定增收。一是提升了贫困地区农产品的市场认可度和竞争力。不断加大贫困地区的品牌支持力度，越来越多的优质农产品通过品牌号召力被市场接受和认可。比如，洛宁“香腮”牌苹果获得绿色食品证书后，销售价格稳定在每千克 20 元以上、高时可达每千克 30 元；固始“九华山”牌茶叶获得绿色食品证书后，知名度和效益提升，茶叶鲜叶每千克增加收入 12 元，每亩茶园增加收入 400 元以上，带动从事茶叶生产的贫困人口人均年增收 8 000 多元；“兰考蜜瓜”获得农产品地理标志登记后，从北京郊区销售转向进入北京市内商超，价格提高 30%。二是带动了贫困地区农产品标准化生产。品牌意味着标准化，通过品牌建设，许多地方农业标准化生产水平迈上新台阶。“正阳花生”获得农产品地理标志登记和绿色食品原料基地后，在 2017 年长沙中国国际中小企业博览会一次达成 2 000 万元销售意向、布点 400 个超市，并促使全球花生油生产排名第一的鲁花集团落地正阳，全县花生产业发展上了一个大台阶。延津 45 万亩绿色食品原料（小麦）基地、内黄 10 万亩绿色食品原料（花生）基地，分别与大企业签订长期合同，对产业发展和农民脱贫带动效果明显。三是增强了经营主体的发展后劲和带贫能力。脱贫攻坚离不开产业扶贫支撑，产业发展离不开龙头带动，农业新型经营主体是脱贫攻坚的中坚力量。武陟“菡香”大米获得绿色食品认证和农产品地理标志登记后，合作社的规模由一个村发展到跨出县域，大米价格每千克增加 2 元，与河南机场集团签订年供 500 吨的长期合同。方城县博望镇前荒村，全村 2 495 人，其中贫困人口 73 人，在 3 050 亩土地上种了黄金梨 2 800 亩。该村组织合作社申报绿色食品认证，2017 年初获证后，与经销商达成价格不低于每千克 8 元的协议，仅一个绿色食品品牌就使单价增加 6 元。待果树进入丰产期、全部达标生产后，亩增收可达 1.5

万元，一个产业就能使该村实现脱贫。从这些鲜活的事例，我们可以看到，这就是品牌的力量，这就是品牌扶贫的效果，品牌已经成为脱贫攻坚的重要先导力量。

二、脱贫攻坚需要农业品牌建设提供强有力的支撑

当前，河南省农业正处在实现高质量发展、从增产导向转变为提质导向的关键时期，品牌建设已经成为满足消费结构不断升级的重要抓手，已经成为提高农业发展质量和效益的重要途径，已经成为打好脱贫攻坚战不可或缺的支撑力量。

2019 年 5 月河南省知名农业品牌发布暨宣传推介会

1. 人民群众品牌意识不断增强

随着人民收入水平的提高，城乡居民的消费结构日益升级，消费观念发生了巨大改变，过去是有什么就吃什么，现在是想吃什么就有什么，供求关

系发生了根本性变化。由于农业的高速发展，农产品极大丰富，人们选择农产品的关注点也发生变化，已经不太关注“有没有”“够不够”，而是更加关注“好不好”“优不优”，由首先关注价格转向首先关注品质。随着农产品国际市场的融合，我国农产品要面对的是与国际品牌农产品同台竞争。在竞争日趋激烈的大环境下，谁的品牌响，谁就会最先吸引消费者眼球，取得消费者信任，赢得消费者青睐。可以说，有品牌就有市场，就有发展活力。以上这些深刻变化，要求我们不仅要满足量的需求，还要提供多层次、多样化、个性化、优质生态安全的农产品。推进品牌建设，能够很好地适应这些变化需求。打好脱贫攻坚战，推进产业扶贫，就必须围绕“需求导向”和“供给质量”，加强绿色、有机、无公害农产品供给。

2. 品牌是提升农产品质量的重要因素

农业农村部把2018年确定为“农业质量年”，实施一系列农业质量提升行动，推进质量兴农、绿色兴农、品牌强农。首先是产品质量高，生产的农产品品质更加优良、营养更加均衡、口感更加纯正、特色更加鲜明。要做到这些，最基本的要求是标准化、绿色化生产。以绿色食品为代表的“三品一标”，是一个完整的标准体系，有一套成熟的实施办法，倡导绿色、减量和清洁化生产，遵循资源循环无害化利用，注重产地环境保护，严格控制和鼓励减少农业投入品使用。培育发展“三品一标”品牌的过程，就是贯彻标准化、绿色化生产的过程，是提升农产品质量的过程。

3. 品牌发展铸就稳定脱贫的长效机制

贫困地区自然资源环境相对优越，农产品特色突出，有生产优质农产品的条件，但又普遍存在交通不便、无品牌或品牌不响等问题，使得好的农产品难以走出去、卖个好价钱。因为品牌建设滞后，品牌影响力严重不足，尽管产品的品质和品相可能达到了一定的先进水平，但在竞争中往往处于劣势地位。有好产品，没有品牌支撑，无法抓住机会和市场。2016年以来，我们围绕农业产业发展和农民增收，开展农业品牌扶贫实践探索，取得了显著成效，建立起了较为成熟的品牌创建与带贫机制，形成了较为成熟的稳定增收模式。“企业（合作社）＋‘一品’＋贫困户”模式，即经营主体通过发展绿

色食品、无公害或有机农产品，带动农户脱贫致富，如“九华山”牌茶叶、“香腮”牌苹果；“企业（合作社）+‘一标一品’+贫困户”模式，即经营主体通过发展农产品地理标志和绿色食品，带动农户脱贫致富，如“兰考蜜瓜”“汝阳红薯”等，授权绿色食品获证企业使用农产品地理标志，带动农户发展；“企业（合作社）+‘一品’一基地+贫困户”模式，即经营主体通过发展绿色食品和绿色食品原料标准基地建设，带动农户脱贫致富，如郸城“天豫薯业”、正阳的“正花”花生等；“企业（合作社）+标准化基地+贫困户”模式，即经营主体通过建设省“三品一标”标准化（示范）基地，带动农户脱贫致富，如内黄的“星河油脂”、西平的“豫坡酒业”等。这些品牌带贫模式，特色鲜明、优势突出、机制稳固，是农业品牌扶贫的典型范例。

三、强化品牌引领，助力脱贫攻坚

1. 加强农业品牌扶贫领导

打好脱贫攻坚战，推进质量兴农、绿色兴农、品牌强农，需要各方面齐心协力共同参与。各级农业主管部门，要加强对农业品牌扶贫工作的领导，发挥好农业品牌扶贫在脱贫攻坚中的重要先导作用；要把品牌扶贫纳入农业产业扶贫发展规划，明确发展目标，创新工作机制；做到上下联动、目标一致、行动统一，形成“政府推动、企业主导、社会参与”的良性互动格局。

2. 落实农业品牌扶贫任务

河南省农业农村厅出台了《农业产业扶贫1+N方案》。其中就有《加快农业品牌建设，提升“三品一标”带贫能力专项行动方案（2018—2020年）》，总体目标是，从2018年起到2020年，贫困县“三品一标”产品数量年增幅15%以上。2018年，在洛宁、淅川、濮阳等县开展农业品牌整县扶贫服务推进工作；对卢氏县和正阳县等2017年已经开展的农业品牌扶贫整县推进工作，进行再培育、再推进；“三品一标”认定登记、监督管理、市场推介等政策措施及工作力量向47个贫困县倾斜，全省贫困县申报认定

2019 年 8 月河南省 14 县“三品一标”农业品牌扶贫整县推进培训班

“三品一标”370 个以上。各地要结合本地农业产业优势和产品特色，制订农业品牌扶贫规划和实施方案，要分解任务、细化措施，力争认出一批、培育一批、推出一批、带动一方，确保品牌建设和扶贫目标落到实处。

3. 激发农业品牌扶贫活力

品牌已经成为企业、地区综合竞争力的重要体现，要完善财政支持政策，扶持引导农业经营主体，申请使用“三品一标”公共品牌，提升发展和带贫能力。农业生产经营投资项目，要重点投向获得“三品一标”品牌的农业经营主体。贫困县的农业项目要重点投向获得“三品一标”认证的带贫经营主体，非贫困县的农业项目要重点投向获得“三品一标”认证的贫困村经营主体。各级龙头企业、示范合作社、示范场、高标准粮田和农业标准化示范区等，在申报和评价过程中，都要把获得“三品一标”品牌作为考核条件。新型职业农民培训等各类涉农培训，要把农产品品牌创建纳入教学内容，广泛宣传品牌创建与扶贫模式。通过这些措施，切实激发和提升农业经营主体品牌创建意识和拓展能力。要讲好品牌故事，提升品牌形象，拓展品

牌影响力，促进河南省农业品牌做强做大，在农业品牌扶贫过程中发挥更大作用。

4. 彰显农业品牌扶贫成效

各级各地要强化农产品品牌宣传推介，坚持正面引导，营造良好社会氛围，针对公众对质量安全情况缺乏了解、对网络不实信息难以辨别等问题，通过多种形式做好科普宣传。加大品牌农产品营销推介力度，组织好“农交会”“农洽会”“绿博会”等涉农专业展会活动，组织贫困地区获证“三品一标”优质农产品参展，通过展会走出河南、走向全国、走向世界。加强益农信息化建设和运营，大力发展农产品电商，促进河南品牌农产品线上销售。充分利用省内外主流媒体和网络新媒体，广泛宣传河南农业品牌创建和扶贫的新做法、新经验、新成果。

总之，品牌发展和扶贫的社会共识正在形成，让我们以习近平新时代中国特色社会主义思想为指引，推动农业品牌创建，助力农业产业扶贫，为质量兴农、绿色兴农、品牌强农，为打好脱贫攻坚战，作出新的贡献。

注：本文为作者2018年5月16日在河南省农业品牌扶贫现场会上的讲话节选。

主动作为　勇于担当
积极探索农业品牌扶贫新路径

余新华
（河南省绿色食品发展中心）

近年来，在大力实施“质量兴农、绿色兴农、品牌强农”战略的实践中，我们着眼为农业产业素质和扶贫能力的提升献策献力，坚持主动作为，勇于担当，积极探索农业品牌扶贫新路径。经过实践，我们积累了一些经验。

一、对照职责、主动施策

党的十八大以来，以习近平同志为核心的党中央强力推动脱贫攻坚战，推进精准扶贫。在贯彻落实中央和河南省委、省政府精准扶贫统一部署时，河南省农业农村厅党组强调，要围绕农业产业素质提升和农业供给侧结构性改革推进农业产业扶贫。河南省农业农村厅党组要求我们各项工作必须着眼于推进农业产业扶贫，服从服务于农业产业扶贫。在认真学习河南省农业农村厅党组要求、分析形势后，我们发现，贫困地区自然资源环境相对优越，有生产优质农产品的条件，但又普遍存在交通不便、农业标准化生产水平低、农产品无品牌或品牌不响等问题，农产品销售不畅和市场竞争力弱是这些地方农业产业的基本特征。同时，我们也看到，这些年推广的标准体系完备、质量边界清晰的这些“三品一标”公共品牌（绿色食品、有机农产品、无公害农产品和农产品地理标志），犹如高速公路上的通行证，能够把优质农产品输送到大中城市的中高端消费者面前，并能被他们端上餐桌。

于是，在没有成功经验和现成模式可借鉴的情况下，我们主动作为，结合单位业务职责，提出以“为产业扶贫插上品牌翅膀”为内涵，以“三品一标”公共品牌建设为抓手，以把贫困地区优质农产品认出来、管理好和推出去为目的，积极探索农业品牌扶贫新路径，并以此为重心谋划和落实各项相关工作。农业品牌扶贫一经提出，立即得到了河南省农业农村厅党组的高度重视和大力支持，也得到了市、县政府的积极响应。在厅党组、扶贫办公室和有关市、县政府的支持下，我们从2016年开始在贫困县开展品牌扶贫整县推进行动。截至2019年，已先后在兰考、卢氏、上蔡、正阳、确山、光山、淅川、濮阳、洛宁、台前10个县集中开展了农业品牌扶贫整县推进行动，取得了良好效果，起到了以点带面的作用。2019年，又在濮阳、洛宁和淅川等县开展了整县推进的前期对接，后期我们有信心有能力进一步扩大品牌扶贫成果。

二、细化措施、前移服务

推进农业品牌扶贫，就是希望通过扶持和引导新型农业经营主体申请使用“三品一标”公共品牌，以培育壮大企业品牌，增强农产品市场竞争力和企业可持续发展能力，进而拓宽农民就业和增收渠道，实现产业扶贫的目的。就扶贫投入权重看，农业品牌扶贫属于智力扶贫范畴，不像资金、物质、项目等支持那么直观。因此，要让被扶对象接受并协力实现扶贫目的有一个过程，还需要做细致的工作。为此，我们探索并采取了“集中力量、分批实施、分步推进”的工作模式。第一步，宣传发动。由河南省绿色食品发展中心领导带队，分别到各贫困县举办由县、乡（镇）政府农业主管领导、农业企业及合作社负责人参加的，以“‘三品一标’品牌发展形势与机遇”为主题的农业品牌扶贫对接、座谈、培训会，进行面对面宣传发动。第二步，分类指导。派出由省、市机构检查员组成的专家组，到各贫困县对有申报“三品一标”品牌意向的企业和合作社，逐个进行现场考察、评估和指导。对基本符合申报条件的，及时集中安排企业内检员培训，并分别指导其组织申报材料。对暂不具备申报条件的，现场给予改进和发展建议，后续跟进服务，帮助他们制定质量管理和生产技术规范，提高其质量管理和生产发展水平。第三步，集中检查抽样。在遵守规则、不违背程序的前提下，我们在全省范围内抽调有资质的检查员和检测员，组成现场检查和抽样混合编队，逐县同步实施现场集中检查与检测检验抽样，即对现场检查通过的申报企业，当场进行产地环境检测和产品检验抽样，以便缩短等待检测检验报告的时间，提高申报效率。第四步，集中审核把关。在后期申报过程中，我们召集省内优秀审核专家，集中审核贫困县企业的申报材料，帮助其查缺补漏和修改修正，既缩短了申报完成时间，又提高了终审通过率。

2019 年 4 月的河南省绿色食品宣传月活动暨贫困地区绿色食品产销对接会

此外，为了支持贫困县和贫困村依托“三品一标”公共品牌带动地方优质农产品生产发展，我们调剂工作经费为贫困县支付了应由“三品一标”申报单位承担的环境检测和产品检验费用，以及所有相关工作人员的差旅费用。同时，还积极协调中国绿色食品发展中心对贫困县企业的申请认证费用按 30%的标准减免。自 2016 年以来，河南省绿色食品发展中心共派专家 260 余人次到贫困县进行现场考察和培训指导，培训 2 000 多人次；为贫困

县培训检查员、企业内检员 700 名，占全年全省培训总人数的近 40%以上；共调派现场检查和抽样人员 600 余人次，出动检测检验抽样车辆 80 台次；用于贫困县和贫困村“三品一标”认证资金 200 多万元，协调中国绿色食品发展中心为贫困县减免费用达 100 多万元。截至 2019 年，河南省贫困县“三品一标”产品达 1 877 个，占全省“三品一标”总量的 42%。还有一批企业合作社正在积极成长培育中，实现了我们提出的“认出来一批、再培育一批”的目标。

三、延伸服务、扶出硕果

农业品牌扶贫归根结底是要帮助贫困县将好产品卖出去并卖上一个好价钱，实现增收脱贫和带贫。为了促推河南品牌农产品，尤其是贫困地区获证“三品一标”优质农产品，走出平原大山、叫响全国和走向世界，我们积极创造机会、精心组织协调、尽最大的努力，让更多的获证农产品零负担登上农交会地标专展、农洽会“三品一标”展、中国绿博会、国际有机博览会等高端专业展会的大舞台。2017 年，河南省绿色食品发展中心替贫困县承担各类展会的展位费、特装费等相关费用 30 多万元。同时，我们始终坚持和突出“助品牌腾飞　促供需结缘”“打造绿色中原　享受绿色生活”的理念和口号，集中宣传展示独具特色的河南品牌农产品新形象，使得越来越多的中高端消费者认识、喜欢并记住了河南品牌农产品。此外，我们还通过报纸杂志、广播电视、微信公众号、网站等媒体，举办“三品一标”新闻发布会、我最喜爱的绿色食品评选和绿色食品宣传月等活动，并通过各类涉农会议培训宣传推介河南品牌农产品。在这些宣传推介活动中，始终把贫困县的产品作为重点宣传和推介对象。

以上措施有效地提升了贫困县农产品附加值、市场竞争力和带贫能力。因此，涌现出一批通过品牌扶贫带动当地贫困人口脱贫致富的典型。例如，“兰考蜜瓜”因获得农产品地理标志登记，得以从北京郊区销售转向直接进入北京市内商超销售，价格也提高 30%；“正阳花生”获得农产品地理标志

2019 年 6 月于宁陵县调研农业品牌创建与扶贫

登记和全国绿色食品原料标准化生产基地创建资格后，被评为“全国百强区域农产品品牌”，在长沙中国国际中小企业博览会上达成 2 千万元、400 个超市的销售意向，并促使鲁花集团落地正阳，规划建设年产 10 万吨绿色食品花生油的生产线，预计投产后，年吞吐花生量将达百万亩，亩均增收 200 元，全县花生种植户都将是受益者；方城县博望镇前荒村的 2 800 亩黄金梨依靠“绿色食品”品牌，实现亩增收 1.5 万元左右，一个产业带动了全村脱贫和持续稳定增收；卢氏县山区贫困群众以前守着特色农产品“金饭碗”，却端着“要饭碗”，2017 年申报绿色食品后，中华人民共和国海关总署正在帮助其特色农产品开通出口通道、开拓市场；“汝阳香菇”获得农产品地理标志登记保护后，鲜香菇每千克增收 1～1.5 元，种植规模由 2 500 万袋发展到3 000余万袋，产品走出中原，产业产值达到 4.8 亿元以上，带动 5 个乡镇、42 个村、2 164 户、6 200 人从事食用菌产业致富，其中贫困户 1 000 余户；洛宁众森农业公司“香腮”苹果以前进不了高端展会，获得绿色食品证书后，上了 2017 年绿博会参展，就出现一果难求的好开局，并获得了绿博会金奖和 300 万元的订单，公司也为安置的 35 名贫困人口支付工

资 120 多万元；郸城天豫薯业公司通过发展绿色食品红薯及红薯粉条，实现 60%的产品出口、国内拥有 1 700 多个营销网点，并成为“海底捞”等品牌餐饮的固定供应商，企业产值也由 2 亿元增长至 5.89 亿元，公司在带动郸城当地贫困人口脱贫致富的同时，还把生产基地和品牌扶贫机制带到了洛宁县，输出到江苏泗阳、山东泰安和江西南昌等地。

一个个鲜活的例子就是最好的证明。通过推进“三品一标”农业品牌扶贫，为贫困县农产品插上了品牌的翅膀，提升其产品附加值和市场竞争力，助推农业产业带贫和农民稳定增收脱贫。当然，农业品牌扶贫，我们也只是探索性迈出了一步，成绩不足以骄傲，困难也还会不少。下一步，我们将认真贯彻落实中央和省委、省政府精准扶贫的统一部署，服从服务于全省农业产业扶贫大局谋划工作，继续实施好深度贫困县品牌扶贫整县推进行动，继续落实好全省“三品一标”品牌创建及绿色食品“双新双创”等相关工作，全力以赴推进农业品牌扶贫工作，使其再开鲜花、再结硕果。

张北县“两品一标”品牌扶贫实践探索

沈光宏

（中国绿色食品发展中心）

张北县地处河北省西北部、内蒙古高原南缘的坝上地区，是国家扶贫开发重点县，是国家扶贫开发燕山-太行山连片贫困片区县，是河北省 10 个深度贫困县之一。全县总面积 4 185 平方公里，辖 18 个乡镇 366 个行政村，总人口 37.2 万人。2017 年起，在中国绿色食品发展中心支持下，张北县大力实施“两品一标”（绿色食品、有机农产品和农产品地理标志）品牌扶贫，推进特色农业产业发展，取得了显著成效。

一、张北县发展“两品一标”品牌扶贫的内外部因素分析

（一）张北县发展“两品一标”品牌扶贫的主要内部优势条件

1. 生态环境优越

张北县位于我国北方高寒、半干旱农牧交错区，年均气温 3.2 ℃，夏季最高气温一般不超 30 ℃，无霜期短，年均 107 天，年均降水量 380 毫米，集中于夏季。昼夜温差大，作物病虫害少。由于历史原因，全县在 1995 年属于限制开发区域，县境内无传统大型工业企业。空气质量好，全年空气质量达到和好于二级天数达 344 天。草原和森林覆盖率高，草原植被覆盖率 72.5%，森林覆盖率 28%，是国内知名的夏季草原度假旅游目的地。

2. 农牧业特色资源丰富

全县现有耕地面积 151.5 万亩，主要种植作物有马铃薯、甜菜、莜麦、亚麻、蔬菜、玉米饲草等。其中，马铃薯常年种植面积在 35 万亩左右，马

铃薯种薯年产脱毒苗 3 亿株，微型薯年产 5 亿粒，占全国微型薯总产量的 1/5 以上，是全国重要的马铃薯良种繁育基地，商品薯年产 45 万吨，以初级产品形式销往全国各地。甜菜种植面积稳定在 15 万亩以上，县内有华北最大的制糖厂博天糖业，整个产业形成了稳定的产业链条。张北是华北地区畜产品重点产区和重要集散地，县内饲养量达到牛 7.7 万头、羊 31.6 万只、猪 6.1 万口，年产牛奶 5.4 万吨、肉类 0.36 万吨；有肉类加工企业 10 家、乳品企业 2 家，是河北省畜牧大县。

3. 区位优势明显，交通便捷

张北古时是兵家必争之地，是连接华北与内蒙古的重要交通要道，素有“北方旱码头”之称，闻名世界的“北方丝绸之路”张（张家口）库（库伦现乌兰巴托）古商道纵贯全境。南距主要消费市场北京 225 公里、天津 310 公里，多条国省干线聚集辐射，张石、张承高速公路贯通全境，是辐射京津、联通晋蒙的重要交通枢纽。

（二）张北县发展“两品一标”品牌扶贫的主要内部劣势条件

1. 品牌观念滞后

从调研了解情况来看，农业生产经营主体思想观念还比较落后，满足于供应初级原料农产品和扩大种植规模和产量，在农产品标准化、品牌化和经营方式创新上普遍存在不足。2017 年上半年，全县仅有 1 家绿色食品企业和 1 家有机农产品企业。

2. 农业产业化龙头企业数量不足

除制糖和乳制品产业外，全县农业普遍存在企业小而散、各自为战的状态。以马铃薯为例，微型薯总产量占到全国 1/5 以上，但没有一家大型的产业化龙头企业，商品薯龙头企业张北丰茂农业也主要是原料的收储和分销。

（三）张北县发展“两品一标”品牌扶贫的外部机遇

1. 脱贫攻坚战加速张北县农牧产业发展

产业扶贫是脱贫攻坚的主要途径和长久之策，也是脱贫攻坚工作重中之重。张北县内农牧产业是与贫困人口关联度最高的产业，实现全县贫困人口的稳定脱贫，必须要发展农牧产业，提高产品增加值。全县每年整合上级各类扶贫资金5亿元左右，按照河北省要求，其中50%以上需要用于产业扶贫，这将有力促进全县农牧产业的发展。

2. 中国绿色食品发展中心结对帮扶，提供政策和技术支持

按照环京津产业扶贫行动统一部署，2017年4月，中国绿色食品发展中心与张北县建立结对帮扶关系。中国绿色食品发展中心出台政策减免了张北县绿色食品、有机农产品的认证费和标志使用费，并开辟了优先受理、优先检查、优先审核、优先评审和优先颁证的“五优先”通道，并先后派出2名干部赴张北县挂职。

（四）张北县发展“两品一标”品牌扶贫的外部挑战

张北县属于张家口坝上地区，气候条件和坝上其他县及周边的内蒙古县区无明显差别，农牧业产业结构相似，差异很小，互相之间形成一定的挤压效应。是挑战，也是机遇。要求张北县加快传统农牧产业结构升级和发展新的特色产业，形成竞争优势。

二、张北县“两品一标”品牌扶贫的主要做法和成效

在深入分析全县“两名一标”发展优劣势和面临的机遇、挑战基础上，依托中国绿色食品中心的帮扶，张北大力推进“两品一标”品牌扶贫，推进“两品一标”与特色农业产业发展融合，带动贫困户脱贫增收致富，取得了显著成效。

（一）开展农业品牌培训和教育，引导农业生产经营主体和贫困户走品牌发展之路

自2018年来，县政府持续将发展绿色、有机和农产品地理标志列入全县工作内容，制订农业品牌发展计划。2018年，中国绿色食品发展中

心专门在张北县举办“两品一品”农业品牌知识培训班。县农业农村局每年举办绿色食品、有机农产品、农产品地理标志和农业品牌专题培训班，培训对象包括农业企业、合作社、乡镇农业助理以及部分驻村第一书记，培训人次超过 400 人，提高了从业人员品牌意识。县农业农村局、工商联、电商中心等单位多次举办农业品牌知识培训和实地交流学习。通过多种形式的培训和教育，在全县营造发展“两品一标”、走农业品牌发展之路的氛围。

丰收的喜悦

（二）加强“两品一标”认证和登记，提升全县农业标准化和品牌化水平

根据县内主要农业产业和产品特点，张北县重点推进马铃薯、蔬菜和食用菌企业绿色食品认证，全县共有 21 家企业和合作社获得绿色食品证书。推进藜麦和沙棘的有机农产品认证，共有 5 家有机食品企业和 1 家沙棘企业获得中绿华夏有机食品中心有机产品认证。张北民间有“土豆、莜面、大皮

袄，坝上三件宝”之说，在系统梳理和深入挖掘张北马铃薯与张北莜面的种植历史和人文传承基础上，张北县积极申报张北马铃薯和张北莜麦农产品地理标志登记，并分别于2018年、2020年获得认证。

（三）坚持绿色和有机引领，因地制宜发展旱作特色农业产业

张北县少雨干旱，是《张家口首都水源涵养功能区和生态环境支撑区建设规划（2019—2035年）》的重要地区，现有农业生产结构需要转型升级，发展旱作农业意义重大。2018年，张北县提出发展麻豌豆和藜麦旱作农业，县政府出台了《张北县发展藜麦和麻豌豆产业助推脱贫攻坚的实施意见》，推行麻豌豆按照绿色食品标准生产，鼓励藜麦按照有机方式生产，并对贫困户给予麻豌豆60元/亩、藜麦200元/亩的种植补贴，调动贫困户生产积极性，建立公司＋基地＋农户的利益链接机制，带动贫困户脱贫增收。2018年，藜麦和豌豆种植面积迅速达到1.1万和3万亩，3 400多户贫困户参与种植。2019年，张北县创建了5万亩绿色食品豌豆原料标准化生产基地和2 300亩全国有机藜麦生产基地。

（四）多措并举强化品牌宣传，促进“两品一标”产销对接

张北县采取多种形式，搭建平台，加强对获证企业和产品的宣传力度，提升影响力和知名度。利用媒体公益扶贫助农的机会，协调CCTV-2、CCTV-6、CCTV-7、江苏电视台等媒体专题拍摄宣传张北马铃薯和藜麦。在抖音、淘宝、腾讯等平台设立直播间，推介“两品一标”产品。联合中国藜麦学会在张北举办了举办藜麦产业发展与扶贫论坛，并成立了京津冀藜麦产业技术创新联盟。协调“星光行动”走进张北，由影视明星邓超现场收割和直播推介张北藜麦。支持山西汾酒股份有限公司组织全国近400名重点经销商走进绿色食品豌豆基地。支持每年举办张北马铃薯产业发展论坛等活动。组织“两品一标”企业参加全国农交会、绿色食品博览会、有机食品博览会、贫困地区农产品产销对接行动等大型展会，并设立专门展位和举办推介活动。借助消费扶贫和东西协作和帮扶，开展张北优质农产品

走进北京的机关和企业食堂活动，在北京西城区多个超市上架张北优质农产品。

张北县通过“两品一标”品牌扶贫，取得了明显成效。一是提升了马铃薯、豌豆和藜麦产业发展水平，推动了农业高质量发展。马铃薯主要生产企业普遍推行绿色化生产，使用部分有机肥替代化肥，逐步由注重产量向产量质量并重转变。全县绿色豌豆种植面积达到4万亩左右，成为山西汾酒股份有限公司核心原料基地，藜麦由2017年不足1.1万亩扩展到年2.5万亩左右，成为国内重要的有机藜麦生产供应基地，也是张北县特色农业的一张新名片。通过绿色、有机行业的高质量发展，带动贫困户增收。二是提升了产品知名度，扩大了市场销量。搭乘“两品一标”公共品牌知名度的便车，张北县采取“政府搭台，企业唱戏”多种宣传和营销措施，提升了产品销量，并且很多绿色、有机产品销售价格比常规价格高10%以上，通过企业的增收，促进贫困户增收。三是发挥了价格比较优势，促进了贫困户增收。农户（贫困户）种植传统的莜麦和亚麻，亩产75～100千克，按照平均价格莜麦2.6元/千克和亚麻4元/千克计算，莜麦亩收入不超过260元，亚麻亩收入不超过400元。种植绿色食品豌豆，亩产100～125千克，按照2019年订单价格5.4元/千克的标准，亩收入可达675元。种植有机藜麦，亩产75～100千克，按照12～16元/千克的原粮价格，亩收入一般在900元以上，最高可达1 600元左右。而几种作物的投入成本差不多，通过绿色和有机的价格比较优势，大幅提高了贫困户亩收入。

三、张北县“两品一标”企业和贫困户利益链接模式分析

贫困户在农业生产技术、资金和市场经营等方面存在天然的缺陷，而“两品一标”企业往往是当地主要的农业企业，具有一定的技术、资金、品牌和销售优势，建立健全“两品一标”企业和贫困户双赢的利益链接机制，让贫困户分享农业品牌发展红利，是农业品牌扶贫的关键环节。张北县主要探索建立以下几种模式。

（一）资产收益模式

县政府将扶贫整合资金以贫困户的名义入股“两品一标”企业，企业以固定年收益10%向入股的贫困户支付分红或分红加本金。如张北丰茂农业开发有限公司是农产品地理标志张北马铃薯核心企业，也是县内重点绿色食品企业。2018年初，县扶农公司向张北丰茂农业开发有限公司入股1 400万，张北丰茂农业开发有限公司每年返还140万的固定收益，用于3 200多户贫困户的收益再分配。2017年，县扶农公司出资278万元，按照户均6 000元标准，以462户贫困户名义入股绿色食品企业张北县嘉茂菌业有限公司，公司每年返还1 200元本金和10%的收益向贫困户股东支付红利。资产收益分配模式下，政府偏好选择经营效益较好、规模较大的企业入股，既为企业提供了一定资金支持，又降低入股风险。此种模式下，贫困户参与程度较低，适宜链接基本丧失劳动能力或劳动能力特别低的贫困户。

（二）生产基地＋企业＋贫困户模式

县政府推动建立绿色食品或有机农产品标准化生产基地，县农业农村局和“两品一标”企业提供品种支持和生产技术指导等，“两品一标”企业以订单农业的方式收购贫困户农产品。张北县在绿色食品豌豆和有机藜麦生产

绿色食品马铃薯生产基地

基地力推此种模式。县政府牵头建设5万亩绿色食品豌豆原料基地，县农业农村局和山西汾酒原粮公司提供技术指导，山西汾酒原粮公司委托祁县三禾成公司与县扶农公司、主要种植大户及村委会签订订单农业。有机藜麦企业中藜张北产业有限公司、坝藜公社种植专业合作社分别与基地内的合作社或村委会签订种植协议，提供种子和生产技术指导，并以固定价格回收农户藜麦。此种模式下，政府起推动和搭桥作用，充分发挥市场主体主导作用，贫困户参与程度高，分享的利益高，勤劳脱贫致富的获得感高。

（三）土地流转＋务工模式

“两品一标”企业以固定价格流转贫困户土地，贫困户再以务工获取报酬的形式为企业服务。2019年，张北丰茂农业开发有限公司以200元/亩流转贫困村玻璃彩村旱地，农户（贫困户）仍在自有土地上耕种，张北丰茂农业开发有限公司统一提供马铃薯种薯和所需生产资料，农户（贫困户）按照公司统一生产操作规程进行生产，按照1元/千克的价格将马铃薯向企业交付。此种模式在马铃薯和蔬菜行业中比较常见，贫困户风险较小，既有土地流转收入，又能通过自身劳动获得报酬。张北丰茂农业开发有限公司通过“多产多得”的方式，调动贫困户生产和管理积极性。实践中，张北县更多的“两品一标”企业选择流转贫困户土地，由企业统一种植和管理，雇佣部分贫困户参与劳动，如玉野蔬菜专业合作社与宏大家庭农场等绿色食品企业分别流转农户土地进行蔬菜种植，并雇佣贫困户进行种植、分拣、包装等。

（四）贷款担保模式

“两品一标”企业利用银行授予的信用额度，为贫困户提供信贷担保，贫困户获得生产资金，按照企业规定标准进行种植，向企业交付产品并还银行贷款。此种模式在马铃薯产业中比较常见。按照金融扶贫政策，每户贫困户可获得5万元的免息小额信贷，大部分情形下能满足农业生产所需资金需求，但马铃薯种植亩均投入成本高达2 000～2 500元，贫困户种植面积超过一定规模，往往面临缺乏资金的局面。绿色食品企业张家口市大农种业和张北丰茂农业开发有限公司均采取了此种方式。此种模式适宜具有一定能力、并愿意与“两品一标”企业合作扩大生产的贫困户。

（五）合作社＋贫困户模式

村里成立专业种植合作社，申报“两品一标”，通过发展村级产业带动贫困户脱贫致富，如许家营种植专业合作社和坝藜公社种植专业合作社。此种模式下，合作社经营人才是关键，而这往往又是村级合作社的短板。从实践来看，坝藜公社种植专业合作社成效明显，究其原因，主要是县内藜麦整体品牌营销力度大和合作社负责人较强的市场经营能力。从实践来看，多数村级“两品一标”合作社市场和品牌经营能力较差，带贫效果一般。

除了上述五种主要利益链接模式外，张北县“两品一标”企业还有就业型、订单农业型、示范带动型等带贫模式，并且很多企业同时集几种模式于一身。

四、张北县“两品一标”品牌扶贫的主要启示

张北县作为国家级贫困县，生态环境良好，近年来，通过大力发展“两品一标”品牌扶贫，取得了显著效果，具有一定借鉴意义。

一是加大政府对农业品牌建设重视和支持力度。农业品牌建设不是一蹴而就的，需要持续的人力和资金投入。贫困地区的农业企业一般资金和人才薄弱，组织化程度较低，难以独立完成品牌建设。政府应制订“两品一标”品牌建设规划或计划，统筹各方资源，给予资金和技术倾斜，发挥市场主体作用，支持建设农业区域品牌、企业品牌和产品品牌。

二是建立健全“两品一标”农业品牌扶贫的利益链接机制。“两品一标”农业品牌扶贫的重点是将贫困户纳入产业发展链条中，共享品牌发展红利。通过张北县的实践，结合贫困户自身条件，可以选择利益分红、直接生产、参与务工或就业、流转土地、资金合作等多种方式建立企业和贫困户的利益链接机制。

三是加强品牌营销和产销对接是“两品一标”农业品牌扶贫的关键。目前，中国绿色食品发展中心免收贫困地区绿色食品认证费和标志使用费。很多地方和企业重视“两品一标”建设，积极组织申报，但往往获证后的后续动作不多，市场效果打折扣。获得证书是“两品一标”品牌扶贫的第一步，企业可能通过搭乘公共品牌的便车获得一定市场认知和销量，但影响是局限的。企业应加强获证后产品的品牌营销，利用好包括消费扶贫在内的各项扶贫支持政策，抢抓机遇期，将产品卖出去，卖出好价格，实现企业发展和扶贫带动双赢。

高质量发展有机畜牧业　巩固河南县脱贫成果

孙　辉

（青海省河南县政府）

河南蒙古族自治县（以下简称“河南县”）地处青海省东南部，位于青、甘、川三省结合部，是一个全畜牧业县。近年来，河南县在发展畜牧产业过程中始终坚持以品牌为引领，打“生态牌”、走“有机路”，通过十余年品牌的发展和打造，畜牧产业初步实现了由做大品牌向做强品牌的迈进，在脱贫攻坚中发挥了重要作用，成为青海省首批脱贫摘帽县。目前，河南县正处于巩固脱贫成果，建设“美丽新河南”的关键时期。现结合援青工作实践，就推动河南县有机畜牧业高质量发展作以下几点思考。

一、背景情况

（一）政策支持

为贯彻落实党中央决策部署，全面做好品牌扶贫工作，2020 年来，农业农村部中国绿色食品发展中心先后下发了《关于加强“三品一标”品牌扶贫工作的意见》《关于对贫困地区发展绿色食品实施优惠政策的通知》等系列文件，对贫困地区申报绿色食品，实行“优先受理、优先检查、优先检测、优先审核、优先颁证”“五优先”和“快车道”政策，加快产品审核审批进程；对于全国 832 个国家级贫困县，全部免收绿色食品认证费和标志使用费。中国绿色食品发展中心的扶贫政策措施，有效推进了贫困地区的脱贫步伐。为进一步贯彻落实党中央关于深入推进品牌强农，推进生态文

明建设，2019年，青海省和农业农村部联合启动了绿色有机农畜产品示范省的创建工作，这是青海省委、省政府推进“一优两高”战略的重要举措，是青海省农业发展史上的一次技术和发展方式的重大变革，也是河南县高质量发展有机畜牧产业的重大机遇。为探索生态有机畜牧业发展道路，早在2004年，河南县政府就在全省率先提出发展有机畜牧业的工作思路。当经济发展进入新常态后，按照黄南州“三区”建设部署，地处青南牧区的河南县从传统牧业向现代牧业转变就成为必然，培养新动能，创造新优势，根本出路在于创新，为此结合现代生态有机畜牧业发展现状，聚焦产业发展短板，河南县积极谋求产业高质量发展，又探索提出了“大牧场＋大基地＋大企业＋大品牌＋大市场”的创新发展模式（以下简称“5＋模式”）。

（二）资源优势

河南县东临甘肃省甘南藏族自治州夏河县、碌曲县，南接甘肃省甘南藏族自治州玛曲县，西南与青海省果洛藏族自治州玛沁县、海南州同德县毗连，北与泽库县相邻，因黄河在县境内自东向西转而向南，县域在第一右旋弯曲部的弦部南端，俗称“河南蒙旗”，河南县是我国蒙古族人口比例最高的县。全县6 996平方米的土地划分为三大流域，即黄河、洮河（黄河一级支流）、泽曲流域，其中，黄河流程156.22千米、泽曲河流程143.52千米、洮河流程116.37千米，黄河出省水量横断面贡献率为12％～15％。河南县资源禀赋独特，是全国面积最大的有机畜牧业生产基地，全国三大名马之一的河曲马，青海优良畜禽品种欧拉羊、雪多牦牛是自治县的优势畜种。河曲草原属典型的高寒草甸型草场，地处被联合国教科文组织誉为“四大无公害超净区之一”的青藏高原东南部地带。河南县有932万亩天然有机草场，平均海拔3 600米以上，全年冷凉气候，不利于病原菌滋生、繁殖和蔓延，牧草营养丰富，堪称亚洲的一流天然草场，发展有机畜牧产业自然条件优良。

雪多牦牛

二、有机畜牧产业发展成效

(一)产业和品牌规模不断扩大

2018年,河南县实现农牧业总产值9.56亿元,同比增长14.35%。其中,畜牧业产值9.03亿元,同比增长14.74%。全县各类牲畜存栏55.72万头(只),全年出栏各类牲畜34.27万头(只),出栏率为52.63%,全县奶类产量15 324吨,肉类总产量14 209吨,羊毛产量103吨。2019年,全县各类牲畜存栏50.94万头(只),出栏34.45万头(只),出栏率为62.29%,畜牧业增加值8.7亿元,同比增长4.6%,肉类总产量16 267吨,奶类产量19 311吨。

有机畜牧业科技示范园区建设初具雏形,已被列入青海省省级示范园区。建成标准化有机养殖示范牧场19处,选育优良畜种核心群52群,制定发布《欧拉羊》等4个地方标准。河曲马、雪多牦牛、苏呼欧拉羊获得农产品地理标志认证,县域内的苏呼欧拉羊和雪多牦牛被农业农村部列入畜禽遗传资源品种保护名录,其产品已经获得中绿华夏有机食品认证中心认证。取

得了“天河牧场”“青南牧场”“雪多牦牛”等注册商标，打造出“三江牧场”、“阿米雪”、“瀞度矿泉水”（已申报绿色食品认证）、乐乐玛手工艺制品等具有地域特色的地方品牌，正在建设全国销售网络和渠道。

（二）生态有机牧场的引领作用不断增强

在黄南藏族自治州委、州政府的支持带领下，河南县初步形成了“生态+农牧业”“文化+农牧业”“旅游+农牧业”发展模式，传统畜牧业向二三产业延伸加快，80%的生态有机畜牧业合作社创办了养殖加工、运输、餐饮、住宿等多种经营模式，扶持建设了一批具有历史、地域、民族特色的农家乐、牧家游，打造了特色鲜明的乡村旅游和休闲产品。

河南县组建村级合作社 39 家，打造了 16 个贫困村 22 项特色富民产业。依托“电子商务进农村综合示范县”，大力推进“互联网+智慧畜牧业”大平台建设，不断探索出适合河南县发展的“马背电商”电商发展之路，提升信息化服务水平，有机畜产品优质不优价的状况正在逐步发生变化。

为保护县域有机草场、高起点建设“美丽河南”，全面推行草原禁牧休牧轮牧和草畜平衡制度，河南县人大立法，发布并实行全县“禁塑令”。河南县目前经过有机认证的草场面积为 932 万亩，2018 年，在多方调研论证和学习借鉴省内“梅陇”模式、“拉格日”模式的基础上，河南县从产业发展短板处突破，引入先进的“生态有机牧场”发展理念，从目前工作推进和建设效果看，“5+模式”是符合河南县有机畜牧产业发展之路的。2019 年，在兰龙村、作毛村 2 个示范村建设的基础上，继续推进荷日恒村、苏青村 2 个试点村建设，促进牧民稳定增收致富，推进县域经济高质量发展。坚持先行先试原则，鼓励引导具有比较优势的兰龙村、作毛村牧民专业合作社先行试点，试点工作中，兰龙村全村 124 户入股 122 户，参与率达 98.3%，作毛村 220 户入股 150 户，参与率达 68.2%。经过在兰龙村、作毛村试点“有机大牧场”建设的初步成效来看，2018 年两村均实现稳定分红收益，其中，兰龙村实现分红 444.39 万元，作毛村实现分红 64.3 万元。

河南县政府在聚焦生态有机牧场建设同时，加强科研成果转化工作，积极争取和参与大专院校、科研院所进行的草原生态保护与建设科技研究推广等项目，完成三江源生态大数据平台建设项目和生态空间展示厅建设项目，5个智慧生态畜牧业技术集成与应用示范试点平台建成投运，健全河南县“三江源生态大数据”平台和生态科研园，开启“互联网+智慧畜牧业”新时代，实现数据“一张图”，管理“一张网”，服务“一平台”。

（三）国家对口帮扶政策成效显著

近年来，农业农村部十分关心、支持河南县畜牧产业发展和脱贫成果的巩固，对援青工作作出具体安排，要求援青干部用好农业农村部对口援建政策，积极对接好、落实好各在建项目，夯实在建项目主体责任，同时积极争取新的帮扶政策和项目支持。具体措施主要包括以下几个方面。

一是落实援助项目的对接帮扶。目前，河南县正在实施的农业农村部对口支援项目有畜禽粪便资源化利用整县推进项目、赛尔龙乡兰龙村雪多牦牛保种场项目等，正在落实的项目有优势特色产业集群项目、世界银行人畜共患病预警及能力提升项目等。

二是加强技术层面的科技帮扶。援青干部积极发挥派出单位和部委政策平台优势，与河南县草场资源、牲畜品种、生态有机、产业园区、科技支撑深度对接，先后对接中国农业大学食品与营养学院开发了草原黄蘑菇、牦牛肉酱等新产品，助力产品和产业升级。

三是开发市场资源的销售帮扶。进一步扩展销售渠道，帮助县内企业与农业农村部相关单位工会开展消费扶贫，同时联系与海南冷链协会，陕西西安珍佰粮公司对接建立网上销售渠道。

四是发挥援助单位的优势帮扶。援青干部积极利用派出单位的资源和政策优势，帮助挂职地区实施脱贫攻坚。中国绿色食品发展中心援青干部充分发挥绿色食品在产业扶贫中的示范带动作用，对接农业农村部、青海省资源，在中国绿色食品发展中心的支持下，通过举办绿色食品“三员培训班”，减免有机食品、绿色食品认证费、标志使用费等有力措施，有效推进青海省

特别是河南县绿色化、优质化、品牌化发展，在品牌扶贫、人才扶贫、智力扶贫方面发挥了重要作用。

苏呼欧拉羊

三、发展有机畜牧产业的短板和建议

（一）几个短板

河南县是国家有机食品生产基地和“有机产品认证”示范区。是青海省最早提出建设有机畜牧业生产基地县，但也存在一些制约产业高质量发展的因素，如生态有机产业发展步伐缓慢，规模效应、品牌效益发挥不明显；传统畜牧业科技含量低、产业链短、生产要素大量外流、畜产品附加值不高等。

一是草原生态治理投入标准不高。部分地区超载过牧和草原生态治理投入不足，“两化三害”（退化、沙化、鼠害、虫害、毒草害）仍然突出，草原局部退化局面仍然没有得到根本性遏制。

二是现代生态有机基地建设薄弱。由于地理条件和自然因素，仍处于“靠天养畜”的局面，未摆脱“夏壮、秋肥、冬瘦、春乏”的被动局面，导致牲畜出栏季节性单一。园区基础设施落后、科技人才缺乏、技术培训能力弱，仍处于传统畜牧业向现代畜牧业转变的艰难探索阶段。

三是科技支撑体系不够完善。科技支撑服务能力弱，推广管理机制滞后，有机牦牛加工分割标准难出台，可追溯体系还不健全，高新技术及人才引进难，品种改良步伐缓慢，现代生态（有机）畜牧业产业化综合生产能力偏低，在优良畜种推广、畜种场建设等方面远远不能满足“大牧场”发展需要。

四是专业合作社优势作用发挥不显著。合作社示范、带动地方产业发展的少，特色畜产品量大分散，难以有效整合形成产业链。牧民群众整体素质普遍较低，可持续发展意识淡，满足于发展现状，而且接受新知识、新技能、新观念慢，对发展现代生态（有机）畜牧业认识不足，草场载畜量过大，难以做到草原合理利用，科学恢复。

五是产业关联度低，融合发展机制不健全。产业融合发展与企业利益连接机制不紧密，市场信息不健全，产前、产中、产后社会化服务匮乏，适应市场的能力弱，抵御市场风险的能力差，难以有效带动全县二三产业的健康发展。

六是龙头企业辐射带动能力不强。优质“拳头”畜产品研发不够，精深加工技术落后，开拓市场能力弱，与大牧场供给关系不紧密，没有形成“订单牧业”和产业集聚效应，发展优质、优价有机畜产品的后劲不足，对区域内品牌和产业发展的辐射带动影响力不足。

七是牲畜冬季缺草，年出栏单一。河南县冷季长，牧草由黄而枯，数量、质量明显下降，与牲畜越冬需要更多饲草之间存在矛盾，也是多年来存在的普遍问题。同时，由于河南县的气候和海拔特点，不适于饲草等作物生长，缺少牲畜越冬需补饲的精饲草料，牛羊完全是靠放牧采食粗饲草料，影响牲畜生产性能的发挥，每年牲畜出栏季节性单一。

（二）对补齐短板的思考

为抓住政策契机，综合发挥河南县草场资源、牲畜品种、生态有机、产业园区、科技支撑等方面的成果与优势，突破产业发展瓶颈，建设“有机大

牧场”既是现实的紧迫需要，也是谋求“四个转变”的根本途径。创建以政府引领“大牧场”、主导“大基地”、支持“大企业”、树立“大品牌”、培育“大市场”和建立完善体制机制的“有机大牧场”，从而达到大牧场连着大基地，大基地培育大企业，大企业创立大品牌，大品牌开拓大市场的发展理念，形成完整的有机畜牧业产业链。不断学习“拉格日”模式等先进做法，最终实现生态保护、产业提升、牧业增效、牧民增收的良性循环发展格局。并根据市场和消费者的需求，生产加工生态、优质、安全、健康的多元化有机产品。密切利益联结机制，建立各种利益互动、权力制衡、服务有效、健康有序、科学规范的关系网络体系。

（三）建议措施

结合青海省委提出的“一优两高”发展战略和黄南藏族自治州委“三区建设”发展理念，按照“生态立县、畜牧强县”的思路，以“有机大牧场”建设为重点，稳步推进“有机大牧场”发展之路。

一是解放思想，积极打造“有机大牧场”建设。充分利用“第一书记”、驻村干部、村“两委”班子等人员，结合“有机大牧场”大力开展群众思想工作疏导，把牧民群众切实从传统放牧方式中解放出来，调动建设“有机大牧场”的积极性，践行省委“一优两高”发展战略，州委“三区建设”发展理念，推进“有机大牧场”建设，奋力打造新时代全国现代有机畜牧业发展高地、争创三江源生态样板县、创建藏区社会治理示范区，建成“北依兰西，南拱成渝”的青甘川三省交界地区高原美丽县城。

二是培育企业，积极打造生态有机畜牧业产业科技园区。大力扶持培育品牌龙头企业、有机食品生产基地、众创空间创新驱动，招大引强，将资源向龙头企业、农牧民专业合作社集中，建立有机农畜产品种养基地，提高农牧业标准化生产水平，实施农畜产品精深加工，开发高质量有机生物复合肥，延长农牧业产业链条，提高优质农畜产品加工转化率，以此增加农牧产品的附加值，提高农牧产品的商品率。进一步夯实“三品一标”认证各项工作，深度打造“大而强”的特色农畜产品品牌，形成集创业孵化、科技研发、教育培训、宣传推介、示范带动为一体的现代生态（有机）畜牧业产业科技园区。

三是依托优势，积极打造商贸流通集散中心。依托青海省南大门，青甘川三省津要之地区位优势，以“大牧场＋大基地＋大企业＋大品牌＋大市场”的创新模式，推进特色优质资源的有效开发与整合，建设加工、销售、仓储、第三方平台、信息、快递为一体的综合商贸物流中心，形成农畜特色产品、旅游纪念品、民族用品集中销售基地，促进商贸富集流通，带动产业快速稳步发展，打造特产购物村，形成“北有张掖、中有河南、南有九寨”的“商贸通衢重镇”。

四是文旅结合，积极打造文化旅游产业融合区。深入挖掘草原生态文化、蒙藏互融文化、蒙旗马背文化、民俗文化等独具特色的差异文化内涵，健全水电路讯住等基础设施，创建大牧场为文化旅游载体，城市为主轴，乡镇为支撑，覆盖村社景区点面的草原生态游，打造生态会客厅、聚会大本营。结合“有机大牧场”建设，打造一批旅游景点，向全域旅游、无景点旅游转变。建设文化与创意、技术与产业彰显的生态牧博馆，建成牧业大观园。

五是借助电商，构建完善电子商务营销模式。以诚信为主导，借助“电子商务进农村综合示范县”、全国报业电商扶贫、凯立达驻京招商办暨中瑞（天津）环境技术发展有限公司、全国蒙商等平台和资源，通过资源整合、产品“三统一”，推进特色优势产品营销体系转变，形成线上线下的服务支撑，实现网络营销与实体店直销结合的完美营销新体系。拓宽农畜产品销售渠道，利用与阿里巴巴集体合作的契机，开发适合网销的产品，解决好包装、质量、生产标准化问题，加快畜特产品品牌培育，建立畜牧科技、生态有机、草原治理、畜疫防治等职能部门人、财、物有效整合和高效流通机制，形成指导、管理、服务、监测全方位的优良团队。推动主导产业发展的同时促进河南蒙旗有机农畜产品和品牌走出黄南、走向全国、走向世界。

绿色食品助力扶贫提速的启示

韩玉龙

（黑龙江省绿色食品发展中心）

由于地理、气候和历史等多种因素作用，黑龙江省的部分地区一直处于欠发达状态，国家级贫困县一度高达 20 个。2018 年 8 月，经过国务院扶贫开发领导小组办公室评估检查，黑龙江省甘南、富裕、饶河、抚远和望奎等县脱掉贫困的帽子，仅剩下的海伦、拜泉、青冈、林甸、延寿 5 个县也于 2019 年底永远告别贫困。回顾以往历程，扶贫工作能取得重大成就，固然有许多其他因素影响，但绿色食品的助力之功不容忽视。认真总结其中带有规律性的认识，对于打造绿色食品品牌，增强其在发展高质量农业和实施乡村振兴战略中的示范、引领和带动作用意义重大。

一、必须把绿色食品作为扶贫提速的大平台

在扶贫实践中，黑龙江省依托得天独厚的资源和生态优势，大力发展绿色食品产业，打造绿色食品和地标农产品品牌，实现了绿色食品覆盖全省所有的贫困县（市）、农产品地理标志产品覆盖 80% 以上的贫困县（市）的目标。绿色食品不仅已成为黑龙江省优质农产品的主导品牌，而且也成为全省高质量农业发展的标杆和农业产业竞争力的核心。也就是说，品牌因素在促进现代农业发展过程中的作用不断增强，特别是对扶贫工作具有多层次、多维度和全过程的牵引和推动功效。一是引领扶贫生产的标准化。在加快扶贫大背景的牵引下，绿色食品标准化进程不断加快，全省已制定绿色食品技术操作规程 60 多项，涵盖了粮食作物、经济作物、

畜禽养殖、山特采集，以及食用菌栽培等领域，在全国居领先地位。全省按照绿色食品技术标准种植的耕地面积超过 8 000 万亩，有效促进了贫困地区现代化农业生产活动，推动了农业科技成果转化和技术进步，加快了传统农业向现代农业迈进，更重要的是实现了扶贫技术手段的现代化。二是示范贫困地区依靠“质量脱贫”。在绿色食品和农产品地理标志品牌效应下，黑龙江省各个贫困县（市）在绿色食品和地标农产品生产、加工、包装、储运过程中，坚持实施“从土地到餐桌”全程质量控制，确保了产品质量安全。特别是通过发挥绿色食品和地标农产品的质量优势、产品优势和品牌优势，使农产品市场竞争力不断提高。2019 年，黑龙江省的绿色食品和地标农产品已销售到全国，并远销欧美和东南亚等 40 个国家和地区。三是带动贫困地区产业化发展。坚持推行以“品牌标志为纽带、龙头企业为主体、基地建设为依托、农户参与为基础”的产业化经营方式，切实强化了企业与农户的利益联结机制，延长了农业产业链条，增强了农产品加工企业整体实力。全省已有 7 户“三品一标”企业进入全省规模以上企业主营业收入 50 强，紧随石化产业名列第二；有 8 户进入全省规模以上企业利税 50 强，居各行业前列。扶贫产业提高到了一个新的层次。四是促进贫困地区增收增效。绿色食品和地理标志农产品品牌促进了农业

黑龙江省绿色食品基地

产业结构调整，已成为农村经济发展中最活跃的因素。2018 年，贫困县（市）仅绿色食品基地环节，农户平均每亩就增收 200 元，增收总额超过 150 亿元。依托绿色食品和地标农产品的整个产业链条，全省每年安置农村剩余劳动力 60 多万人，占同期农村剩余劳动力的 15%，人均工资性收入 3 000 元以上，成为增加贫困地区收入的一条稳定渠道。五是提高贫困地区农产品市场竞争力。经过多年的深耕和积淀，黑龙江省农产品品牌，特别是绿色食品品牌，公信力得到了高度认可，呈现出生产与消费良性互动、线上线下销售两旺的态势，优质优价机制逐步形成。这几年，在各地举办的农产品交易会、博览会和展销会上，黑龙江省贫困地区绿色食品和地标农产品企业纷纷“唱主角”，备受经销商和消费者的青睐，展示出广阔的发展空间和市场前景。

二、必须把整合、培育品牌作为扶贫提速的突破口

过去某段时期，由于投入不足、方法不当等原因，导致部分贫困地方的生产品牌小、杂、乱，同时一品多牌现象大量存在。有的贫困县（市）仅大米就注册了上百个商标，还有的同一个厂家注册有多个商标，造成同产品互相掣肘、互相拆台，浪费了人力、物力、财力和社会资源，不利于把绿色食品产业做大做强，更不利于促进扶贫脱贫。对此，黑龙江省引导贫困县（市）按照产地、产品质量相一致和市场化运作的原则，支持贫困地区企业扩张优势产品规模，围绕现有的强势品牌整合同类产品，努力打造一批特色鲜明、质量稳定、市场占有率高、信誉良好的知名品牌。引导中小企业向大企业、大集团靠拢，促进知名度不大、实力不强的绿色食品企业和品牌与同类驰名、著名品牌合并。目前，大米类品牌已逐步向庆安大米、肇源大米、泰来大米、延寿大米等品牌集中，大豆类品牌逐步向昆丰、恒大、龙江福等品牌集中，玉米类品牌逐步向华润、龙凤等品牌集中，山特产品品牌逐步向黑森、永富、天锦等品牌集中。通过整合，黑龙江省特别是贫困县（市）绿色食品品牌规模进一步扩大，实力进一步提

升，综合效益进一步增强，对扶贫的牵引和推动功能也更加得力，脱贫致富进入“高铁时代”。

品牌农产品备受青睐

三、必须注意通过打造特色标志性品牌促进扶贫提速

与其他省份相比，黑龙江省大部分贫困地区自然资源丰富、生态环境良好，绿色食品和地标农产品发展优势明显，一些贫困县（市）在这方面具有比较明显的唯一性和排他性。在扶贫实际中，注意引导贫困县（市）发挥这些优势，采取措施，积极打造资源型、特色型、地理标志性品牌，通过进一步提升黑龙江省绿色食品品牌的知名度和美誉度来促进扶贫提速。一是利用资源和环境优势打造品牌。黑龙江省资源富集，耕地集中连片，土质肥沃，开发较晚，污染程度轻，省内天蓝水碧、土净田洁，森林覆盖率达 42.9%，部分地域仍处于良好的自然原始生态，敢于叫响绿色食品品牌。依托这一优势，全省已初步打造和叫响了“寒地黑土”“北奇神”“北大荒”“大兴安岭”“乌苏里江”等一批资源和环境型

绿色食品、特色农产品品牌。二是利用发挥地理和产品优势打造品牌。黑龙江省是中国位置最北、纬度最高的省份，大森林、大草原、大界江，物产丰饶，品质独特，地域文化突出。利用这些优势，黑龙江省不失时机地争取列入全国首批开展农产品地理标志登记工作试点省份，率先启动了农产品地理标志登记工作，已有拜泉芸豆、延寿大米、兰西香瓜、桦南白瓜子等地理标志农产品获得批准，这些地标农产品都是贫困县市农产品的精华。通过地理标志登记，把黑龙江省尤其是贫困县市独有的绿色特色农产品保护起来，不断提升其影响力，对扶贫提速的作用不可低估。三是利用产业优势打造品牌。多年来，黑龙江省绿色食品基地面积、生产总量和经济总量等指标一直居全国首位。黑龙江省十分注意引导贫困县（市）把这一优势发挥好、发挥足，在总体上着力推介黑龙江绿色食品品牌，把黑龙江绿色食品打造成继石化、森工等代表黑龙江社会经济特征的老品牌之后，又一在国内外叫响、新的社会经济品牌。经过多年的培育，蕴藏于黑土地，充满生机与活力的绿色食品品牌已成为黑龙江省对外交往中的一张靓丽名片，塑造着黑龙江崭新的形象，也成为推动扶贫提速的强大力量。

四、必须通过不断强化品牌的内在品质促进扶贫提速

突出内在品质是打造绿色食品品牌的一个关节点，也是品牌永久生命力之所在。一是注意依托标准打造品牌。以促进扶贫提速为重点，在总结科技成果和先进生产经验的基础上，强化绿色食品标准体系建设，积极引进和采用国际先进标准，修订黑龙江省绿色食品标准，加速与国际标准接轨。黑龙江省已制定种植、养殖、加工等各类技术操作规程 60 多个，并由黑龙江省市场监督管理局正式颁布实施，基本涵盖了大宗粮食作物、主要经济作物种植、畜禽养殖产品、山特采集产品及食用菌栽培等多个领域，为培育品牌奠定良好的质量基础。二是注意依托科技打造品牌。在贫困县（市）大力推进科技入户工程，广泛培养科技示范户，搞好绿色食品科技示范园区建设，切

实提高绿色食品基地的建设标准。积极开发科技含量高的绿色食品产品，切实优化产品结构，从整体上提高绿色食品品牌的科技含量。从历届全国农交会黑龙江农产品展的情况看，在参展的 1 000 多个产品中，30%以上是终端消费品以及高附加值、高科技的产品，品牌科技含量明显提升。三是注意依托认证打造品牌。引导贫困县市坚持用严格的产品质量培育品牌信誉，用优良产品满足市场的个性化要求，大力开展农产品认证工作，通过认证不断提升品牌的质量标准。截至 2019 年，黑龙江省绿色有机产品开发认证数量达到 14 个大类 3 000 多个，居全国首位。积极开展农产品质量追溯系统建设，不断增强黑龙江省绿色食品品牌的诚信度。在有关部门对农产品历次抽检中，黑龙江省地产农产品合格率都达到了 99%，最高达到 99.37%，在全国处于领先位置。

五、必须通过不断扩大品牌影响面促进扶贫提速

以大流通为突破口，建立灵活多样的流通渠道，采取高密度的宣传手段，是打造绿色食品品牌的有效载体，也是促进扶贫提速的有效途径。一是多方位构筑市场网络推介品牌。根据绿色食品市场面临的形势，充分发挥地方政府和流通型龙头企业的积极性，大力加强绿色食品批发市场以及配送中心建设。截至 2019 年，黑龙江省以哈尔滨为中心，齐齐哈尔、牡丹江、佳木斯和大庆等中等城市为重点的省内网点发展到 400 多家；以京、津、沪为重点的省外销售网点发展 600 多家；以美国、日本、韩国和中国香港为重点的境外销售网点发展到 100 多家。大兴安岭地区建立的绿色食品展销中心，年均接待中外客商团组 160 个，接待客商 4 200 余人，现已形成区内市场 20 处、国内经销场所 126 处、国外经销场所 28 处的营销网络。绥化市依托“寒地黑土”品牌，仅两年多的时间就先后在美国、日本、俄罗斯和新加坡等国家和地区建立一批绿色食品销售网点。二是多途径展示品牌。近年来，把办展、办会作为展示精品、培育品牌、开拓市场、促进绿色食品产业升级的重要措施，积极组织、引导和协调贫困县（市）绿色食品品牌企业参加大

型经贸展销活动。每年都组织企业参加黑龙江绿色食品（北京）年货大集、全国农交会、全国绿博会，以及在韩、意、法等地举办的大型经贸活动，切实强化绿色食品与市场的对接。充分发挥在外埠的黑龙江绿色食品专卖店、销售中心的渠道作用，积极拓展京津冀、珠三角、长三角地区市场，市场占有率不断提升。还十分注意根据市场发育和拓展的需要，把握时机，组织人员超前做好国内外绿色食品市场调研，增强品牌企业参展的针对性，不断提高参展的综合性效益，极大地调动了企业参展的积极性。三是多形式彰显品牌。组织新闻媒体有计划、有重点地宣传黑龙江省绿色食品品牌和特色产品、发布招商信息、推介名牌企业。利用交通要道、旅游景区设立广告栏、广告区，全方位、多角度地展开宣传。通过广泛、深入宣传，黑龙江省绿色食品宣传工作基本实现了“五有”“四高”。“五有”，即在电视有影像、电台有声音、报纸有版面、网络有页面、手机有推送；“四高”，即高频率、高密度、高覆盖、高质量，助推黑龙江绿色食品品牌社会影响不断扩大。2018年，绿色食品（北京）年货大集仅展前预热阶段，就通过在北京电视台、北京交通广播电台、《北京晚报》等媒体播发广告，受众超过500万人次。中

展会吸引八方来客，品牌推介助力扶贫

国国际农产品交易会期间，《农民日报》记者采集的《黑龙江省“三品一标”产品农交会上“挑大梁”》在《农民日报》、中国农业网发表后，先后被新浪网、凤凰网、新华网、第一经济网等100多家网站转发，点击量近10万次；东北网采集发布的6篇原创稿件，每篇点击量都超过5万次；黑龙江电视台连续在全省新闻联播中播发3篇新闻报道，直接受众超过300万人次，各界评价都很高。

发挥品牌作用　助力产业扶贫

尤　帅

（河北省绿色食品办公室）

习近平总书记对贫困地区人民群众的高度关注和深切关怀，是我党全心全意为人民服务宗旨的高度体现。总书记讲："民为邦本，未有本摇而枝叶不动者""天下之治乱，不在一姓之兴亡，而在万民之忧乐"。我们共产党人必须有这样的情怀。中国共产党在中国执政就是要为民造福，而只有做到为民造福，我们党的执政基础才能坚如磐石（选自习近平《在中央扶贫开发工作会议上的讲话》，2015 年 11 月 27 日）。总书记的家国情怀是共产党人宝贵品德的典范，无论他在县、市、省、中央哪一级工作，都始终把人民群众冷暖疾苦放在心上。人民群众生活存在困难，就感到揪心；人民群众生活每好一点，就感到高兴。我们认真研读《习近平扶贫论述摘编》，深切感受到总书记不愧为人民的领袖。我们为总书记的爱民情怀所动，为总书记的治国理政思想折服，"四个自信"更加坚定，"四个意识"更加自觉。以踏石有痕的工作韧劲，积极发挥绿色食品职能部门的作用，为助力产业扶贫工作作出我们应有的贡献。

河北省是个农业大省，但不是强省，扶贫任务十分繁重。全省 168 个县（区），有国家级贫困县 45 个、省级贫困县 17 个，合计 62 个，占比三分之一。特别是环京津的张家口、承德、保定三市有 28 个贫困县，其中 10 个深度贫困县更是脱贫攻坚中的硬骨头。2017 年，农业部在河北省阜平县召开环京津农业扶贫对接会，启动特色农业扶贫共同行动，并派出挂职干部到 28 个环京津贫困县开展对口扶贫帮扶工作。中国绿色食品发展中心对口帮扶张北县，选派干部挂职副县长，河北省绿色食品办公室也相应选派骨干挂职县农牧局副局长。我们以此为契机，以张北县为突破口，摸索如何发挥好绿色食品在产业扶贫中的助力作用。

在中国绿色食品发展中心的大力支持下，我们深入贯彻习近平总书记有关扶贫工作的重要论述，全面落实《中共中央国务院关于打赢脱贫攻坚战三年行动的指导意见》和农业农村部和河北省委、省政府关于产业扶贫统一部署，将产业扶贫与绿色食品开发紧密结合起来，支持贫困地区大力发展绿色食品，促进农业农村经济高质量发展，助力产业精准扶贫。

一、发挥贫困地区自然禀赋优势，为提升贫困地区特色农产品价值提供“助力器”

河北省的贫困地区多数为偏远山区，而这些地区环境优良、污染源少，具有适合发展绿色食品的良好的环境基础。在贫困地区开发绿色食品，大大利于提升贫困地区特色农产品的品牌影响力。例如，河北省的张北县属于“两区”，即“首都水源涵养功能区和生态环境支撑区”，自然生态相对纯净，具有发展绿色、有机农产品得天独厚的优势。经过多方调研，确立了秉承张北环境资源优势，借助绿色、有机品牌影响力，打造张北县“绿色、优质、安全、营养”的农业区域品牌，加快推进张北县特色农业产业转型升级、提质增效，实现特色产业脱贫的工作思路。河北省绿色食品办公室在中国绿色食品发展中心的指导下，与张北县农牧局一起进行摸底论证，细化工作方案，确定张北县绿色食品发展的基本框架，引导全县马铃薯实施绿色生产，推进藜麦产业化发展，引进山西汾酒集团在张北县建立绿色食品豌豆生产基地。

二、扶贫先扶智，将绿色食品技术培训服务到户，提供价值“孵化器”

坚持技术服务先行，强化贫困地区绿色、有机农产品业务和生产技术培训。为贫困地区组织举办专题绿色、有机农产品培训班，在师资、培训资料

及经费等方面予以全力支持。2017 年、2018 年，每年分别在张北县、张家口市区举办贫困地区绿色食品专业培训在 3 期以上，累计培训企业生产负责人、各级管理机构骨干、当地农民技术人员等 500 多人次。中国绿色食品发展中心在河北省贫困地区专业培训上也给予了大力支持，多次派出专家现场授课。河北省绿色食品办公室先后选派两名业务骨干在张北县农牧局挂职副局长，积极发挥自身优势，开展绿色食品、有机农产品生产技术指导与培训。印制了相关标准、明白纸、生产管理手册，在走村访户时，向当地群众宣传推广绿色食品生产技术和标准。

农技专家进行技术指导

三、扶持政策作保障，积极鼓励企业认证，提供“绿色通道”

中国绿色食品发展中心在脱贫攻坚期间对张北县实施获证企业减免绿色食品认证审核费及标志使用费的扶持政策。河北省绿色食品办公室积极跟进，在张北县开通认证服务绿色通道，工作坚持五优先：申报材料优先受理、现场检查优先安排、技术培训优先保障、减免政策优先倾斜、宣传推广优先推介，支持贫困地区加快发展绿色食品。在张北县委、县政府的统筹安排下，河北省绿色食品办公室帮助协调第三方检测机构对张北县15个乡镇区域、面积达56万亩*的绿色有机基地及3个食用菌生产企业进行环境检测，同时还协调资金为认证企业进行了产品检测，大大节省了县域内企业的认证成本，提高了认证工作效率。通过强有力的政策保障，优质的帮扶服务，广大企业申报积极性空前高涨，两年内该县共有21家企业53个产品获得绿色食品标志，成为河北省绿色食品获证企业最多的县。在总结张北县的经验基础上，中国绿色食品发展中心决定将对张北县的扶持政策扩大到农业农村部对口帮扶指导的环京津28个贫困县，为河北省推行绿色食品品牌扶贫提供强有力的政策支撑。

四、多措并举，发挥绿色食品生产企业带动作用，促进产业扶贫见到实效

运用绿色食品的生产管理理念，指导贫困地区推进基地标准化生产。河北省张北县绿色食品标准化生产推广成效明显，带动作用巨大。形成了以张北县万力种植专业合作社为龙头的豌豆规模化生产格局，发展了3万亩订单农业，带动建档立卡贫困户每户年增收800～1 000元；建立了以中藜藜麦产业发展张北有限公司为龙头的藜麦产业，每年解决贫困户就业3 000余人次，带动贫困户每户年增收2 500～3 000元，取得较好的经济效益和社会效益。同时，利用“绿博会”等专业展会积极推介贫困地区特色农产品，促进贫困地区特色农产品的产销对接。如在2017年、2018年连续两年在中国绿色食品博览会上开辟扶贫展示展销专柜，集中展示贫困地区特色农产品，张北县绿色食品、龙头企业等8家企业的20多个名特优、绿色、有机产品参加博览会，提高了张北特色农产品的知名度。中藜藜麦产业发展张北有限公司参会期间接待客户300余人，有机藜麦成交金额11.52万，正在洽谈合同金额8.3万，达成销售意向企业11家，市场销路看好。再者，利用绿色食

---

* 亩为非法定计量单位，1亩≈666.7平方米。

品体系优势，积极沟通联络，为贫困地区牵线搭桥。例如，引进山西汾酒集团在张北县建立绿色食品豌豆生产基地，签订豌豆长期收购合作协议，既解决了汾酒集团原料问题，也解决了张北豌豆的销售问题，实现互利共赢，促进了张北县豌豆产业的迅速发展。

中国绿色食品博览会河北省张北县扶贫专柜

打造西藏特色品牌　助力雪域高原精准脱贫

刘海金　夏小龙　孙建春　黄鹏程
李　通　白玛普加　王　海
（西藏自治区农畜产品质量安全检验检测中心）

“一山见四季”“十里不同天”，素有“世界屋脊”“地球第三极”之称的雪域高原西藏，有着壮丽的河山、奇特的民族风情、星罗棋布的寺庙和仙境般的自然景观；北邻新疆，东接四川，南与印度、不丹、缅甸等国相邻；生活在这片土地上的人们创造了丰富灿烂的民族文化，独特的自然气候、地形地貌酿造了特色农产品。作为整体深度贫困的边疆民族地区，西藏自治区具有水、土壤、空气、人文环境“四不污染”的高原独特优势和资源禀赋，其地形和气候条件复杂多样，农耕游牧文化源远流长，农畜种质资源极为丰富，具有发展无公害农产品、绿色食品、有机农产品、农产品地理标志（以下简称“三品一标”）农产品的明显优势。西藏自治区是全国最大的省级集

西藏高原具有独特生态环境优势和资源禀赋

中连片贫困地区，脱贫攻坚任务繁重，脱贫必须结合自身资源禀赋，发展优势特色产业。同时，西藏自治区具备发展绿色农业的潜力和能力，雪域高原特色农产品已经成为全球公认的净土健康产品。近年来，在自治区党委政府高度重视下，在农业农村部特别是中国绿色食品发展中心的大力支持和自治区农业农村厅党组的坚强领导下，西藏“三品一标”事业取得长足发展，认证产品覆盖牦牛、藏鸡、藏羊、藏猪、奶制品、青稞、糌粑、蔬菜、水果、矿泉水等西藏主要特色农畜产品。最近，农业农村部给予西藏全国唯一的认证免收费优惠政策，西藏自治区农业农村厅又出台了“三品一标”补助办法，这为发展西藏特色农业产业发展带来重大机遇，以“绿色、精品、高端”为代表的高原特色农产品市场前景广阔。这些为不断提升西藏自治区农产品品牌、促进产业扶贫、助力打赢脱贫攻坚和实施乡村振兴战略奠定了坚实基础。

一、品牌效益显著

过去的一年，对于我国农业来说，注定是不平凡的一年，这一年是农业质量年，是贯彻落实“质量兴农、绿色兴农、品牌强农主旋律”的一年。

2018 年，是我国改革开放 40 周年，我国经历了 40 年跨越式发展，彻底告别了“物质短缺”时代，人民对美好生活的向往与日俱增，对农产品的质量、安全、特色、环保提出更高要求，品质消费需求强劲。

2019 年，是西藏民主改革 60 周年，人民实现了翻身解放，成为国家和社会的主人，各项权利得到充分保障，经历 60 年风风雨雨，西藏人民也正式进入“舌尖安全、优质、美味”的消费时代。因此，“三品一标”品牌事业是一项事关人民健康福祉的民心工程，是老百姓“舌尖安全”的忠实守护者。

岗巴羊、斯布牦牛、朗县核桃、易贡辣椒、隆子黑青稞等西藏特有的农牧业品牌响彻区内外，形成了西藏农牧业支柱产业，如青稞产业、牦牛产业、藏羊产业、藏猪产业、藏鸡产业等；也形成了一批国家级、自治区级、地市级涉农龙头企业、知名企业等，如高原之宝牦牛乳业股份有限公司、西藏吉祥粮有限公司、林芝嘎玛鸡蛋有限公司、西藏特色产业股份有限公司、西藏天麦力健康品有限公司等。经过近几年经济社会快速发展，西藏自治区已逐步形成100多家龙头企业、6 000多家农牧民合作社，形成了特色产品、特色产业互融互助的产业发展格局。多年来，我们积极组织西藏企业参展中国绿色食品博览会、中国国际有机食品博览会、中国西藏旅游文化国际博览会等。在各大展会上，西藏自治区宣传推介工作受到广泛赞扬，产品深受欢迎，展场设计体现西藏特点始终是其一大亮点，得到了农业农村部和自治区有关领导的充分肯定和认可。

无公害农产品、绿色食品、有机农产品和农产品地理标志产品是得到市场认可、备受欢迎的安全优质农产品。“三品一标”提升了农产品品质和核心竞争力，促进了农业增效和农牧民增收，是推进农业供给侧结构性改革、实现农业产业转型升级的重要抓手。因此，发展“三品一标”是确保西藏农产品质量安全的关键，是关系全区300多万人民群众身体健康和生命安全的头等大事，这既是贯彻总书记提出的“治国必治边、治边先稳藏”重要战略思想的体现，也是推进西藏经济社会发展和长治久安的迫切需要。

二、发展成果显著

“三品一标”是重要的安全优质农产品公共品牌，经过近几年发展，西藏自治区“三品一标”工作取得了明显成效。

1. 发展规模稳定扩大

截至2019年，全区“三品一标”有效企业数44家、产品数225个，认定监测面积达268.84万亩，认证产品年产量达47.33万吨。其中，无公害农产品企业22家、无公害农产品151个，认证产品年产量达30.93万吨、认定监测面积达6.1万亩；绿色食品企业19家，产品41个，认证产品年产量达11.68万吨，认定监测面积达7.71万亩（其中，粮食作物6.78万亩、蔬菜0.42万亩、林果0.51万亩）；有机食品企业3家，产品13个（通过农业农村部系统认证），认证产品年产量达0.58万吨，认定监测面积达177.3万亩；登记保护农产品地理标志产品20个（其中，种植业10个，认证产品

有机青稞

年产量达 3.69 万吨，监测面积达 265.82 万亩；养殖业 10 个，认证产品年产量达 0.45 万吨，监测面积达 3.02 万亩）。全区“三品一标”用标率达到 95%，有效用标产品总量较上一年增加 18%以上。近年来，随着“三品一标”规模呈逐年稳定扩大态势，全区“三品一标”产地辐射面积也逐年增加，为西藏生态农业发展和提升农产品质量安全作出了积极贡献。

2. 产品质量稳定可靠

西藏自治区在加快“三品一标”农产品认证的同时，高度重视证后监管，在生产、加工、包装、储运过程中，坚持实施“从土地到餐桌”全程质量控制，以确保获证产品质量可靠。在历年农业农村部组织的专项抽检中，全区“三品一标”农产品合格率均保持在 100%，同时，自治区绿色食品办公室每年对全区“三品一标”产品实施全覆盖抽检及每半年进行监督抽查，其合格率均保持在 100%，深得区内外广大消费者信赖。

三、产业扶贫效果明显

西藏自治区到 2020 年要实现的目标为：粮食产量保持在 100 万吨以上，其中，青稞产量稳定在 70 万吨以上；畜牧业在农林牧渔业总产值中的比重稳定在50%以上，全区牲畜存栏控制在2 000万头（只/匹）以内，肉类、奶类产量分别达到36万吨、44万吨；农牧业产业化经营率达50%，农牧民人均可支配收入年均增长13%以上。农牧业经济发展任务十分繁重，要实现增产又增收，就必须加快农业供给侧结构性改革，强化农牧特色产业的发展。截至2019年，全区“三品一标”企业年产值为30.32亿元，其中，无公害农产品5.75亿元、绿色食品4.84亿元、有机农产品4.25亿元、农产品地理标志产品15.48亿元，累计带动3.78万户，近13万农牧民脱贫致富，每年新增加1 200人就业，带动3 200多人次建档立卡贫困户增收致富，每年每户累计增加现金收入达12 000元，产业扶贫效果显著。

四、主要做法

1. 加大政策扶持

为打造出一批具有高原特色优质农产品，西藏自治区从农业农村部争取到了全国唯一的优惠政策，即在2020年之前，对西藏所有绿色食品和有机食品，均不再收取认证费、年度管理费、标志使用费等任何费用，仅此一项将减少西藏自治区企业负担数百万元；同时，西藏自治区农业农村厅设立专项奖励补助资金700余万元，用于全区“三品一标”农产品认证补助（藏农厅发〔2017〕506号）。

2. 明确职责

根据中央办公厅、国务院办公厅《关于创新体制机制推进农业绿色发展的意见》要求，农业农村部已将无公害农产品认证下放至各省份，西藏自治区农业农村厅根据西藏实际，制定下发了西藏自治区无公害农产品改革过渡期职责分工和无公害农产品认定工作实施意义（藏农厅发〔2018〕311号、藏农厅发〔2018〕312号），并将无公害农产品认定作为当前发展西藏自治区农业品牌的一项重要工作进行开展。

3. 制订西藏“三品一标”（2018—2022年）发展规划

通过发展西藏“三品一标”公共品牌，推动西藏特色优势产业发展，做

精做强西藏农业特色品牌系列产品，将高原特色资源优势转化为现实的特色产品竞争优势，促进农业提质增效和农民增收，实现农牧产业全面升级和打造高原特色农产品基地，在中国绿色食品发展中心的大力支持下，结合西藏自治区实际，制订了西藏自治区“三品一标”（2018—2022 年）发展规划。规划确定了西藏自治区“三品一标”发展重点、发展目标、推进措施等。

4. 制定行业标准

根据西藏自治区农牧业生产特点和实际，已制定完成农牧业生产技术标准 86 项。其中，青稞、油菜类大宗农作物生产技术规程 12 项，蔬菜类 35 项，药材类 3 项，林果类 5 项，饲草类 16 项，畜禽类 8 项，畜禽种质资源类 7 项，共涉及 7 大类、10 大产业，为实现西藏农牧业增效、农牧民增收、农牧区稳定及走出一条生产技术先进、经营规模适度、市场竞争力强、生态环境可持续和具有“中国特色、西藏特点”的现代农牧业发展之路提供助力和保障。

5. 加大品牌宣传力度

一是利用各类展会，组织全区绿色食品、有机食品企业参加；二是设立专项资金，为全区“三品一标”企业统一制作宣传牌；三是通过西藏农牧信息网、《西藏日报》、《西藏商报》等报刊和新闻媒体，广泛宣传“三品一标”；四是结合全区科技三下乡、科普大行动、农产品质量安全宣传日等宣传活动，组织开展“三品一标”知识普及宣传。

6. 开展基地创建试点

一是西藏首个 5 万亩青稞绿色食品原料标准化生产基地创建已经正式启动，基地覆盖 6 个乡镇、41 个自然村，可带动 9 692 户农户增收；二是着力推进无公害农产品认定，进一步扩大总量规模，在无公害农产品认定的基础上，推动开展规模化的无公害农产品生产基地创建，提升质量安全水平；三是计划建设 1～2 个有机农产品示范基地。

7. 加快信息化建设

一是建立健全的“三品一标”工作服务体系，建立全区“三品一标”微信交流群、全区“绿色食品内检员交流群”等服务交流端口；二是建立农产

中国绿色食品博览会

品质量安全追溯体系，将全区“三品一标”企业纳入追溯点。2019年，追溯体系已基本建设完成，可覆盖全区牦牛、藏猪、藏鸡、茶叶、蔬菜等产品，并全程可追溯。

8. 强化体系队伍建设

自2010年起，每年举办一期全区“三品一标”检查员、企业内检员培训班，覆盖全区7地市、74个县区，每年累计培训人员达200多人次。

五、西藏有机食品企业脱贫攻坚典型案例

西藏高原之宝牦牛乳业股份有限公司，于2000年5月成立，位于西藏拉萨国家级经济技术开发区，是一家规范的央企、国企参股合作的混合所有制企业。公司注册资本1.73亿元，总投资规模达8亿元。截至2019年，公司员工816人，其中藏族员工占比近70%，每年招聘西藏大学生并重点进行培养，是西藏扶贫面最广、扶持人数最多的企业之一。公司是目前全国规模

最大、最具现代化水平的牦牛乳制品加工企业、国家级农业产业化重点龙头企业、国家级高新技术企业、全国科技型中小企业，拥有西藏自治区著名品牌，是中国目前唯一一家通过牦牛奶婴幼儿配方奶粉注册的企业，也是西藏目前唯一一家工业化生产有机牦牛纯牛奶、牦牛酸奶、牦牛益生菌粉（片）等乳制品的企业；是通过中绿华夏有机食品认证中心认证的有机食品企业。

公司采用“公司＋基地＋经合组织＋牧民＋牦牛认养”的全产业链模式，坚持走环保、绿色、可持续、高附加值的产业化有机生态发展道路。在西藏自治区已建拉萨城关、堆龙、当雄、曲水、林周、达孜、尼木、墨竹工卡、山南市扎囊、乃东、琼结、措美、贡嘎、林芝市工布江达等26个奶站，以及曲水玉珠黄改良合作社、当雄高原之宝合作社、山南色康、哲古合作社等5个合作社，当雄甲根村牦牛示范基地、乃东黄牛改良示范基地、曲水达嘎鑫强示范基地、曲水玉珠黄改示范基地等6个示范基地。

通过与当地牧民签订鲜奶收购合同，淡季平均日收奶20吨以上，旺季平均日收奶40多吨。2018年，共收购鲜奶近万吨，支付奶款8 500多万元，相当于一部分牧户从公司建站收奶时的每户每月100多千克上升到2 000千克，收入从每月几百元增加到2万多元，带动了2 500多户农牧民增收致富，解决西藏自治区农牧民200多人就业。公司做到精准扶贫到牧户及家庭，目前是西藏牧区扶贫面最广、扶持人数最多的企业之一，为西藏牧民脱贫攻坚作出巨大贡献。

放大绿色食品品牌效应　助力贫困地区精准脱贫

——大庆市精准扶贫典型案例

王立勇　张雪薇

（黑龙江省大庆市农业农村局）

近几年来，大庆市深入落实国家、省、市政府扶贫开发工作部署，精心组织、扎实推进绿色食品产业扶贫工作。大庆市有耕地 1 173.9 万亩、森林 409.5 万亩、草原 529.5 万亩、湿地 747 万亩、湖泊 199 个，地热静态储量 5 000 亿立方米，扎龙湿地等自然保护区 15 个，我们借助资源优势，大力发展绿色食品。截至 2018 年，大庆市共有绿色食品标识 205 个、有机食品 79 个，地理标志农产品 10 个，绿色食品企业 53 家。全市实施绿色食品产业扶贫项目 202 个，共带动贫困户增收 3 106 万元，建档立卡贫困户户均实现增收 3 211.8 元。

一、绿色食品产业扶贫主要做法

1. 打造绿色食品品牌，引领脱贫

用绿色食品品牌结合良田改造蹚出新路子，种植绿色玉米，使用生物肥对农田进行 3～5 年逐步改良，把玉米原粮化肥、农药残留逐步降低。土壤进行改良后，达到绿色标准的玉米品质大幅提升，附加值越来越高。这是林甸县渔香玉米种植农民专业合作社蹚出的新路子。提起“渔谷香”绿色玉米制品系列品牌，在当地可谓“响当当”。玉米黄金米、玉米珍珠米、玉米筋丝面、玉米高筋粉产品销往北京、山西、山东、内蒙古、云南及东北地区，销售网点已有几十家。合作社注册“渔谷香”商标，已获得“中国著名品牌”“第三届黑龙江省消费者最喜爱的 100 种绿色食品”的称号，以及第十九届中

国绿色食品博览会暨第十二届中国国际有机食品博览会金奖。在林甸县政府对贫困户精准扶贫政策指引下，林甸县渔谷香玉米种植农民专业合作社，率先提出合作社与贫困户合作办法。对建档立卡的贫困户，可由合作社先行垫付农资款（购买种子、有机肥料、除草剂等生产资料所需款项），秋后回收粮食时再扣除。贫困户签单种植加入合作社的，年底享受合作社分红待遇，同时也享有回收玉米高于市场 0.20 元/千克价格待遇。2018 年，合作社与中粮集团签订种植回收合同，以 1 900 元/吨进行交售，当年完成 6 000 吨原粮销售任务；与北大荒集团签订长期玉米深加工产品销售合同，销售价格为 1 万元/吨，当年完成销售量 2 000 吨。两项订单让合作社销售共获效益 1 000 多万元，年底对全体社员进行统一分红，带动合作社社员每亩地多收入 200～300 元。

2. 打造绿色产业战略布局，稳定脱贫

围绕发展大庆绿色、特色扶贫产业的战略，深入开展产业项目建设攻坚行动，着力实施好三项计划。一是“一村一品”绿色产业培育计划。立足贫困村区位和资源实际情况，以村集体为主导成立专业合作社或与现有专业合作社合作，围绕绿色、特色经济作物种植、畜禽和水产养殖及农产品初加工等方面，支持贫困村发展“一村一品”，变区位资源优势为经济优势，带领贫困户开展生产合作，发展绿色、特色产业，加快脱贫步伐。我们打造了大

绿色食品祝三西瓜

同区祝三乡“祝三绿色西瓜”、八井子乡“于天利绿色香瓜”等“一村一品”品牌，全市重点实施“一村一品”产业扶贫项目37个，计划投资9 691.9万元，带动贫困户13 489户次，人均增收1 285.3元。二是实施新型主体绿色、特色产业帮扶计划。有扶贫开发任务的县区，要在现有企业帮扶基础上，积极调动有意愿、有条件的绿色食品龙头企业、合作社、协会等新型主体的积极性，针对不同类型贫困户的实际情况，通过合同订单、分红返利、保障就业等形式，带领贫困户一同建设绿色、特色产业增收项目，实施新型主体帮扶行动，最大限度地带动贫困户稳定增收。全市重点推进新型主体绿色、特色产业帮扶项目22个，投资4.2亿元，带动贫困户10 747户次，人均增收1 224.7元。三是实施绿色、有机、休闲农业扶贫带动计划。依托大庆市大油田、大湿地、大草原、大农田资源禀赋，积极打造绿色、有机食品产业带，发展棚室采摘、湿地观光、温泉养生、休闲度假等乡村旅游业态，鼓励社会资本投资开发绿色田园综合体、绿色现代农业庄园、有机草莓园、特色民宿等乡村休闲度假产品，带动贫困户受益增收。充分依托少数民族乡土风情，开发地域特色突出的旅游商品，如绿色、特色、土特产品和传统手工艺品、民族工艺品等，增加贫困户旅游服务性收益。通过发展乡村旅游和开展绿色、特色产品销售等方式吸纳贫困群众450人，带动人均增收3 500元。

3. 打造创新发展模式，助力精准脱贫

庭院绿色种植的致富经。长期以来，由于一家一户的分散生产经营，难以有效实施标准化的生产、产业化开发、品牌化经营，影响了市场的开拓和效益的提高，为此鼓励企业、农民专业合作社把分散经营的一家一户组织起来，提高玉米种植组织化程度，引导农民统一生产技术、统一操作规程、统一生产标准，实行规范化管理，建立购销关系，共享利益。合作社与社员（农民）实行“订单”种植模式，结成利益共同体，共同维护产品声誉和合作社形象。在实际操作中，采取紧密结合形式，形成稳定的购销关系，解决了一家一户的小生产和千变万化的大市场之间的矛盾，使广大农户在一条龙产业链内共担风险，共保质量，共创品牌，共享利益。采用庭院种植绿色玉米，农村庭院多年不使用农药化肥，种出的玉米不含任何农药化肥残留，全程执

行绿色食品标准进行生产，秋后回收进行深加工。2018 年，种植庭院玉米 3 000 亩地，玉米穗以每千克 2 元钱进行回收，所产原粮全部进行玉米精深加工，统一销售。现已开发出经中国绿色食品发展中心认证的玉米高筋粉、玉米糯米粉、玉米黄金米、玉米珍珠米、玉米筋丝面、玉米大碴子和小碴子等产品，市场供不应求。

大同区八井子乡 3 000 亩白芍基地

二、绿色食品产业扶贫存在的问题

在绿色食品产业扶贫实际工作中，虽然取得了显著效果，但还是存在一些不容忽视的问题，主要表现在 3 个方面。一是部分绿色食品产业扶贫项目拉动能力不足。从目前来看，绿色食品产业扶贫项目结构较为单一，产业发展模式固化于传统种养业、特色种养业，加工业水平低、规模小，产业项目组织化、集约化、规模化程度低，带贫承载力和风险抵抗力不高。二是贫困户脱贫内生动力不足。部分地方还存在“干部帮、群众看”“吃救济光荣”等现象。部分贫困群众不愿摘贫、脱贫，自主发展意愿不强，脱贫内生动力严重不足。三是部分干部工作的主动性不强。在绿色食品产业扶贫项目推进工作上，一些领导干部怕担责任和风险，对贫困村、贫困户如何发展脱贫产业深入调研不够，不愿动脑筋思考、跑腿搞协调，导致一些好的绿色食品产业扶贫项目推进困难、建设进度缓慢。这些问题在下一步要认真解决。

三、推进绿色食品产业扶贫的对策

1. 强化政策支持

市财政安排的产业扶贫资金支持项目，主要为村集体组建合作社或与其他主体合作实施的产业扶贫项目，扶持资金70%用于补贴贫困户货币出资、30%由贫困村集体持有，收益按出资比例分配，促进贫困户增收、贫困村集体经济壮大。有扶贫任务的县（区）要合理运用扶贫政策，每年安排一定规模财政专项资金，加大对产业扶贫项目的支持力度，做到形成合力、集中投放、快见成效；要采取项目补贴、以奖代补、贷款贴息、产业扶贫资金等形式，撬动农业企业、工商资本、金融资金投资扶贫产业开发，形成产业经营者主体投入、金融部门积极支持、政策性投入引导的多元投入机制，不断提升产业扶贫工作水平。

2. 强化金融扶持

鼓励金融机构为支持脱贫攻坚提供较低成本、较长期限的资金来源，引导法人银行机构增加涉农信贷投放，切实降低贫困地区涉农贷款利率水平。引导使用扶贫再贷款的法人金融机构，优先支持建档立卡贫困户和贫困地区具有扶贫带动作用的绿色食品企业、合作社等新型农业经营主体。充分利用风险补偿和贴息机制，全面对接建档立卡贫困户产业发展融资需求，对符合贷款条件的贫困户有效需求做到“应贷尽贷”。

3. 强化经验总结

加大绿色食品企业扶贫典型的宣传力度，要不断在新媒体和网络上加大宣传，召开表彰大会，弘扬正能量，以点带面，引领绿色食品企业积极参与扶贫工作。

4. 强化长效机制构建

针对绿色食品产业扶贫项目政府主导型多、短期受益型多的实际情况，总结推广资产收益、合作、合同、股份、代种代养和创业就业等机制，探索建立带贫益贫长效机制。在《大庆市2018年产业扶贫工作意见》中，明确

了开展绿色食品项目建设攻坚行动、构建了绿色食品产业扶贫模式的路径和措施，必须长期坚持，使绿色食品产业扶贫工作有效开展。

四、构建绿色食品产业扶贫新机制

本着政府引导、主体带动、贫困户参与、市场运作、政策支持的原则，支持贫困户与绿色产业项目实施主体通过合同、股份、订单等方式，创建绿色产业发展与贫困户增收双赢共进的扶贫模式，稳固利益联结，实现长效增收。

1. 推广合作带动机制

支持贫困村组建合作社，吸收贫困户入社，建设绿色食品产业扶贫项目，发展“一村一品”；引导各类专业合作社与贫困户，采取带地、带资入社等形式开展绿色食品产业项目建设合作，带动贫困户脱贫增收。

2. 健全合同制带动机制

支持绿色食品生产龙头企业、专业合作社等新型经营主体，与贫困村、贫困户开展长期稳定的订单合作，为社员提供融资担保、设施装备、生产资料、技术指导、产品回收与销售等服务，建设国家级绿色食品原料标准化生产基地，开发深加工绿色食品，创新商业模式，吸纳有劳动能力的贫困人口

国家级贫困县林甸县依托国有牧场进行绿色养殖

就业，带动贫困户增收。

3. 建立股份制带动机制

支持贫困户通过产业扶贫资金、小额信贷及农机具、土地使用权等生产物资“挂靠”绿色食品产业经营主体参与产业分红；支持贫困户以土地承包经营权入股的形式与其他农户或经营主体组建合作社，按合约分红。

4. 支持代种代养带动机制

支持各类经营主体在绿色养殖场，采取托牛入场、借母还犊、寄养付酬、反租倒包等模式，带动贫困户发展绿色、特色产业。

5. 支持资产收益带动机制

支持有扶贫开发任务的县（区）利用财政扶贫资金和扶贫专项贷款扶持绿色食品产业发展，资产收益按比例用于贫困户分红；支持贫困户利用承包地、宅基地、房屋等资产，开展租赁或者委托经营，获取资产性收益，拓展贫困户增收途径。

6. 支持创业就业机制

紧扣贫困户需求，提供针对性的“互联网＋”、种养殖等技能培训，丰富贫困户技能库。支持村集体带领贫困户创业，创造就业岗位，增添收入项。鼓励绿色食品生产、经营主体优先雇佣贫困户用于季节性用工、临时性用工及长期用工。

发展绿色食品　助推产业扶贫

尚庆伟　韩善红　徐敏权　杨　量

（江苏省连云港市绿色食品办公室）

随着社会的不断进步和人民生活水平的进一步提高，人们更加注重营养健康和食品安全。农业生产发展结束了以数量扩张的阶段，步入了以安全、优质的绿色食品为代表的可持续发展时代。中国农业在从数量农业向质量农业快速转型的道路上，越走越快，行稳致远，品牌化工作是不可或缺的有机组成部分。绿色食品在产品质量、品牌影响力等方面为消费者提供了差异化消费的丰富选项，也为产业扶贫、精准扶贫、农民脱贫带来全新的选择。消费趋势与市场倒逼机制为绿色食品产业发展营造了良好的成长空间，为助力产业扶贫找到了理论遵循。

一、背景与概况

1. 连云港市农业产业扶贫现状

近年来，连云港市围绕“高质发展、后发先至”主题主线，坚持精准务实，突出分类指导，全市扶贫开发工作有序推进。认真分析、切实找准低收入人口和经济薄弱村的“穷根”，就业扶贫、产业扶贫、兜底政策并举并用，确保低收入人口高质量脱贫，使得经济薄弱地区面貌有了极大改观。通过不断优化农业生产结构，加快农业产业化进程，推进全市产业扶贫、企业扶贫、就业扶贫等工作成效显著，初步形成优质稻米、蔬菜瓜果、规模畜禽、特色林果、水产养殖、食用菌、花卉等主导产业，市级以上重点农业龙头企业发展到166家，全市农产品年出口额为4亿美元，占全省农产品出口额

12%，外向型农业连续多年保持全省领先。保障农民收入持续快速增长，农民人均纯收入增幅超过城镇居民可支配收入增幅，城乡居民收入比缩小到2.51∶1。2018年，全市完成脱贫5.4万人，省定经济薄弱村达标53个，脱贫任务有序推进。

江苏省东海县双店鲜切花基地

2. 农产品品牌建设政策沿革

2006年，《农产品质量安全法》正式实施，我国农产品质量安全工作进入法制化阶段。2006年中央1号文件要求积极发展特色农业、绿色食品和生态农业，保护农产品知名品牌：2007年中央1号文件指出：搞好无公害农产品、绿色食品、有机食品认证，依法保护农产品注册商标、地理标志和知名品牌，支持农产品出口企业在国外市场注册品牌；2008年以来，大力发展“三品一标”，品牌建设进入规范管理、认证监督阶段；2015年，明确指出要大力发展名特优新农产品，培育知名品牌。近年来，农产品品牌化工作得以快速发展，2016年中央1号文件强调“农业绿色发展”；2017年，指出要推进区域农产品公用品牌建设，支持地方以优势企业和行业协会为依托打造区域特色品牌，引入现代要素改造提升传统名优品牌；2018年，确定了实施质量兴农战略，提出了质量兴农、绿色兴农；2019年，再次提到大力发展紧缺和绿色优质农产品生产，推进农业由增产导向转向提质导向。农业品牌化工作的强化，加快新型农业生产经营主体的快速崛起，促进农业人

口就近就业，实现了家门口就业脱贫。

3. 连云港品牌发展现状

连云港市大力推进绿色优质农产品品牌工作，于2016年9月，发布“连云港市农产品品牌”战略规划，推出江苏省首个地市级政府背书的区域公用品牌“连天下”。全市绿色优质农产品在区域公用品牌的引领下，进行了资源整合、抱团发展，品牌规划尤其重视对贫困地区与贫困人口的政策倾斜，加大资金与技术扶持力度，取得显著的成效。连云港市获证全国绿色食品原料基地3个、面积88万亩，绿色生资主体5家、产品7个，绿色食品获证主体70多家、产品180多个，打造各类名特优新农产品品牌10个，江苏名牌农产品16个，江苏著名商标44个。丰富的人文、物产资源，培育了品种多样的绿色优质农产品品牌，逐步形成了石梁河葡萄、东海大米、灌云芦蒿、沙河蔬菜、东海老淮猪等产业带动能力强的绿色食品品牌。

二、绿色食品品牌培育实践

1. 制定农产品品牌发展规划，推进品牌扶贫工作

连云港处在“丝绸之路经济带”和“海上丝绸之路”的交汇点，在农业发展品牌化、规模化、外向化方面有着独特的优势。连云港市定思路、抓机遇，抢占先机，委托专业机构量身定做《连云港市农产品品牌发展战略规划》；成立优质农产品服务协会，以创塑品牌、提升品质、营造环境、强化管理、产业融合、立体传播“六位一体”发展的战略路径培育品牌，把全市农产品区位优势、资源优势转变为商品优势、经济优势、市场优势，支持贫困地区产品品牌打造、包装、输出，让贫困农民通过绿色食品品牌培育实现农产品溢价；通过会展、网络、报纸、电视等媒介的立体推介，形成绿色食品品牌影响与经济效益。

2. 完善绿优品牌培育措施，打造产业扶贫机制

连云港市贫困人口多分布在西部丘陵地区，为更好地完成扶贫工作，全市大力扶持西部地区新生产经营主体，开展品牌认证工作，逐步实施农产品品牌培育工程，筛选一批精品农产品品牌认证绿色食品，建立市级品牌目录库，开展市知名商标、省著名商标、驰名商标梯级培育，实现农产品品牌纵深发展。打造农产品质量安全追溯管理系统，依托互联网技术，建立品牌农产品质量安全管理系统，落实品牌企业农产品安全主体责任。制定农产品品牌管理制度，出台《区域农产品集体商标管理使用实施细则》。完善品牌保障机制，保障经费、人员、场所配套，强化对口业务指导。目前，连云港市已培育出以“果香黑林”“沃田蓝莓”为代表的西部贫困山区农产品品牌。

3. 打造品牌质控五大体系，夯实农产品质量基础

绿色食品品牌培育，产品质量安全是核心，连云港市重点打造“五大”体系保证农产品质量安全。一是健全监管体系，市级有监管处、县级有监管科、乡镇有监管站、村级有协管员；二是筑牢检测体系，市、县有农产品质量检测中心，负责定量检测，乡镇及主要农产品生产基地有速测中心，负责定性检测；三是成立执法体系，市、县都成立了农业综合执法队伍，对农业生产全程进行执法监管；四是完善质量标准体系，制定覆盖全产业链的生产加工标准，逐步形成绿色优质农产品质量标准体系；五是创建追溯体系，入会企业全部加入了农产品质量追溯系统，实现了农产品从田头到餐桌全程质量可查询、可追溯。

4. 统一农产品品牌形象，引领贫困地区产品走出去

依托区域公用品牌“连天下”，统一全市绿色优质农产品的品牌形象、文化背景、地域特色、包装设计等，让市域内绿色优质农产品品牌形成发展合力。在包装设计上以西游文化为背景，让人耳目一新，易识易记易推广。将地域特色、文化背景、品牌形象、产品质量融合发展，全面提升区域文化与品牌影响力。帮助贫困地区生产经营主体免费设计包装，在其产品上推广、应用统一的包装，拓展线上线下销售渠道。在省内外建立一批连云港绿色优质农产品品牌农产品展示展销中心、品牌体验店、专卖店和销售专柜等，对接大中城市商超，设立西部地区产品专区；在休闲观光农业园区、农业特色小镇设立品牌农产品销售专区。建设连云港品牌农产品营销体系，线

上对接品牌农产品微商城、淘宝商铺和京东网店，重点对接、展示、推介贫困地区生产经营的农产品。同时，推动线上线下融合发展。在实体店、旅游景点、交通枢纽配置“移动智能商店”，提供线上购买与线下体验同步平台。

绿色食品海州丝瓜

三、绿色食品品牌发展面临的困境

1. 农产品生产经营者品牌意识淡薄

在贫困地区农户小农意识依然存在，农业生产经营主体的经营观念跟不上时代发展的步伐，注重生产，忽视市场需求，没有形成品牌运作意识，生产经营较为分散，产业化、规模化、标准化、组织化程度不高，深加工能力较弱、产品附加值低、培育品牌办法不多，经营观念、经营行为与市场经济不适应。

2. 品牌培育机制不健全

农产品品牌建设缺乏一个契合连云港现状的品牌培育机制，发展方式同质化现象严重。政府对品牌建设的资源投入，并未转化为有助于企业产品品牌闯市场所需的资源优势。区域内部品牌主体目标不一致，农产品营销网络不健全，推广形式单一，无法实现产业的集群发展。

3. 相应扶持政策不到位

缺少长效的财政扶持政策，市、县两级财政资金扶持不到位，影响发展品牌的积极性。同时，发展还受到人才、科技、设备及农产品自身局限性的限制，呈现出地区和种类分布差异大、主体结构分布不均衡，影响整体实力的发挥，贫富差距逐步扩大，有待出台相应的政策加以引导、扶持。

四、绿色优质农产品品牌发展经验与启示

绿色农业区域品牌竞争力已成为农产品竞争力的直接体现。绿色农产品区域品牌的发展，能够满足城乡居民对绿色品牌农产品快速增长的需求，是实现农业增效、农民增收、乡村振兴的有效途径。采用区域公用品牌整合、培育绿色优质农产品品牌，发展区域农产品销售，提高区域形象的成功例子较多。“丽水山耕”区域公用品牌的主要建设思路是市场化全程运作和线下线上并行发展；四川省金堂县打造的“田岭涧”区域公用品牌，前期政府打造、后期市场化运作，采用线上为主线下为辅营销策略；黑龙江省“寒地黑土”品牌利用寒地黑土这个极具特色的地域标识，协会负责生产和质量标准管理，带动了全省农产品经营的规模化发展。农业生产通过优质高效、生态安全的绿色产品区域品牌开发，促进了农业结构优化，提高了农产品市场竞争力，促进了产业扶贫、精准脱贫工作的进展。

五、绿色优质农产品品牌发展的策略与展望

1. 创新农产品品牌运营模式，助力供给侧结构调整

2016 年，国务院办公厅发布《关于发挥品牌引领作用推动供需结构升

级的意见》；农业部将2017年定为品牌推进年，进一步明确了绿色优质农产品品牌在供给侧改革中的作用。区域农产品品牌应依托规划蓝图循序渐进，在实践中不断创新管理方法，探索属于地域独有的运营管理模式。充分发挥政府、协会、生产经营主体等相关参与者的作用，逐步形成"品牌所有权在会，品牌运营在企，产品销售在企，生产服务在社，农业生产在户"的良好分工合作机制。品牌是消费者认同出来、记忆出来的。农产品品牌化的过程，就是实现区域化布局、专业化生产、规模化种养、标准化控制、产业化经营的过程，有利于促进农业升级，实现由数量型、粗放型增长向质量型、效益型增长的转变。品牌建设是供给侧改革一个重要的抓手，是农业调结构、转方式重要的切入点。

2. 培优生产经营主体，助力绿色优质农产品品牌发展，提振地方经济

在经济下行压力加大、外部环境发生深刻变化的复杂形势下，绿色优质农产品品牌提振区域经济作用表现得更加突出。打造绿色优质农产品品牌、提升区域农产品的知名度与美誉度，有助于发挥区域经济的凝聚力和向心力，提升区域的人气和信心，同时对吸引投资、引进人才、聚集信息、拓展市场等也有着重大的推动作用。区域品牌已经成为区域经济发展的主导因素，区域品牌建设是区域经济发展的必由之路。培育和扶持有较强开发加工能力、市场拓展能力、在行业中具有重要地位的农业品牌经营主体，发挥农业龙头企业、农民合作社、家庭农场等新型农业经营主体在农产品品牌建设中的主体作用，"依托一产、接二联三"，调精创优、提质增效、延伸链条，实现"填一补二"的连锁效应。绿色优质农产品品牌培育，必将提高农业产业化率、延长农产品产业链，助推农业生产资料及辅助产业的发展。

3. 加大扶持力度，助力农业产业扶贫增效

品牌是无形资产，其价值就在于能够建立稳定的消费群体、形成稳定的市场份额。要整合现有财政支农资金，设立农业品牌建设专项资金，采取"聚拢项目、集中资金、重点扶持"的办法，集中力量对有发展潜力的品牌农业，从人才培养、基地建设、科技推广、服务体系和市场营销等全方位进行扶持，尽快形成完整的品牌农业产业链。发挥地方农业资源优势、农产品多样化优势、农耕文化和地域文化的原生资源优势，以农产品为原点，以农产品生产的区域特质、工艺特点为原生动力，创新产业链，集聚资源价值，实现产业融合，开发反哺农业的高溢价机制，实现更具价值的集聚效应。搭建宣传平台，全力做好品牌宣传与推介工作，提升品牌影响力。农产品品牌化以后，农产品的附加值随之提高，盈利水平增强，会给农村带来巨大的经济收益，促进农业增效、农民增收，有效降低贫困人口基数。农民收入水平提高后，消费能力的释放又促进农业的投入及生活消费品的消费，将进一步带动农村经济的健康发展。

黄冈市绿色食品品牌扶贫实践探索

陈淑兰　樊　萍　胡　兰
（湖北省黄冈市绿色食品管理办公室）

一、概况

黄冈市地处长江中游北岸，位于大别山南麓，全市 11 个县（市、区），总人口 750 万人，是全国著名的革命老区。贫困人口多，扶贫任务重，全市有贫困县 6 个，贫困村 892 个，占湖北省贫困村总数 18.5%，居全省市州第一位；贫困人口 102.83 万人，占全省贫困人口总数 17.71%，居全省市州第一位，贫困发生率 17.75%，比全省平均水平高 3.55 个百分点。

黄冈市绿色食品品牌建设起步早，成绩突出。2018 年，全市共拥有绿色食品品牌 166 个，其中，有机食品品牌 17 个、绿色食品品牌 104 个、国家农产品地理标志品牌 13 个。另外，全市农业农村和市场管理部门创建国家地理标志品牌共计 79 个。全市绿色食品品牌扶贫人口 27.4 万人，共增加贫困人口收入 51 772.5 万元，人平均增收 1 890 元。

二、绿色食品扶贫的示范模式

1. 建立绿色食品种植基地扶贫

黄冈市充分利用丰富的茶叶、菊花、中药材、蔬菜等特色作物绿色食品品牌优势，因地制宜，建立了一批茶叶、油茶、菊花、蕲艾、茯苓等绿色食品种植扶贫基地，全市共建立特色作物绿色食品种植基地 537 个，基地面积 14 413.3 公顷，带动贫困人口 27.4 万人。蕲春县湖北驹龙园茶业有限公司是有机食品茶叶种植、加工、销售产业化企业，自 2017 年以来，先后在大同、檀林、张塝三镇六个贫困村建设绿色食品茶叶种植扶贫基地 213.3 公顷。其中，大同镇李山村达到 73.3 公顷（包括有机茶园 20 公顷），对接扶持茶叶种植贫困农户 1 237 户。湖北蕲春雾云山茶业股份有限公司现已建成高山有机茶园 72.2 公顷，其中精准扶贫有机茶园基地 28 公顷，对接贫困农户 315 户。

麻城市福白菊扶贫基地

2. 组织贫困人口参加季节性务工扶贫

黄冈市英山、麻城、罗田等贫困县组织茶叶、菊花、中药材种植加工企业安排当地贫困人口参与茶叶、菊花、中药材季节性采摘、采收，企业按照茶叶、菊花、药材采收数量和质量、参考工时行情付给季节务工人员劳动报酬。蕲春县湖北驹龙园茶业有限公司每年安排周边三镇六村贫困人口作为茶叶采收季节性用工 6 000 人次，采茶季节人平均每日采茶收入 150～200 元。湖北蕲春雾云山茶业股份有限公司每年组织周边贫困人口季节性采茶务工 300 余人，人平均增收 5 000～6 000 元。

3. 安排贫困人口就业扶贫

全市绿色食品企业通过从周边贫困人口择优招聘种植、加工技术人员和营销业务人员，签订劳动合同，培训上岗，并逐步培养成为企业种植和加工专业技术、市场营销业务骨干。湖北驹龙园茶业有限公司招聘周边贫困人口从事茶叶种植技术、茶叶加工和茶叶市场销售管理人员共计 52 人，月均工资超过 2 600 元。湖北雾云山茶业股份有限公司安排雾云山村贫困人口 24 人在公司从事茶叶加工销售工作，月均工资 2 800 元以上。麻城市兆至现代农业发展有限公司，自 2017 年来，先后安排 85～120 人在公司蔬菜分拣车间和冷藏物流车间务工，每月工资达到 3 200 元左右。

4. 流转贫困人口土地扶贫

通过将贫困人口责任耕地和园地纳入企业绿色食品种植加工基地建设范围，然后企业与贫困农户签订土地流转租赁协议，按市场行情付给贫困户土地租金。蕲春县湖北雾云山茶业股份有限公司，自 2017 年来共流转周边贫困户土地 26.67 公顷，每公顷每年付给贫困户土地租金 5 500～6 000 元；麻城市王集鸿发芦笋专业合作社 2016—2018 年流转贫困户土地 15.8 公顷，每公顷每年付给贫困户土地租金 8 000～9 000 元。

英山云雾茶扶贫基地

5. 技术指导服务扶贫

通过将贫困人口耕地和园地纳入企业绿色食品和种植基地范围，带动周边贫困户种植绿色食品产品，并且公司提供绿色食品标准化种植技术服务，帮助贫困户提高绿色食品产量，增加收入。2014 年，麻城市兆至现代农业发展有限公司对接扶持周边贫困户 365 户，贫困人口 1 068 人，指导贫困户种植绿色食品麻城辣椒 72 公顷。通过以高温闷棚、青秆压青还田春秋两季连作等技术指导服务，2018 年，365 个贫困户种植的两季麻城辣椒平均每公顷产量 98 814 千克，总产 1 849.8 万元，每公顷增收 6 527 元。

三、绿色食品扶贫的成效

1. 丰富贫困群体财源

截至 2018 年底，黄冈市绿色食品企业共联合贫困人口建立茶叶、菊花、蔬菜等特色作物绿色食品种植基地 1 112.5 公顷，这些绿色食品种植基地成为一部分贫困人口收入保障基地、财源库。自 2017 年以来，黄冈市的实践证明，每建设 0.067 公顷绿色食品扶贫基地，每年可为贫困人口增收 2 383 元，可将绿色食品扶贫基地建设成为贫困人口生活保障基地。

2. 带动贫困农户增收

2018 年，全市有 97 家绿色食品企业投入绿色食品品牌扶贫活动，对接扶贫户数 8.56 万户，人口 27.4 万人，户平均增收 6 647.8 元，人平均增收 2 550 元；2018 年，麻城市有 8 家绿色食品企业参与精准扶贫，对接贫困扶贫户 13 100 户，扶贫贫困人口 23 500 人，户平均增收 2 062.9 元，人平均增收 1 150 元；英山县湖北金雷茶业有限责任公司现有绿色食品茶园 204 公顷，2018 年对接扶贫农户 1 037 户、3 182 人，户平均增收 10 761.1 元，人平均增收 3 507 元；麻城市王集芦笋专业合作社现有绿色食品芦笋种植基地 42 公顷，2018 年对接扶贫农户 106 户，贫困人口 127 人，户平增收 2 264.4 元，人平增收 1 890 元。

3. 促进了贫困群体人才培育

自 2014 年以来，全市绿色食品企业招聘录用技术管理和营销管理人才 672 人，包括培养种植、养殖、加工技术人员 423 人，培养营销骨干 249 人，既为全市贫困人口择优就业创造了条件，又打通了绿色食品企业人才通路。自 2014 年以来，麻城市兆至现代农业发展有限责任公司共招聘录用贫困人口业务人员 350 人，其中有 28 人已培养成了蔬菜种植、加工、冷藏物流和营销业务骨干。

四、结论

1. 绿色食品品牌扶贫是精准扶贫的有效办法

根据黄冈市近几年的绿色食品品牌扶贫实践探索，通过绿色食品认证企业与贫困农户对接开展扶贫，为贫困人口建立扶贫基地，邀请贫困人口参加企业季节性务工和安排就地就业务工，增收贫困人口收入，是实现贫困人口脱贫的有效办法。

2. 建设绿色食品扶贫生产基地是可持续的扶贫模式

根据湖北蕲春雾云山茶业有限公司和湖北驹龙园茶业有限公司绿色食品品牌扶贫实践探索，通过企业与贫困户联合，采取土地入股或土地流转等模式，共同建设绿色食品种植基地，设立鲜茶产品收购点，贫困户负责种植和采摘，企业定点收购贫困农户基地鲜叶产品，为贫困户建立了稳固的财源基地，增收脱贫可持续。

3. 培养贫困户人才可实现贫困人口和绿色食品企业双赢

近几年，黄冈市绿色食品企业积极招聘录用贫困人口人员从事绿色食品种植、加工、营销，广纳贫困人口人才，既为贫困人口成长成才创造了有利条件，同时又为绿色食品企业种植、加工、营销人才提供了保障，使贫困人口和绿色食品企业双方受益，实现了双赢。

农业品牌扶贫实践的现状分析与对策建议

谭周清

（湖南省湘西州绿色食品办公室）

湘西州位于湖南省西北部，是传统意义上的老少边穷地区。2013 年 11 月，习近平总书记在湘西州花垣县首次提出了精准扶贫重要论述。湘西州处于气候微生物发酵带、土壤富硒带和植物群落亚麻酸带，“酒鬼酒”“古丈毛尖”“保靖黄金茶”“湘西椪柑”“凤凰猕猴桃”等都源于这宝贵的“三带”资源。湘西州发展特色产业，打造湘西特色农产品品牌优势得天独厚。近年来，湘西州农产品品牌建设取得了较大进步和发展，打造了一批具有市场竞争力的品牌农产品，农产品品牌化发展成为助推脱贫攻坚的重要抓手。但在看到已取得的成绩和发展潜力的同时，也应该看到存在的不足与差距，亟须多方面着手加大农产品品牌建设力度。

一、湘西州农业品牌建设基本情况

近年来，湘西州农产品品牌工作呈现出加速发展的态势，突出绿色、有机、生态、富硒的特点，加大了特色农产品品牌培育和创建的力度，助推了农业增效、农民增收。截至 2019 年，湘西州现有 3 个农产品获中国驰名商标荣誉称号，有 3 个农产品荣获湖南省名牌产品。2016 年，“保靖黄金茶”“古丈毛尖荣”获湖南省十大农业品牌。在 2017 年中国优质农产品开发服务协会组织的最受消费者喜爱的中国农产品区域公用品牌评选活动中，泸溪椪柑荣获此荣誉称号。古丈县、保靖县正式获批全国首批有机产品认证示范建

设区，“湘西猕猴桃”“湘西椪柑”“湘西黄牛”等多个品牌分别入选“中国农产品精粹集”“湖南农产品品牌名录”，湘西州于2018年成功申报“中国黄金茶之乡”。保靖黄金茶、松柏大米、湘西黄牛、湘西黑猪等17个农产品获得国家地理标志产品登记，地理标志产品持有量居全省前列。湘西州共37个产品获农业农村部无公害农产品认证，39个产品获农业农村部绿色食品认证，有30家企业52个产品获有机食品认证。“湘西椪柑”“保靖黄金茶”等农产品品牌的发展，在推进全州脱贫攻坚、增加绿色优质农产品供给中发挥了重要作用。

二、品牌化发展助力脱贫攻坚

1. 农产品品牌化带来农产品高溢价

湘西州永顺县松柏镇地处湖南省西北部，平均海拔800余米，土壤天然富硒，境内年平均气温14.6℃，垂直差异悬殊，小气候效应显著。境内生产的松柏大米具有香味浓郁、有光泽等天然优良品质。长期以来，由于不注重产品品牌宣传与打造，品质优良的松柏大米一直被当作普通大米在市场销售，产品附加值不高，种植的面积呈现连年递减的趋势。自2015年以来，

土家族“晒龙谷”庆丰收

当地政府逐步开始培育松柏大米品牌，注册了松柏大米商标，扶持大米生产经营主体开展绿色食品、有机食品认证；2017 年，成功将松柏大米登记为国家农产品地理标志；2018 年，接受了中央国际频道《源味中国》栏目的拍摄。通过一系列产品品牌宣传与营销，一举改变了“松柏大米”品牌不温不火的状态，产品销售价格直线上升。2019 年，松柏大米销售价格由原来的市场价每千克 5 元左右提高到 16 元以上，品牌效应得到彰显，给当地松柏大米生产企业带来良好的经济效益，有力地推动了当地发展生产脱贫工作。

湘西自治州牛角山生态农业科技开发有限公司有机茶园基地

2. 农产品品牌引领贫困户脱贫致富

通过开展绿色食品、农产品地理标志产品等政府主导的公共品牌认证、登记，有助于引领传统农业的升级改造，全面提升贫困地区农业产业素质，推动农产品走向广阔的市场，实现产品溢价销售，最终实现带动贫困户脱贫和稳定增收的目标。湘西自治州牛角山生态农业科技开发有限公司于 2008 年 12 月正式注册成立，是一家集茶叶种植、茶叶加工销售与茶园生态旅游观光为一体的省级农业产业化龙头企业，公司通过土地流转开发种植了通过绿色食品认证的茶园 10 800 亩，经农业农村部中绿华夏有机食品认证茶园 2 000亩，实现茶叶年产值 4 500 余万元。公司通过对贫困户采取土地流转租金收入、订单茶叶收入、合作社分红收入、劳务收入、盈余分配收入及精准帮扶增收六种增收机制带动贫困户脱贫致富。惠及当地农民 2 870 户、9 654

人，其中涉及当地建档立卡户 412 户。2016 年，公司所在村牛角山村全村整体脱贫。公司所在地古丈县默戎镇牛角山村村支书龙献文同志荣获全国农业劳动模范表彰，2018 年 1 月，龙献文同志当选为第十三届全国人民代表大会代表。

3. 农业品牌化发展带动产业融合发展

湖南英妹子茶业科技有限公司成立于 2010 年，是一家集茶叶种植、新茶品研发与销售、茶文化研究传播工作的省级农业产业化龙头企业，公司拥有绿色食品茶叶基地 2 000 亩，经农业农村部中绿华夏有机食品茶叶基地 300 亩。2017 年 1 月，公司的英妹子梳头溪有机茶特色产业园由湖南省绿色食品办公室授牌湖南省绿色食品示范基地。近年来，公司通过加大基础设施建设、茶园标准化建设来推进茶、旅融合发展，推动公司从传统农业向现代农业的转变。近年来，梳头溪畔的英妹子梳头溪有机茶特色产业园每年都会迎来大批来户外拓展、亲子教育等游客，公司通过聘请当地茶农当导游，游客通过自己采茶，再由公司的制茶技术人员手把手教游客学习自己炒茶、品茶，让游客亲身体验采茶、制茶的乐趣，又感受浓厚的茶文化的熏陶。通过茶旅融合发展，留住了许多想外出打工的劳动力，茶园有人培管了，茶叶产量增加了，茶农收入增加了，茶叶品质提高了。通过茶旅融合发展，解决了留守老人、儿童的照管问题，给当地茶农增加了一份收入，推动了当地发展产业脱贫工作。仅在 2017 年就为全县的 7 个扶贫村村集体经济和 250 户扶贫联系户分红共计 50 多万元。

三、湘西州农业品牌建设存在的主要问题

一是农产品创品夺牌相对落后。湘西州在农产品品牌认证、品牌建设等方面与周边地区相比还存在不少差距。如与湘西州相邻的怀化市现有“三品一标”农产品 270 个，而湘西州同期仅有 101 个。从怀化市市场监督管理局网站上查询得知，新晃县黄牛系列加工产品已获省级品牌和著名商标 13 个，截至 2019 年，湘西州农产品品牌仅有省名牌产品 3 个，与怀化市拥有的品

牌数量相差较大。

二是州内农业产业化龙头企业规模小，带动能力不够强。在湘西州椪柑、茶叶、百合等八大产业中，能带动整个产业实现良性发展的加工企业数量很少，产品加工主要以小公司、农民专业合作社开展初加工为主。规模企业与主导的产业 发展之间比例失衡，出现有产业、无带动力强的龙头企业的现象。

三是品牌意识欠缺。由于缺少大型的农产品加工企业，湘西州生产的农产品大部分仍然以初级农产品的形式进行销售，农产品精加工比例较低，产品附加值低。品牌建设时间长、费用投入大，品牌效应难以在短期内转换成经济利益，导致企业打造品牌的积极性不高。

湖南英妹子茶业科技有限公司绿色食品茶园基地

四、加快推进湘西州农业品牌建设的对策建议

一是政府要出台农产品品牌建设政策。政府制定农产品品牌创建鼓励政策，对品牌建设企业给予重点扶持和奖励。贯彻落实《湘西自治州人民政府关于支持10大重点产业发展若干政策》文件精神，继续对新获“三品一标”

认证主体实施奖补，支持农业生产经营主体开展“三品一标”认证、商标注册、品牌宣传等工作，增强企业通过品牌打造带动脱贫攻坚的能力。

二是加大对湘西州农业产业化龙头企业的培育扶持力度。支持湘西州内“三品一标”认证龙头企业开展省级绿色食品示范基地、检验检测和质量追溯系统建设。要有计划地将湘西州内具有地方特色、种植面积在全省排名靠前的产品申报创建全国绿色食品原料标准化生产基地。

三是强化品牌宣传推广力度。继续抓好与央视农业频道、湖南卫视及湖南国际频道的品牌宣传合作，充分运用网络媒体开展品牌宣传推介，有计划、有重点地宣传湘西州农产品品牌。协调县、市开展农产品的采摘节、文化节等节会活动。积极组织参加各种高规格的展会活动，提升湘西州农产品品牌知名度。

四是建立健全品牌保护、管理制度。出台《湘西自治州知名品牌农产品管理办法》，建立湘西州知名农业品牌动态管理机制，严格实施品牌授权使用制度，主动联合工商等执法部门，积极开展农产品品牌维权打假，形成抓品牌、创品牌、护品牌的农业品牌建设长效机制。区域公用品牌应由政府出资或政府出资委托州级优势企业或行业协会进行重点打造。待湘西州农产品区域公用品牌战略规划通过评审后，尽快启动区域公用品牌标准体系、品牌农产品质量安全体系、品牌宣传推介、名牌农产品申报等工作，要按照战略规划一张蓝图画到底，将湘西州农产品区域公用品牌打造成一个在全国范围内具有影响力和知名度的区域品牌，把“湘西”这张名片做优、做强、做大。

大力加强农业品牌建设　助推精准扶贫产业发展

赵起武　钱　莹　韦　瑛

（甘肃省武威市农产品质量安全监督管理站）

近年来，武威市委、市政府高度重视农业品牌建设工作，深入贯彻绿色发展理念，持续推进质量兴农、绿色兴农和品牌强农，积极构建现代农业产业体系、生产体系和经营体系，形成了一大批特色优势产业，生产规模和管理水平不断提升，营销体系逐步健全，效益持续提高，品牌效应凸显，品牌特色产业发展已成为贫困县助农增收、富民强县的重要支撑，为当地加快精准脱贫、全面建成小康社会提供了强劲动力。

一、武威市基本情况

武威市位于甘肃省中部、河西走廊东端，是中国旅游标志——马踏飞燕的出土地。1986 年，被国务院命名为“全国历史文化名城”和“对外开放城市”；2001 年 5 月，经国务院批准撤地设市；2005 年，被命名为“中国优秀旅游城市”；2012 年 10 月，被命名为“中国葡萄酒城”。现辖凉州区、民勤县、古浪县和天祝藏族自治县，其中天祝县为国家“三区三州”深度贫困县、古浪县为深度贫困县。2018 年，全年退出贫困村 73 个，减贫 2.95 万人，贫困发生率下降到 1.81%。全市有 21 个乡、72 个镇、9 个街道办事处、1 126 个行政村；常住人口 181.98 万人，其中城镇人口 68.65 万人、乡村人口 113.33 万人；拥有国土总面积 4 852.06 万亩，其中农用地 2 216 万亩（耕地 660.4 万亩）。

武威市历史悠久。公元前 121 年，汉武帝发兵远征河西，击败匈奴，为

彰其武功军威命名武威郡，此后历代王朝都曾在这里设郡置府。武威市是古丝绸之路要冲，境内名胜古迹众多，雪域高原、绿洲风光和大漠戈壁自然景观与历史文化交相辉映，文化旅游价值较高。2018 年，全市实现生产总值 469.27 亿元，一产业增加值 120.53 亿元，工业增加值 66.38 亿元，其中规模已上 43.78 亿元；大口径财政收入 53.44 亿元，其中一般公共预算收入 30.45 亿元；社会消费品零售总额 205.72 亿元；城镇居民人均可支配收入 27 668 元、增长 8.2%，农村居民人均可支配收入 11 518 元、增长 8.7%。

二、全市农业品牌建设主要成效

1. “三品一标”认证规模和数量不断扩大

着力打造一批具有武威特色的现代丝路寒旱农业品牌，每年“三品一标”数量增幅达 10%以上。截至 2019 年 8 月底，武威市各类生产经营主体

甘肃武威凉州区吴家井镇绿色食品辣椒原料基地

累计认证“三品一标”产品338个。以绿色食品、有机产品认证为主，两项累计有效认证数量达290个，认证规模居全省前列。天祝白牦牛肉、凉州羊羔肉、武威酿酒葡萄、民勤蜜瓜、古浪香瓜、古浪红光头小麦、古浪甄程牛羊肉等绿色食品相关产业不断壮大，品牌对农业增收、农民致富作用凸显。

2. 加强培育建设农业品牌

围绕沿山、沿川、沿沙三大产业带，牛、羊、鸡、果、菜、菌、薯、药八大产业，申报武威酿酒葡萄、天祝白牦牛、凉州羊羔肉、古浪香瓜、民勤蜜瓜、古浪红光头小麦、民勤羊肉、民勤甘草、凉州黄白花牛等农产品地理标志、国家地理标志保护产品和地理标志证明商标；推出了民勤县“民清源”等多个农产品区域公共品牌；培育了“威龙”“莫高”“皇台”等一批葡萄酒品牌；“红太阳”“金穗”“延年”“甘青”“利兴”“康瑞”等面粉品牌；“中天”“黄羊河”“伊禧堂”“蓉宝”“闹格尔”“乐尚”“漠贝贝”“顶乐”等深加工农产品品牌；“诚坤”“沼然绿”“西凉魂”“介实”“萌隆”“爱伲味迩”等鲜活农产品品牌。“武威酿酒葡萄”在2017年甘肃农业博览会上被评为十大农业区域公用品牌，武威市被中国食品工业协会命名为“中国葡萄酒城”，民勤县被中国副食流通协会授予“中国肉羊之乡”，天祝县被（国家）食品行业生产力促进中心命名为“中国高原藜麦之都”“中国高原食用菌之乡”“中国高原夏菜之乡”。实现了“产出好质量、创出好牌子、卖出好价钱”。

3. 深入推进产业脱贫产业富民工程，加强农业品牌建设奖补

将“三品一标”认证列入奖励扶持内容。武威市对新认证绿色食品每个产品一次性奖励补助3万元，对获得有机食品认证、农产品地理标志登记认证产品每个一次性奖励补助10万元，对获得国家级、省级金奖产品等品牌荣誉农产品分别一次性给予30万元、10万元奖励补助。充分利用好贫困地区发展绿色食品优惠政策，在2019年5月1日至2021年1月1日期间，全部免收国家级贫困县绿色食品申报主体的认证审核费和标志使用费，推动贫困地区加快发展绿色食品产业。

4. 农业品牌在武威市精准扶贫中取得成效

2018 年，武威市政府办公室印发了《武威市人民政府办公室关于推进产业脱贫产业富民工程的实施方案》（武政办发〔2018〕56 号），引导新型经营主体发展农业品牌，带动发展出口农业。全市“三品一标”认证龙头企业 89 个，认证产品 338 个。其中，无公害农产品面积 3 万亩，绿色食品面积 84.05 万亩，有机产品面积 7.46 万亩；农产品地理标志种植产品面积 38.5 万亩、畜禽产品规模 102.6 万头，带动绿色优质蔬菜 72 万亩、250 万吨；生态畜牧业中，牛、羊、猪、鸡、天祝白牦牛的存栏量分别达到 32 万头、210 万只、40 万头、261 万只、10.8 万头，肉蛋奶产量 12 万吨；酿酒葡萄 18 万亩、产量 5.4 万吨；中药材 12 万亩、5.5 万吨；民勤蜜瓜 6 万亩，产量 3 万吨；古浪香瓜 0.5 万亩、0.4 万吨；马铃薯 20 万亩、产量 8.9 万吨；天祝藜麦 3.5 万亩、产量 0.51 万吨；枸杞 23 万亩、3.6 万吨；红枣 32 万亩、产量 3.5 万吨；红光头小麦 9 万亩、产量 2.45 万吨；食用菌生产规模达到 530 万袋、产量达到 0.3 万吨。农业品牌快速发展，2018 年，带动贫困户 3.4 万户，全年 73 个村退出贫困村，2.95 万人脱贫，贫困发生率下降到 1.81%。全市带动贫困村合作社规范运行 218 个，培育新型经营主体带头人 1 410 人。创建省级示范社 27 个，建成农产品专业批发市场 6 个、集贸市场 24 个、果蔬保鲜库 27 座。

5. 农业标准化创建活动成绩斐然

自 2002 年以来，全市先后颁布主要农产品地方标准 82 项，制定并推行出口农产品生产技术规程 50 项。农业生产做到了依规操作、按标生产，农业标准化生产水平不断提高。至 2018 年底，已建成凉州区国家级绿色食品生产示范区、省级农产品质量安全县、省级无公害生产基地示范县和出口皇冠梨质量安全示范区，正积极创建国家级农产品质量安全县。天祝县为国家级绿色食品原料标准化生产基地和省级高原夏菜绿色食品生产示范区，被誉名为“中国高原藜麦之都”“中国高原夏菜之乡”“中国高原食用菌之乡”。古浪县积极创建国家级出口枸杞质量安全示范区，建设省级绿色食品蔬菜标准化生产基地。民勤县已被甘肃省出入境检验检疫局确定为首批省级有机产品认证示范区。武威市累计创建省级蔬菜水果标准园41个、畜禽标准养殖场87个。武威市制定印发了《武威市出口农产品基地禁用农业投入品负面清单制度（试行）》。出口农产品生产基地备案达到105个，基地备案面积达到82.7万亩，辐射带动面积达到180万亩。

6. 农业品牌追溯体系建成运行

武威市建成市、县（区）5个追溯监管指挥中心、乡镇监管平台82个，917家种养殖生产基地、521家种植养殖类农资门店实施了备案管理。2019年，上传检测数据35 871份，累计上传检测数据231 317份，坚持“产出来”和“管出来”两手抓，落实生产经营者主体责任，严把产地环境安全关，严把农业投入品生产使用关，推进减量化生产。推进农产品质量安全追溯与农业农村重大创建认定、农业品牌推选、农产品认证、农业展会等工作挂钩。全市“三品一标”经营主体全部纳入追溯管理信息平台，确保产品来源可查、去向可追。

7. 注重农业品牌宣传的氛围正在形成

“十二五”以来，全市先后组织42家农牧企业、108个产品，参加了国际农产品交易会、中国国际有机食品博览会和中国绿色食品博览会等大型专业展会。“伊禧堂”牌手工挂面、“闹格尔”牌手撕白牦牛肉、“黄羊河”牌甜糯玉米、“莫高”牌黑比诺有机干红葡萄酒4个产品获得甘肃农业博览会金奖产品；“黄羊河”牌甜、糯玉米获第12届中国绿色食品博览会优秀产品奖；古浪“伊禧堂”牌手工挂面获得第十五届国际农产品交易会金奖；武威天润白牦牛绿色食品开发有限公司的手撕白牦牛肉等产品获得第三届敦煌文博会国际美食节特色食材奖；“西凉仙紫”葡萄、“圣雪臣祥”赤松茸和香菇分别获第十九届中国绿色食品博览会金奖。武威市组织参加北京冬奥会食品安全“区域协作，基地保障、全程监管”部署大会，由6家企业参加签约供货；推荐38家企业参加全省“助推产业扶贫、我为甘肃代言”暨甘肃农特产品品牌塑造与推广系列公益活动。邀请北京福来战略品牌营销咨询机构董事长娄向鹏来武威市举办品牌农业专题讲

座，对提高各级领导干部的品牌认知及品牌意识，鼓励引导生产主体努力培育蔬菜、畜禽、林果等武威农产品区域公共品牌，起到了积极的作用。

三、主要存在问题

1. 农业品牌意识淡薄

2019年，武威市农产品品牌培育体系不健全，知名品牌缺乏、好产品卖不上好价钱等问题比较突出。虽然以玉米制种、高原夏菜、马铃薯、中药材、酿造葡萄、小杂粮为代表的特色农产品种类较多，但品牌运营水平低，经营核心不是品牌而是产品，农产品大多数没有商标，品牌形象树立、知名品牌打造和品牌保护的意识不强，导致现有品牌的价值未充分体现，对产业发展的带动作用不强。

2. 标准化生产覆盖面不广

少数获证企业标准化生产不能真正落实到位，防控产品质量安全风险和隐患的压力增大。有的企业用标不规范和违规用标，家庭农场经营单位，标准化生产意识不强、法律意识淡薄，存在着为追求产量而过量使用农（兽）药、化肥的现象，造成农药兽药残留时有超标，有损绿色食品整体品牌形象，产品分级规格参差不齐，市场竞争力不强。

3. 龙头企业带动能力不强

尽管武威市已初步形成了一批集绿色农产品产销于一体的顶乐、黄羊河、华伟、昭然、纯洁、雪峰源等龙头企业，但农产品大都停留在初级或半成品加工阶段，深加工能力滞后，产品附加值低，特色农产品品牌的知名度和影响力较小。从结构看，中小农产品企业与农民专业合作社偏多，大型食用农产品企业偏少；初级产品偏多，精深加工产品偏少；种植业比重偏大，畜禽产品偏少。同时，存在重认证、轻监管现象，面向国内外市场的品牌宣传和推广不足，优质有价市场机制的作用未得到充分发挥。

4. 果蔬冷链运输发展滞后

截至 2019 年，武威市的冷链仓储设施虽已具备了一定规模，但还停留在冷藏、冷冻、加工、常温运输的初级环节。加之果蔬等农产品的冷链物流一次性投入大，仅个别企业具有完善的冷链设备，且大部分集中在武威城区和县城，乡镇的冷藏存储设施、运输设备与快速增长的冷链物流需求极不适应。

5. 农产品市场体系不健全

目前，武威市现有农产品批发市场规模不大、基础硬件设施投入不足，市场与基地的有效对接不紧密，经纪人队伍量少质差，信息服务等“软环境”条件薄弱，市场引导生产的功能不突出，抵抗风险的能力较差。

6. 政府部门与经营主体没形成合力

相关政府部门与龙头企业、农民合作社等生产经营主体之间，政策引导、产业发展、项目扶持、管理服务等方面的快速沟通和反馈机制不完善，政府和生产经营主体合力培育壮大农产品品牌的机制不健全。

四、进一步发展建议

1. 扎实推进基地建设，不断提高发展质量

充分利用武威市资源禀赋优势，以沿山、沿川、沿沙三大特色产业带，培育发展牛、羊、鸡、菜、果、菌、薯、药八大产业的乡村振兴思路，沿山产业带以藜麦、食用菌、高原夏菜、中药材等特色种植为主，养殖业以牛、羊、鸡传统养殖为主，并积极发展鹿、肉鸽等特色养殖。沿川、沿沙产业带以设施农牧业、特色果蔬为主，着力打造一批绿色食品标准化生产基地，加大产销对接力度，进一步调整优化农业产业结构、品种结构，全力打造“独一份”“特别特”“好中优”“错峰头”等特色农产品生产基地，促其绿色化、优质化、特色化和品牌化，逐步形成特色鲜明、优势突出的生产布局和产业带。

2. 完善农业品牌发展机制

规范品牌创建标准，引导品牌主体加快商标注册，结合“三区一园”建设，创新民间投资机制，推动资源要素在品牌引领下集聚，形成品牌与园区共建格局。农业农村相关部门要加强与市场监管、商务、财政、供销等职能部门通力配合，落实好激励机制，加快品牌认证和驰名商标注册力度，打好高原牌、沙漠牌，重点发展绿色食品和有机产品，落实国家建立的食用农产品合格证制度。使“天祝白牦牛”“民勤羊肉”“高原夏菜”等品牌成为全市农产品打开销售市场、提升竞争力的支点和杠杆。

3. 挖掘农业品牌文化内涵

一是加强品牌文化建设。深入挖掘农业生产、生活、文化等功能，将地方、民族、民俗特色文化内涵融入农产品品牌文化建设中，结合农业品牌业态更多元的特点，讲好农业品牌故事，提升地方特色的农产品品牌文化。二是提升品牌内涵。整合资源打造区域公共品牌，形成适度规模优势，不断提高全市特色农产品品牌市场占有率。三是开展“武威特色农产品品牌建设优秀人物评选活动”，挖掘品牌农业人物典型，升华武威品牌农产品的精神气质与文化内涵。

4. 提升农业品牌营销能力

一是着力提升武威农业品牌形象。政府为主导，以互联网和新媒体活动为平台，在国内外广泛宣传推广，开展农产品品牌征文比赛、摄影大赛、巡回推介等宣传推广活动，构筑武威农业品牌宣传的立体式网络。二是在国内知名电商平台举办农业品牌农产品网上促销和宣传推介活动，以网上销售促进规模化、倒逼标准化、提升品牌化。加强与主流媒体合作，专题推介本地特色农产品，开展互动宣传和网上促销等活动，提高武威市农业品牌的知名度、美誉度和影响力。三是支持有条件的农业企业“走出去”参加国际知名农业展会，武威市的芦笋、无壳南瓜子、黑瓜子、甜糯玉米、红枣等农产品，外销英国、荷兰、德国、泰国和韩国等国家，受到外商的青睐。“天祝白牦牛肉”为武威市欧盟互认农产品地理标志产品，应加大“走出去”力度，提升武威市农业品牌的影响力和渗透力。

5. 强化农业品牌监管保护

加大对中国驰名商标、“三品一标”和知名农业品牌产品的管理保护，各级市场监管、农业农村、商务、供销等部门形成联动机制，大力打击仿冒和伪劣产品，严厉查处商标侵权、虚假注册、囤积居奇、恶意抢注、非法使用标识等违法行为。

区 域 发 展 篇

提质兴农　绿色大安

谭鹏举

（吉林省大安市农业产业化服务中心）

大安市位于吉林省西北部、松嫩平原中部，素有“鱼米之乡”的美誉，幅员面积 4 879 平方公里。近年来，大安市树立绿色发展理念，以农业供给侧结构性改革为抓手，以“提质增效转方式”为目标，从生产、监管两端发力，扎实推进质量兴农、绿色发展的理念。全市农产品质量安全水平不断提升，绿色基地面积不断扩大，农产品生产企业和新型经营主体的绿色食品认证意识和品牌发展意识不断增强。绿色优质的农产品壮大了产业的发展，促进了农业增效、农民增收，在脱贫攻坚工作中起到了积极作用。大安市先后获得“全国粮食生产先进县”“吉林省无公害农产品产地”“全国平安渔业示范县”“国家农产品质量安全县创建试点”“吉林省休闲农业与乡村旅游示范县”等多项荣誉称号。

一、发展优势

1. 自然优势

大安市耕地面积 203 万亩，盐碱地面积 174 万亩，土壤 pH 7.5 左右。地形呈微起伏台地地形，地貌以冲积、湖积低平原为主，氮、磷、速含量丰富。水资源充足，境内“一江两河”（嫩江、洮儿河、霍林河）环绕，年均过境水量 207.7 亿立方米，水域面积 109.5 万亩，大型水库 1 座，中型水库 2 座，最大的月亮湖水库蓄水 10 亿立方米。现有机井 9 750 眼，排灌站 3 座。全市有效灌溉面积 85 万亩，地下水储量 3.2 亿立方米/年。境内水资源比较丰富，且没有工业污染，水质清澈，是理想的农业用水。大安市属于典型的中温带大陆性季风气候，其特点是春季多大风，干旱少雨；夏季炎热，雨水集中；秋季凉爽，气候宜人；冬季漫长，严寒少雪，一年四季气候分明。年均气温 5.2 ℃，有效积温2 965 ℃，无霜期 130 天左右。年均降水量 400 毫米，降水集中于夏季，春季降水量仅占全年降水量的 10%左右。光热自然条件较好，可以满足农作物一年一熟的需要。其主要特点是春季升温较快、干燥多风，夏季高温多雨、降雨集中，秋季降温较快、霜来得早、多晴天，冬季漫长、干燥少雪而寒冷。

2. 政策优势

出台《大安市国家农产品质量安全县创建活动实施方案》《大安市农产品质量安全监管工作要点》《大安市农产品品牌创建工作实施方案》，制定“三品一标”奖补措施和奖励办法。将农产品质量安全监管、检测、执法等各项工作经费纳入市财政预算，先后在无公害农产品生产基地建设、绿色食品基地建设、“三品一标”申报认证及农产品质量检测等方面的投入资金 1 500余万元。此外，大安市财政局每年安排专项资金，用于全市农产品品牌培育和保护工作，奖励、补贴在农产品品牌建设中取得突出成绩和作出重大贡献的先进集体和个人。良好的政策对大安市绿色生态农业发展起到了极大的推动作用，农产品生产加工企业绿色生态发展意识不断增强，全市“三品一标”认证工作得到快速发展。

二、发展现状

绿色农业的发展呈现品牌认证、质量监管、生态发展和科技支撑相结合的特点。

1. 加强产品认证

截至 2019 年，全市“三品一标”认证总面积达 81.375 万亩。其中，绿色食品有裕丰粮贸等 6 家企业、嫩江古河稻等 18 个产品获证，认证面积 7.05 万亩。大安市拥有全国绿色食品水稻基地 1 个，面积 10 万亩，绿色食

品总面积13.75万亩；无公害农产品认证企业19家，生产面积38.4万亩，主要品种有元葱、豆角、黄瓜、茄子、白菜等47个品种；有机食品认证企业9家，认证面积4.725万亩，主要品牌有“思亲”葵花籽仁、“年香玉”黏玉米和“古河妈妈”大米等；农产品地理标志登记3个，大安黄菇娘1.5万亩（划定范围18个乡镇）、大安花生18万亩（划定范围10个乡镇）、大安香瓜5万亩（划定范围12个乡镇），总面积24.5万亩。

2. 加强农产品质量监管

一是完善了农产品生产基地标准化建设。制定了农作物标准化实施细则，基本形成了“高度重视、监管有力、生产安全、消费健康”的良好社会氛围。二是检测、监管、执法三大体系明显加强。三是加强“三品一标”认证，制定出台“三品一标”奖励政策，全市“三品一标”认证面积已达到耕地面积40％以上，狠抓品牌建设，使品牌数量逐年增加。四是整合乡镇级食品安全办公室和农产品质量安全检测站“双安”检测资源，发挥1＋1＞2的优势，提高农产品检测水平。五是建立了农业投入品经营主体监管名录、农产品生产经营主体监管名录。六是加强农副产品产地准出、准入监管。从源头上把好农产品质量安全关。七是定期开展检测、执法人员的培训工作，健全了市、乡镇、企业基地三级监测体系建设。八是制定农产品质量安全“红黑榜”制度，增强了基地生产农户、专业合作社和消费者的农产品质量安全意识。大安市农产品质量安全水平不断提升，2018年获得“国家农产品质量安全县”称号。

3. 大力发展休闲农业

实施绿色发展战略，加快实施河湖连通工程，泡沼蓄水，实现连通，对生态建设、绿色发展作用凸显。利用“三北”五期造林、草原生态治理等工程的实施，生态环境得到了极大改善，为发展乡村生态旅游创造了商机。大安市现有休闲农业与乡村旅游国家三星级企业1家、省级五星级企业2家、四星级企业2家、三星级企业3家、各类休闲农庄及农家乐45家；是全国首个“休闲垂钓之乡”，拥有各类休闲垂钓场所42处，高标准垂钓园近20家，年接待钓鱼爱好者15万人次。2018年，全市休闲农业与乡村旅游从业人员 3 081 人，其中农民就业人数 2 494 人，带动农户 1 829 户，接待人次 111 161人次，营业收入 14 893 万元，利润总额 5 450 万元，上缴税金 68 万元，资产总额 26 334 万元。

4. 大力发展生态农业

与中国农业科学院、南京农业大学、吉林省农业科学院、吉林农业大学、东北农业大学、辽宁津大盛源肥业公司等科研、生产单位密切合作，对盐碱地采用活性炭吸附技术及液体有机肥使用技术进行改良和利用。通过硬件和软件的投入，建立智慧农业基地，完善互联网＋农业体系，实现水稻生产的全程可追溯。利用燃煤烟气脱硫后废弃的脱硫石膏配合有机肥使用改良盐碱地，一方面变盐碱荒地、低产田为良田；另一方面解决了每年数以千万吨计的脱硫石膏的处置问题，减少占地及二次污染，实现变两废为一宝。利用中国农业大学胡树文教授的盐碱土壤整治、改良、管理、培肥“四位一体”的改良和高效种植技术，为盐碱地改良提供了一整套方案，采用的新型可降解高分子改良剂能高效脱盐，结合农田水利措施进行洗盐，改良当年就可以实现盐碱土耕作层盐分淡化，解除了盐碱对作物的胁迫。同时，在水稻有机绿色种植方面，研发范围较广，研究也较为深入，有减少化肥、减少农药方面的研发等。诸如，通过在水稻田养殖鸭子、螃蟹，达到了生物除草杀虫的目的，大幅度减少了化学农药的使用。

三、绿色农业带动脱贫

各级产业扶贫的相关配套政策全面出台，将项目和资金最大限度向贫困地区倾斜，为产业精准扶贫提供有利条件。随着人们的消费升级和消费观念的转变，对绿色有机农产品需求量不断增大，乡村休闲采摘市场需求不断扩大，有利于发挥资源优势，极大地促进绿色、特色优质农产品生产和加工，为产业精准扶贫提供强劲拉动力。

1. 龙头带动

全市农产品加工业企业及加工户 279 家，其中国家级农业产业化重点龙头企业1家、省级农业产业化重点龙头企业9家、城市级农业产业化重点龙头企业20家，年销售收入均在500万元以上的农产品加工业龙头企业53家。农产品加工业总销售收入达43亿元，带动了3.8万户农民增收致富。基本形成了以光伏产业、棚膜瓜果和蔬菜、特色农产品（花生、烤烟、葵花、杂粮杂豆）、精品畜牧业、电商、资产管理、休闲农业和乡村旅游等为主导的扶贫产业体系。涉农企业和新型农业经营主体带动力逐步增强。在贫困乡镇，大批人才返乡创业，合作社、家庭农场等新型农业经营主体不断涌现，探索形成了股份合作、订单帮扶等多种利益联结机制，带动贫困户脱贫致富。通过“龙头企业＋基地＋贫困户”等模式，9个国家、省、市级农业产业化龙头企业在全市11个乡（镇）50多个行政村发展种植业，带动贫困户4 815户，户均实现增收1 500元左右。如裕丰粮贸有限公司以“公司＋合作社＋基地＋贫困户”的扶贫模式，带动贫困户脱贫致富。对贫困农户实行“五统一”。一是统一规划种植。统一布局水稻品种，科学种植，避免产供不平衡，制定统一生产技术规程，实行规模化种植、品牌化销售。二是统一育苗。统一引进优良品种，培育成健壮的基质苗，提供给农户，为丰产、高效益打好基础。三是统一技术指导。公司聘请了10名种植专业技术人员深入农户的田间地头进行技术指导、生产监督。四是统一品牌。注册“嫩江古河稻”大米品牌，实行产品追溯制度，形成一套完整的农产品质量及安全性可追溯体系。五是统一销售。将农户的产品集中统一有序销售，既形成了市场规模，又规避了市场风险，价格持续稳定，极大增加了农民的收入。

2. 发展庭院经济

自2017年以来，按照大安市委、市政府部署，大力发展庭院经济。将农户庭院充分利用起来，按照“一乡一品”或“一村一品”规划，既给政策又给支持，由乡村或企业牵头，统一种植、统一管理、统一销售，增加农民收入，取得良好的经济和社会效益。如大安市龙昌榨油厂采取贫困户庭院经济扶贫带动模式，利用贫困户闲散的老弱劳力和空余时间及房前屋后的闲置土地与贫困户签订订单合同，采取“四统一”的帮扶模式：春季统一赊销种子、夏季统一技术指导、统一以高出市场价0.2元的价格收购入库、统一生产加工。此举带动 8 个乡镇农户 4 953 户（其中贫困户 3 500 余户），按照每户种植 330 平方米计算，销售产值 700 元以上、政府补助 1 000 元，平均每户最低增收 1 700 元以上，整体带动农户可增收 800 万元以上。下一步，我们将探讨对庭院经济生产加工的农产品进行绿色认证，进一步增加农民收入。

3. 搭建平台

建成 1 个电商服务中心、18 个乡镇物流站、182 个村级电商服务站，实现 94 个贫困村全覆盖；建成 8 个线下体验店，利用网络向全国销售本地农副产品；组织“三品一标”企业参加全国各类农博会、农产品交易会、绿博会等展会，为企业免费搭建平台，宣传推介绿色农产品。

四、发展建议

1. 绿色发展、质量兴农

坚持绿色发展理念，发展标准化、规模化、绿色化、优质化技术模式，促进资源节约、生态循环，推动农产品质量效益和生态效益同步提升。以绿色水稻、肉羊等优质特色主导产业为重点，建设全程绿色标准化优质农畜产品生产、养殖示范基地，推进品种改良、品质改进，推广生产设施、示范技术、质量管理标准化，综合种养循环等生产模式，广泛应用病虫害统防统治、绿色防控、生物防治等措施，推动种养加一体、农牧渔结合发展。

2. 科学布局、打造品牌

立足区域资源禀赋和市场消费需求，科学确定区域布局和产业规模，鼓励乡村整体推进，优化产品结构、品种结构、经营结构，打造优质区域公用品牌和产品品牌；完善绿色优质特色农产品产地环境、生产资料、技术规程、产品等级等标准，完善投入品管理、档案记录、产品检测等制度，构建全程质量管理长效机制。

3. 主体带动、培树典型

选择规模较大、基础较好、带农脱贫及增收致富能力较强的新型经营主

大安市全国绿色食品原料（水稻）标准化生产基地（10 万亩）

体或龙头企业作为示范主体，重点发展“三品一标”认证集中、产品优质的农业产业；增育发展“现代农业产业园区”“绿色循环农业示范园区”“休闲农业美丽乡村”“休闲农业与乡村旅游星级企业”等具有示范、标杆作用的典型。

4. 政府引导、政策支撑

注重发挥政府引导作用，强化政策扶持，鼓励绿色优质特色产品生产经营。充分调动社会各方面积极性，使其主动参与农业绿色生产、生态发展。政府在财政扶持、金融服务、人才支撑、基础设施建设、用地用电保障等方面出台相关政策和支持措施。

坚持质量兴农　绿色兴农　决战决胜脱贫攻坚

肖云辉

（江西省赣州市农村局）

近年来，赣州市坚持质量兴农、绿色兴农，大力发展绿色有机农产品（产品总数由 2015 年的 74 个增加到 2018 年的 208 个），运用“五个一”（选准一个产业、打造一个龙头、创新一套模式、扶持一笔贷款、提供一套服务）工作机制，坚持“长短结合、种养互补、三产融合”产业思路，坚持项目化工作方法，实施“产业到户”“主体培育”“千人千村”“产品助销”“资产盘活”五大行动，推进产业扶贫全覆盖，较好地发挥了农业产业引领贫困户脱贫的基础性作用。全市贫困发生率由 26.7%降至 2.45%（2018 年底），全市农村贫困人口由 2015 年底的 65.2 万人减少到 2018 年底的 18.9 万人，农村居民人均纯收入由 2015 年底的 7 786.5 元增加到 2018 年底的10 782元。

近年来，赣州市先后涌现出江西齐云山食品有限公司、江西犹江绿月食品有限公司、赣州壹稻农业发展有限公司等一大批绿色有机农产品生产企业。他们通过龙头带动、利益联结、提供就业等方式，在加快自身发展的同时，帮助贫困户脱贫致富，实现企业经济效益和社会效益的“双丰收”。

一、一粒小酸枣，成就大产业

江西齐云山食品有限公司是赣州市最早获得绿色食品认证的企业，被中国绿色食品发展中心评为“全国绿色食品示范企业”。二十多年来，该公司

坚守绿色发展理念，恪守绿色食品准则，一步步将绿色食品——齐云山南酸枣糕推广到全国，企业发展壮大，成为国家级农业产业化龙头企业。得益于优良的生态环境，野生南酸枣遍布崇义县的大小山林。江西齐云山食品有限公司通过不断技术创新，推出了齐云山南酸枣糕，原味本真，得到市场热捧。在当地政府的支持下，该公司通过“企业＋基地＋农户”的发展模式，开展包苗木、包技术指导、包收购的“三包”服务，联结带动全县1 600多户农民种植南酸枣果用林3.5万亩，南酸枣果年产量达到1万余吨，南酸枣糕年产量达到8 000余吨，年产值3亿多元，带动当地农民年增收3 600余万元。

江西齐云山食品有限公司绿色食品南酸枣糕加工车间

二、种下“摇钱树”，踏上致富路

站在上犹县梅水乡园村犹江绿月茶园的山顶，举目望去，可见浓郁客家风格的民居掩映在绿树丛中，茶园里一畦畦如玉带的茶树煞是好看……迷人的茶乡茶韵激活了农村经济，也带领当地困难群众走上脱贫致富路。江西犹江绿月食品有限公司是园村土生土长的企业。公司创始人陈有良坦言，企业成立之初，因村民心怀顾虑，企业租地困难，茶园面积小，企业发展缓慢。为了提高茶叶的品质，公司拿出三个品种申请认证了绿色食品，并严格按照绿色食品标准种植加工。通过参加中国绿色食品博览会等展销会，公司的产品逐步打开了销路，产品价格也水涨船高。看到公司的茶叶热销，村民们逐渐打消顾虑，或者主动要求公司承租自家的土地；或者与公司合作，由公司免费提供茶苗，农民负责管理好茶树、采摘的鲜叶，公司再以市场价收购。截至 2019 年，园村有农户 912 户 3 629 人，村里山上、农田、荒地里都种茶，全村连片种植茶叶面积 5 600 余亩，茶树在农民的眼里就是“摇钱树”，全村近两年就有 100 多人脱贫致富。

三、荒田抽新绿，农民变工人

赣州市赣县区韩坊镇小坪村原本是个偏僻的小山村，由于交通不便，这个小山村人口逐渐外迁，村里大部分土地撂荒。2017 年，赣州壹稻农业发

赣州壹稻农业发展有限公司有机水稻种植基地

展有限公司通过多次考察，决定把这里作为公司有机水稻的种植基地。2018年，公司开始在这里租赁荒田种植有机水稻，并请当地的农民耕地、插秧、收割……村民们每干一天活便有100元的收入。公司创立了“稻口稻”品牌，其生产的富硒黑米通过有机转换认证，产品远销广东、上海等大中城市。赣县区区委副书记、区长张景霖曾亲临基地考察，并对公司坚持有机种植标准种植水稻、带动当地贫困户就业增收给予肯定。

赣州市在“绿色有机品牌＋扶贫攻坚”过程中进行了有益的尝试与探索，形成了一些好的做法，主要如下。

1. 选好扶贫产业

各地在实施产业发展工程时，注重提升产业整体发展水平，坚持与农业有关联、接地气、有效益、贫困户能参与的原则，重点发展蔬菜、三黄鸡、林下经济等短平快产业，兼顾发展脐橙、油茶等持续长久收益产业。因科学选择扶贫产业，引导许多贫困户围绕“家”字做文章，发展短平快庭院经济项目，让“方寸之地”变成创收之所。各级政府采取鼓励能人带动、村两委干部领办、返乡创业等方式，引导建设特色种养产业扶贫基地。截至2019年，全市建成农业产业扶贫示范基地4 215个。特别是蔬菜产业，累计建成规模基地715个、共16万亩，带动3.9万户、15.1万贫困人口增收。会昌县对88个贫困村实行全域规划，打造了古坊村等一批可复制、可推广的产业脱贫样板。

2. 抓好政策落地

持续落实“五个一”机制，根据贫困村、贫困户的致贫原因和基本条件，推广自主发展、能人带动、合作帮扶等8种典型模式，并结合实际，在每个行政村进行推广。通过模式联结和带动，让贫困户深度嵌入到产业发展链条上来，实现持续稳定增收。坚持政治思想强、创业意愿强、创业基础强、带动能力强的标准，在每个村培育1名以上减贫带贫的农村创业致富带头人。通过这些懂市场、会经营的能人带动贫困户增收脱贫，实现抱团发展、互惠共赢。根据劳动力资源情况实行差异化扶持政策，通过自主创业、加入合作社、产业入股分红、土地流转、集体经济反哺、资产性收益等方式实现联结带动，全市培育带动扶贫的合作社 10 051 家、家庭农场 5 876 家，联结带动贫困户 8.86 万户。赣县依托铭宸蔬菜、谱赛科等龙头企业，引导贫困户“抱团式”发展，走产权联合、合作经营的发展路子。

3. 完善联结机制

统筹整合的财政涉农扶贫资金，倾斜安排用于农业产业扶贫。积极引导金融资本和社会资金投入扶贫产业开发，鼓励对贫困户发展产业实行托底保护价政策。提高贫困户享受信贷支持的受益度，确保符合条件有意愿发展产业的贫困户都能获得贷款，信贷资金真正用于发展农业产业。推进农村集体资产股份权能改革，推动村集体资产股权分配向贫困户倾斜。实施差异化扶持政策，完善贫困户创业脱贫激励机制，防止资产收益“泛福利化”。截至 2019 年，全市累计发放用于产业扶贫的信贷资金 220 多亿元，帮扶 18 万户贫困户、1.1 万家农业经营主体发展扶贫产业。章贡区在现代农业园区中规划只租不售、股份合作的扶贫农业产业园，引导贫困户入园务工或无偿租给贫困户从事特色农业生产。

4. 注重基地建设

据统计，全市设施蔬菜种植面积超过 7 万亩，预计今年内全市设施蔬菜面积将接近 16 万亩。寻乌县引进寿光市以诚农业科技有限公司投资兴建东江源田园综合体，规划面积 4 万亩，打造乡村振兴试验示范区，是寻乌县现代农业攻坚重点项目，是集现代农业、休闲旅游、田园社区于一体的有代表性的田园综合体，其产业发展模式积极对接产业扶贫，实现融合发展。承建方通过提供种苗、技术、指导、收购、品牌五大服务，联结县乡村大棚蔬菜三级示范基地 1 万亩，联结贫困户 3 200 多户，帮扶效果明显。上犹、瑞金等地均在快速发展大棚蔬菜，积极寻找破解通过设施农业发展带动贫困户如期脱贫的新途径。

5. 突出主体培育

经过不断探索提炼，寻乌县、上犹县总结一批农业产业扶贫示范典型，助推农业产业发展和扶贫。寻乌县留车镇飞龙村穷则思变，在 2015 年一度被考虑整村搬迁，村书记刘庆财带领村民在各级政府的大力支持下奋起直

追，推出“合作社＋基地＋农户”方式大力发展村集体经济，短短3年时间，人均收入从不足4 000元增加到近万元，村集体经济从空壳村增加到年纯收入近30万元，实现了从“三无”到“三有”的蜕变，刘庆财也成了群众拥护的贫困路上的致富带头人。上犹县紫阳乡为民米业有限公司大力发展生态稻谷种植加工，综合开发撂荒地、排田、边角田，以“农业公司＋合作社＋贫困户”模式，免费为农户提供育种和服务，统一经营管理，种植基地和加工车间充分吸纳贫困户就业，与全乡216户农户（其中有152户是贫困户）签订了种植、收购等合作协议，扶贫效果较好。

6. 加大市场开拓

发展产业最终是要与市场对接，要让产品有市场，前期必须做足市场评估和预测功课，选择理性的营销方式。然而在农村，不少村民，尤其是年纪大的村民，获取信息渠道不畅通，对外部市场了解少，这时，往往需要绿色有机产品生产企业发挥龙头示范带动作用，坚持市场导向，本着诚实守信、货真价实，尽可能地采用各种好的营销策略与技巧，争取获得更大的市场占有量。

习近平总书记强调，打好脱贫攻坚战，我们已经取得重大决定性成就，必须一鼓作气，确保如期实现。打好脱贫攻坚战，关键在于发展农业产业，激发贫困地区内生动力，拓宽农民增收渠道，增加农民收入。各级农业农村部门需在今后的工作中长期坚持质量兴农绿色兴农，继续积极探索总结“绿色有机品牌＋扶贫攻坚”的有效举措，不断增强绿色有机农产品的品牌影响力，扎实提高绿色有机农产品的附加值和市场竞争力，有力促进农业企业提质增效、农民增收致富，决战决胜脱贫攻坚战和全面建成小康社会。

铸造农业绿色品牌　助力产业精准扶贫

黄祥光　罗善平　刘　姗　胡灵芝

（江西省泰和县农业农村局）

泰和县地处赣中南吉泰盆地中部，是全国首批商品粮、商品牛生产基地县及泰和乌鸡原产地。县内农业资源丰富、农业特色产业明显，素有“赣中粮仓”“江西牛市”“世界珍禽泰”“乌鸡之乡”等美誉。多年来，依托自然资源禀赋，不断培育农业特色富民产业，铸造农业绿色品牌，通过“品牌＋经营主体＋贫困户”等模式，带动贫困户参与发展特色富民产业，让贫困户通过发展特色富民产业，增强自我发展能力，从而获得持续稳定收益，逐步达到脱贫致富的目的，走出了一条由“输血型”向“造血型”转变的产业精准扶贫新路径。

一、多措并举，铸造农业绿色品牌

（一）依托资源特色立品牌

根据县内自然资源禀赋和产业特色，加快发展贫困户参与度高的泰和乌鸡、泰和肉牛、泰和湖羊、井冈蜜柚、绿色大米、有机茶叶、有机蔬菜、特色中药材等扶贫富民产业；按照“政府搭台、企业唱戏、农民参与”的形式，聚力擦亮地方特色农业品牌，形成“乡镇有优势主导产业，村有特色主打产品，户有增收致富门路”的发展格局，提升农业品牌带动贫困户的精准性和指向性。

（二）推行农业标准化创品牌

1. 科学布局建基地

按照“规模化、绿色化、标准化”的要求，因地制宜建设一批绿色农产

品生产示范基地，带动产业规模化发展，为特色产业创品牌打基础。以泰和乌鸡原产地武山镇为中心辐射带动周边澄江、塘洲、南溪等乡镇建立一批泰和乌鸡标准化养殖场；以泰井高速途径的南溪乡和禾市镇、105国道途径的马市镇和苏溪镇、319线途径的澄江镇、沙村镇等为重点，辐射带动国道沿线建立一批绿色有机井冈蜜柚示范带；以马市、塘洲、泰垦等乡（镇）为重点，辐射带动赣江沿岸线绿色有机蔬菜、有机茶示范带；结合高标准农田建设，在螺溪镇规划建设一个万亩有机稻虾综合种养基地和千亩设施农业（蔬菜）产业园；在马市镇柳塘村建立一个大型肉牛养殖场；在万合、沿溪等乡镇建立有机羊饲养基地；在105国道途径的苏溪镇和马市镇、319线途径的螺溪镇、禾市镇等建立万亩绿色水稻生产示范带。通过建立绿色有机农产品生产示范基地，吸纳贫困户参与示范基地建设，使其从中获得稳产收益。

2. 全程控制严管理

一是建立农产品质量安全管理制度。对标市场需求，按照行业标准、国家标准、国际标准，编制适合本地农业生产水平和特点的农产品质量安全管理规范和生产技术操作规程，并指导组织农产品生产，对农产品产前、产中、产后实行全程质量控制。二是推广应用绿色环保技术。重点推广应用减量增效的配方施肥技术和减量控害病、虫、草害绿色防控技术，以及禁烧禁弃秸秆综合利用技术和畜禽养殖疫病绿色防控技术，严格执行农业投入品禁限用规定和农（兽）药使用安全间隔期和休药期规定等。三是落实基地环境保护措施。重点抓好农业面源污染、工业“三废”污染综合治理，从源头上把住农产品质量安全关口。

（三）壮大农业企业强品牌

1. 政府扶持

政府在土地使用、土地流转、财政贴息、金融信贷、科技创新、招商引资上出台一系列扶持农业企业的优惠政策，促进农业龙头企业做大做强，充分发挥农业龙头企业创建农业品牌的主体作用，加快农业产业化发展。县财政每年安排农业产业化发展专项资金1 350万元支持农业产业化发展。截至

2019 年，工商注册登记的农业新型经营主体有 1 439 家，其中农业企业 183 家（省市龙头企业 34 家）、农民专业合作社 774 家、家庭农场 482 家；出台“三品一标”农产品认证奖补政策，对首次获得无公害农产品、绿色食品、有机农产品、地理标志农产品认证的单位分别奖补 0.5 万元、1 万元、1.5 万元、3 万元，对换证续展的相应按首次奖补金额的一半进行奖补。2018 年，全县有 36 家新型农业经营主体获得“三品一标”农产品认证和农产品地理标志证明商标共计 52 个，其中无公害农产品 21 个、绿色食品 10 个、有机农产品 18 个（含转换期 4 个）、地理标志农产品 1 个、农产品地理标志证明商标 2 个。品牌农产品既涵盖了泰和乌鸡（蛋）、泰和肉牛、泰和湖羊、井冈蜜柚、泰和优质稻米等“大而优”的支柱产业，也涵盖了泰和竹篙薯、泰和灵芝、泰和桑果等“小而美”的地方特色产业。

2. 自主创新

技术创新是农业产业化龙头企业焕发生机和活力的引擎，是提高农业产业化龙头企业竞争力的关键。通过增加研发投入、强化关键核心技术攻关、科技成果转化应用等措施，提升企业自主创新能力，注重建立和完善利益联结机制，采取“企业＋合作社＋基地＋农户”模式，引导鼓励农业龙头企业与农民专业合作社、农户建立产销衔接、合同订单、保护价收购以及股份合作等多样化利益联结关系，促进千家万户有效对接千变万化市场，发挥农业品牌效应，增强企业盈利能力，使贫困户更多分享品牌溢价收益。

3. 品牌营销

“人靠衣装马靠鞍”，品牌农产品也离不开精美包装。通过包装艺术设计，集产品特色、地方文化特点、契合消费者个性化需求于一体，提升农产品“颜值”，提高农产品的附加值；充分利用农展会、产销对接会、产品发布会，借助大数据，云计算、移动互联网、设立品牌专柜、专店等多种形式营销促销平台，拓宽品牌流通渠道，扩大品牌市场占有率。

（四）严控质量监管保品牌

1. 落实农产品质量安全责任

质量是品牌的生命，确保农产品质量安全是保护品牌的关键。重点强化

“三大责任”。一是强化属地管理责任。县委、县政府进一步加强对农产品质量安全工作的组织领导，落实工作经费，强化目标考核，每年安排农产品质量安全专项经费50万元，为农产品质量安全工作提供组织保障。二是强化部门监管责任。按照“产管结合、谁主管、谁负责”的原则，建立农业、市监、公安等部门分工协作、齐抓共管工作机制，建立完善农产品质量安全追溯体系，落实监管责任。三是强化生产者主体责任。签订农产品质量安全承诺书，建立农产品生产记录档案，落实农产品生产过程质量控制措施，提高企业自律、诚信经营、农产品质量安全社会责任意识。

2. 依法打击违法行为

一是加强农业行政执法，扎实开展高毒农药、瘦肉精、水产品“三鱼两药”、生鲜乳违禁物质等专项整治；二是加强农产品质量安全抽样监测，对农业龙头企业、合作社、“三品一标”生产主体、种养大户抽检覆盖率达100%，年抽检2 000批次以上，对不合格农产品查处率达100%；三是依法查处“三品一标”标志和注册商标的伪造、冒用、非法买卖等侵权违法行为，保护“三品一标”公共品牌的信誉度、美誉度和商标注册人专属权利。

二、依托品牌，创新产业扶贫模式

泰和县通过培育特色产业、壮大农业企业、创建提升农业绿色品牌，结合对贫困“穷根”的查找和农业生产条件分析，精准施策，创新扶贫模式，在产业精准扶贫上发挥了主要作用，并涌现出一批成功典型案例。

1. 品牌＋电商＋扶贫

“泰和乌鸡”是中国原产地域保护品种，是中国地理标志农产品，是中国驰名商标。泰和县年出栏泰和乌鸡1 500万羽，年产泰和乌鸡蛋3 400万枚。泰和县充分利用特色资源品牌优势，讲好特色产品故事，多种形式加大品牌宣传力度；通过互联网现代信息技术，改造农村网络基础设施，搭建农村电商扶贫站点70个，拓宽特色农产品销售渠道。帮助贫困户销售泰和乌鸡、乌鸡蛋、泰和竹篙薯、绿色大米、有机茶油、有机茶叶、蜂蜜、香菇等特色农产品，年销售额达380余万元，带动贫困户1 170户，户均增收2 000余元。

2. 品牌＋合作社＋扶贫

江西凤翔禽业有限公司负责人彭建军（中）为贫困户传授泰和乌鸡养殖技术

肉牛是泰和县的优势支柱产业，年出栏肉牛15.1万头。县委、县政府因势利导发展壮大肉牛产业，印发《泰和县肉牛产业扶贫实施方案》，统筹资金600万元，按照“政府提供资金，合作社购牛，贫困户领养，统一回收，保险金额补贴”模式，从全县贫困户中筛选600户符合条件、有养殖能力和意愿的贫困户作为领养对象，县扶贫办按每头牛提供1万元流动资金，委托肉牛养殖专业合作购买幼牛，饲养到6个月以上，并统一给领养肉牛购买养殖保险，打好疫苗后，再由贫困户进行领养，待养殖到成熟期后，合作社按协议价进行收购。据测算，每户贫困户领养1头牛，6～8个月养殖利润可达2 500元，而且还可以继续循环领养，实现持续增收。这种模式既有效解决了贫困户闲散劳动力的就业问题，又实现了合作社规模化养殖效益，获得了双赢的社会效果，这一案例被入选为省产业扶贫典型范例。

3. 品牌＋致富带头人＋扶贫

注重农村新型职业农民队伍建设，重点培养一批懂技术、善经营、会管理、能致富的“土专家”“田教授”“种养能人”，发挥致富带头人的传帮带作用，带领贫困户发展品牌农产品生产脱贫致富。澄江镇泰和乌鸡养殖大户彭建军在政府的支持下，每年免费提供15 000羽泰和乌鸡苗分发给600户贫困户分散家庭饲养，采取“统一供鸡苗，统一配送饲料，统一技术服务，统一收购销售”的方式带领贫困户养殖泰和乌鸡，既帮助了贫困户增加收

入，又增加了自身养殖的规模效益。万合镇华盖山村被列为“十三五”省级贫困村，该村村民朱建华看好湖羊市场发展前景，2015年放弃建材生意返乡创业，在自己村里投资成立嘉铭牧业养殖基地，从外地引进湖羊良种发展生产。在农业专家跟踪技术指导下，通过自己潜心实践钻研，摸索总结出一套“牧草-养羊-粪便-牧草”循环农业模式，按照有机标准化技术组织生产，申报获得有机农产品认证。标准化生产技术提升了产品品质，品牌效应打通了市场渠道，产品供不应求，基地养殖规模逐年扩大。2017年，年出栏湖羊达4 000多头，创纯收入120万元。朱建华致富不忘村里的贫困户，采取“基地＋金融＋贫困户”模式，以基地资产抵押担保，帮助5户贫困户从农商银行分别获得5万元贴息贷款。在村委干部的见证下，贫困户将贷款作为股金参股湖羊养殖基地经营，并签订分红协议，当年底入股贫困户户均分得红利3 700元。同时，贫困户还可以在养殖基地做季节性零工获得劳务收入。2019年，复制该模式吸纳100多户贫困户贷款200万元参股加入湖羊基地建设扩大养殖规模，预计参股贫困户户均分红利2 500元以上。

4. 品牌＋产业园＋扶贫

泰和县依托交通区位优势，针对蔬菜生产周期短、市场容量大的特点，把绿色蔬菜产业作为农民脱贫致富的主导产业来抓，通过招商引资，在螺溪镇建立设施蔬菜产业园，产业园按集蔬菜种植、种苗繁育、农业观光旅游、农业知识科普、农民返乡创业指导、农业大数据与计算机、农产品加工与销售、现代物流配送于一体的模式进行高标准打造。通过建园区、抓示范，辐射带动周边乡镇建立10个绿色蔬菜产业基地，引导贫困户或以土地流转获得租金收入、或以土地入股参与园区（基地）经营获得分红、或在园区（基地）务工获得劳务收入。目前，全县有2 300多户贫困户参与发展绿色蔬菜产业，户均年可增收3 000余元。

浅论绿色食品品牌扶贫

——以萍乡市莲花县为例

邓　兴

（江西省萍乡市农产品质量安全检测中心）

近日，国家统计局全国农村贫困监测调查数据显示，截至2018年末，按现行国家农村贫困标准测算，全国农村贫困人口1 660万人，比上年末减少1 386万人，全国贫困发生率也降至1.7%，比上年下降1.4个百分点。萍乡市有贫困户21 442户、贫困人口76 273人，已脱贫15 583户、58 140人。国家贫困县莲花县有贫困户10 321户、贫困人口39 645人，2018年底已脱贫9 367户、37 906人，综合贫苦发生率下降至0.97%。为解决贫困人口脱贫问题，莲花县开展了农业产业扶贫等19项精准扶贫行动，在2018年底顺利退出贫困县行列。在开展农业产业扶贫过程中坚持绿色扶贫，莲花县走出了一条绿色食品品牌扶贫的道路。

一、绿色食品品牌扶贫的内涵

绿色扶贫是一种新的扶贫方式，是在保护贫困地区生态环境的前提下，合理开发利用自然资源，通过建立参与式的绿色扶贫机制，使更多的农民掌握致富技能，促进地区绿色低碳经济和可持续发展，进而帮助生态脆弱地区贫困人群脱贫致富。其理念是在扶贫工作中加入可持续发展的理念，追求人与自然的和谐发展、人和环境的共同发展。绿色食品品牌扶贫就是在绿色扶贫过程中坚持打造绿色食品品牌，通过品牌效应带动贫困户加入绿色食品生产中，通过品牌增加贫困户收入，实现脱贫。

只有解决贫困地区人口、生态、经济、社会的协调发展问题，才能实现物质和能量的良性循环，扶贫才能见到实效。如果生态系统受到损害，脱贫就失去了生态基础，扶贫也只是徒劳。贫困地区多数生态脆弱，生态脆弱地区也就贫困问题突出，两者有着十分密切的关联性，也是扶贫脱贫面临的主要难点。实行绿色扶贫、改善生态环境，是实现贫困人口稳步脱贫的有效途径，是抓住了贫困地区造成贫困的关键所在，牵住了贫困地区经济发展的“牛鼻子”。实施绿色扶贫，可以使贫困人口从生态的保护、修复、开发中得到经济收益，实现生态文明与经济脱贫双赢。在贫困地区实施绿色扶贫要坚持生态保护与生态开发并举的发展理念；坚持发展绿色食品产业是脱贫致富的根本这条主线；坚持造血与输血、内因与外因的有机统一，激发内在发展动力；坚持治愚与治穷结合，大力提高贫困人口的文化素质，使每个农业劳动力掌握一两门农业科学技术。只有这样，绿色扶贫才能落到实处，收到良好效果，并从根本上实现贫困人口的全面脱贫。

二、绿色食品品牌扶贫的优势分析

目前，我国贫困人口多数分布在老少边山等地理条件差和自然地理环境复杂的地区。这些地区多数存在生态脆弱、交通不便、信息闭塞、经济困难、人居条件差、教育落后、人口文化素质低等不利因素。但实施绿色扶贫有着许多优势，可收到良好的脱贫致富效果，主要表现在以下方面。

一是贫困地区一般没有工业和大气污染，土地资源和水资源清洁（无污染），不用购买农药、化肥、地膜、除草剂等生产资料，就可发展绿色农业、有机农业和开发无公害、绿色、有机农产品，可满足消费者的需求、为社会做贡献、增加经济收入脱贫。

二是贫困地区地广人稀，地理环境差异性较大，有的适宜于发展用材林和防护林，有的适宜于发展经济林（红枣、核桃等），有的适宜于发展果园、茶园，有的适宜于种草等。通过植树种草可以改变脆弱的生态环境，实现生态环境的良性循环，有着用生态林草扶贫的自然优势。通过发展经济林、果园、茶园等绿色食品产业，可以优化农村产业结构，增加经济收入脱贫。

三是贫困地区有着田园、森林、农耕、民俗、古村落等自然和人文旅游资源，有着发展具有地方特色的生态旅游的有利条件。通过开发休闲农业、农家乐、森林旅游等旅游产业，可以增加就业岗位和收入脱贫。

四是绿色食品发展的目标是建立持续合理利用的自然资源，绿色食品产品开发是以名特优鲜产品为主，以此可以带动农业产业结构的调整，发展农村经济。发展绿色食品是扶贫脱贫的一条有效途径。它既服务了贫困地区的农户，其产品又受益于经济发达地区的消费者。它是获得经济、生态、社会效益的系统工程。

总之，实施绿色扶贫，应充分发挥贫困地区上述自然地理优势和有利条件，立足优势，大力开发绿色农业、生态林草、生态旅游等绿色产业，打造绿色食品品牌，有效提高贫困人口的收入，实现脱贫致富。

三、绿色食品品牌扶贫的实现途径

1. 发展山地特色优势绿色农业

莲花县立足自身的资源禀赋和产业基础，围绕生猪、山羊、肉牛、果业、家禽“五个一产业”，发展山地特色优势绿色农业。上西片区的六市、高洲、坊楼、良坊、闪石、路口、湖上7个乡（镇），重点发展山羊、肉牛、果业产业；垅西片区的琴亭、南岭、荷塘、升坊、神泉、三板桥6个乡（镇），大力发展商品蔬菜基地和山羊、肉牛、家禽、水产产业。引导、规范贫困户土地承包经营权流转，鼓励和支持土地向种养大户、家庭农场、农民专业合作社流转，发展多种形式的适度规模经营。

2. 加快绿色农业产业园区建设

在全县创建省级绿色有机示范县的基础上，利用农业园区在资金、技术、产业等方面的优势，创新产业发展模式，探索园区建设由企业投资、政

府补贴、农户参与的多元化模式。加快企业引进速度，提高引进企业质量，助推商品生猪产业园区、升坊商品蔬菜园区、胜龙牛业园区等绿色有机食品产业园区建设，健全利益联结机制，帮助贫困农户就地就业或直接参与产业发展，实现收入增加。

3. 加强农业新型经营主体培育

充分发挥农业新型经营主体在物料供应、技术、管理、市场开拓和品牌打造方面的优势，有序组织农户发展商品生产，提高抵御市场风险的能力。推广“企业（公司）＋贫困户”“专业合作社＋贫困户”“村集体经济＋贫困户”的脱贫模式，把农业龙头企业、家庭农场、种养大户等农业新型经营主体融入扶贫工作，把贫困农户发展成为龙头企业的生产车间或原料生产基地，融入产业链中，形成利益共同体，确保产业发展的可持续。

4. 大力发展农产品加工

以农业助推工业化发展，以工业化带动农业现代化。一是突出生态畜牧优势产业，采取招商引资的方式来引进加工企业，做好农产品加工、储藏、包装、运销等工作，着力打造农业品牌，提升农产品附加值，推动农产品加工业转型升级，促进一二三产业融合发展；二是大力发展农村特色商品加工，依托现有的莲花血鸭、莲花白鹅、海潭蜜梨、刘家湾甲鱼等特色资源优

吉内得绿色大米基地全景

势，扶持发展资源型、劳动密集型农产品加工企业，并通过绿色食品认证，把现有资源打造为地方特色品牌，带动发展家庭作坊，增加贫困户就业和生产性收入；三是依托莲花县全国绿色食品原料（稻谷）标准化生产基地，打造吉内得、欣康农业、盛丰农业、金泰粮油等绿色食品大米品牌，为全县基地内贫困户实现增收创造条件。

贫困户在基地耕作

四、江西吉内得实业有限公司精准扶贫范例

从 2010 年开始，江西吉内得实业有限公司在莲花县高洲乡高滩村流转土地 3 000 亩，发展绿色农业，种植绿色大米，生产绿色食品。2013 年，吉内得大米通过绿色食品认证；2017 年，在第 18 届全国绿色食品博览会上获金奖；2018 年，吉内得大米再次通过绿色食品续展。公司先后建立了绿色大米产业的可追溯管理体系，制定了绿色农产品种植标准，兴建了农产品质量检验检测室。在大米种植基地安装了摄像头等现代农业管理设施，从源头上确保农产品的生产安全。从生产到销售严格管控各个环节，实现从田间到餐桌农产品的安全服务。公司在发展绿色生态农业，创建吉内得绿色食品品牌后，依托良好的生态资源，探索出一条生态扶贫新路子，以产业带动当地

贫困户脱贫增收。公司在发展绿色生态农业的过程中，针对高洲乡 885 户在册贫困户，制订了创业和精准扶贫相融合计划，从土地流转入手，优先把当地贫困户的土地纳入公司流转范围和兑付土地租金。在用工上，公司优先将贫困户纳入公司用工对象，并购买保险；在生产经营上，公司无偿为贫困户提供绿色农产品生产技术培训，并为生产经营资金困难的贫困户提供临时周转资金；在产品销售上，公司通过实施消费扶贫，助力村民种植脱贫。2019 年 5 月 17 日，公司在莲花县洞背村举行大米认购签约仪式，现场直接认购大米 1.5 万余千克，帮助村民提前销售种植大米。通过土地租赁、土地流转、送种还籽、借鸭还鸭、解牛还牛等一系列方式，实现从“输血”到“造血”的提升，帮助当地 450 多户、1 000 多人实现脱贫、走向致富之路。

发展农产品“绿色+” 打造脱贫攻坚临朐样板

黄翠香

（山东省临朐县农村能源开发利用中心）

临朐县是沂蒙革命老区县，地处山东半岛中部，位于山东省潍坊市西南部，总面积1 831平方公里；位于泰沂隆起地带东北部，昌潍凹陷区南部，临朐县沂沭断裂带西岸，有褶皱断裂两种构造形态。境内地形复杂，以丘陵山地为主，占耕地面积87.3%，是典型山区农业县。临朐县现有继续帮扶和新纳入的建档立卡贫困户7 420户15 092人。为实现贫困人口脱贫，临朐县聚焦产业扶贫，开展“绿色标准示范+合作社+农户”“绿色食品+乡村旅游”等“绿色+”精准扶贫新模式，充分发挥地方特色农产品的品牌优势，依托绿色食品、有机食品和农产品地理标志认证，加快推进地方农产品品牌化建设，通过品牌化推动标准化，通过标准化推进产业化，形成良性循环机制，促进临朐县农业绿色发展，为着力打造农业增效、农民增收、农村脱贫的临朐样板作出积极贡献。

一、政府高度重视，主体参与争创农业品牌

近年来，国内外农产品市场竞争日趋激烈，农产品市场竞争就是品牌竞争。在这一背景下，县委、县政府高度重视农产品品牌建设，专门成立加快推进品牌农业发展工作领导小组，相继出台了《加快农业龙头企业发展意见》《加快推进品牌农业发展意见》《加快现代农业园区建设意见》等政策文件，对获得了各级农产品名牌和著名商标称号、通过“三品一标”农产品认证、获得农产品基地认定、实现农业标准化建设的农业龙头企业进行奖励。

县政府每年安排专项资金用于品牌化建设，在全县形成了农业品牌建设的良好机制，农业品牌建设成为农业产业化发展的助推器。品牌就是效益、品牌就是竞争力，开始成为一些生产经营主体的共识，部分农业生产经营主体积极申请商标注册和质量认证，创建自己品牌。消费者越来越追求产品质量，把品牌作为识别农产品品质的重要标志，优质农产品越来越受到消费者的青睐。全社会品牌意识有所增强，农业品牌氛围逐渐形成。

二、依托优势资源，培育特色产业发展之路

临朐县是山区农业县，受地形、降水等影响，农业以小麦、玉米、花生等传统作物种植为主，经济效益低。近年来，随着生态优先、绿色发展理念的引入，临朐县作为传统的农业大县，瞄准绿色食品品牌认证，通过产业扶贫使得这里的农业发展形式正在发生显著的改变。由于地域土壤和气候的特殊性，该地域的农产品具有特殊的品质和特性，农民结合当地资源条件，大力发展特色农产品产业。寺头镇大力发展特色水果山楂，该镇相亮山楂专业合作社认证绿色山楂面积 8 000 亩，年产值达 7 020 万元；临朐县嵩山生态旅游区管委会大力发展特色蜜桃，盛世果蔬专业合作社认证绿色蜜桃面积 20 000 亩，年产值达 3 000 万元。特色产业的发展，使得临朐县成为特色鲜明的林果蔬产业县、富民增收典型县。

三、推广“绿色+”模式，助推农民持续增收

实现农民持续增收和加快扶贫开发，最终将依赖于农业综合生产能力的提高、农业竞争力的增强和农业综合效益的增长。实践表明，绿色食品、有机食品的发展，为该地区农业发展投入了最具竞争力和带动力的产业要素，为促进农业增效、农民增收、农业绿色发展、农村扶贫开拓的新途径。截至 2019 年 5 月，临朐县有效期内种植业“三品一标”品牌总数 50 个，其中无公害农产品 2 个，面积 4 万亩；绿色食品 39 个，面积 9.64 万亩；有机食品

4 个，面积 0.448 万亩；地理标志农产品 5 个，面积 8.2 万亩；认证基地 32 个，认证面积 22.288 万亩。通过大力开展绿色食品、有机食品认证，开发了像“寺头山楂”“嵩山蜜桃”“九山板栗”“临朐丹参”等一批市场竞争力强的绿色优质品牌农产品，提升了农产品市场竞争力和农业综合效益，助力打赢临朐县脱贫攻坚战。

（一）“龙头企业＋标准示范＋农户”，助力脱贫攻坚

为促进绿色食品的发展，各龙头企业成立了绿色食品基地领导小组和技术指导小组，制定了农业投入品管理制度、合作社社员管理制度、基地生产管理制度、销售管理制度等；坚决按照“政府推进、规模发展、科学种植、标准化生产、产业化经营”的原则，积极推进生产基地建设；通过“润物细无声”的影响力，吸纳更多农户加入社员；通过规模化经营、现代化管理、市场化运作，引导当地农民步入现代农业，带动社员发家致富。产品主要销往南京、上海、浙江、辽宁等地，创造了良好的经济效益和社会效益，助力精准扶贫，带动当地农民发家致富，促进了社会主义新农村的发展。

临朐县相亮山楂专业合作社便是“龙头企业＋标准示范＋农户”的典型范例。由于领导重视、措施得力，合作社社员由最初的 20 户发展到 520 户。依托山西之王食品有限公司等大型食品加工企业，将产品销往山西、北京、上海、天津、东北三省等十个地区的企业和超市。仅 2018 年销售绿色食品山楂就达 2 万多吨，销售额 6 200 万元，辐射带动了周边 17 户 30 口人实现脱贫。

（二）“绿色食品＋乡村旅游”，打造多元化乡村经济

绿色食品与乡村旅游的融合发展和有机结合，是临朐县因地制宜，开拓的扶贫模式新路子。以各种类型绿色农产品市场建设为重点，通过拉长市场经营服务链条，带动与之关联的绿色食品产业和观光农业发展，并促使绿色食品产业与观光农业的有效整合和融合发展。临朐县盛世果蔬专业合作社把农业耕作与采摘、休闲观光融为一体，打造实现了“春天观桃花、夏天看桃

林、秋天摘果实”的休闲农业与乡村旅游示范亮点。在发展规划设计上搞创新，利用蜜桃资源优势，开发果树代管、果树认购、观光休闲、自由采摘、农家乐、立体种养、天然氧吧等为一体的新型农业产业链。通过该模式带动合作社成员增收 4 500 元以上，带动当地 21 户贫困户实现脱贫。用实际行动践行了“绿水青山就是金山银山”的可持续发展理念。

临朐县盛世果蔬专业合作社万亩桃园

四、培育创建品牌，打造绿色农业发展样板

（一）注重品牌创建，提高绿色农产品形象

脱贫不是目的，小康才是目标。为了维持临朐县农民持续稳定增收，品牌的建立必不可少。临朐县各龙头企业需加大品牌培育力度，着力培育市场影响大、信誉好的“金字招牌”。政府与市场双管齐下，政府加强宣传，引导生产者树立生态绿色的发展理念，提高农产品内在品质与营养；经营者在市场的监督下，诚信经营、精准经营，打造“山水农心、优品临朐”公共区域品牌。作为品质和信用的载体，品牌是产业成熟的标志。加大对农业企业扶持和服务力度，培养一批农业龙头企业，围绕主导产业，大力发展生产

型、加工型、营销型、服务型的规范化合作社，提高农民进入市场的组织化程度，壮大农产品生产者的实力。

（二）实现“走出去”战略，唱响临朐县农业品牌

在农业供给侧结构性改革背景下实现农业“走出去”的战略目标，是当前临朐县亟须研究、思考和解决的重大问题。一方面，实施线上电商扶贫。围绕农业供给侧结构性改革，探索实践农村一二三产业融合发展路子，做强临朐县大樱桃、苹果、板栗、山楂、柿饼、丹参等特色产业，以互联网为支撑，着力打造贫困农户和消费者的利益共同体，实现贫困户持续稳定增收。另一方面，实现政府搭桥，企业唱戏。利用区域文化，农博会、农产品展销会这一平台，组织农业龙头企业、专业合作社积极参加各种农产品展销会，进行大力宣传与推介，拓宽高层次市场销售，促使临朐县农业品牌成为全国品牌。临朐县的五井山柿、三山峪大山楂通过第十六届中国国际农产品交易会农产品地理标志展区展示，获得了一致好评。临朐县举办的第一届2019年中国樱桃年会暨亚太地区樱桃产业发展论坛也将本地绿色大樱桃推向国际。

“输血”不是目的，“造血”才是根本。脱贫是靠双手奋斗来的。未来临朐县将继续依托本地优势，大力发展绿色食品、有机食品，以钉钉子精神，持续发力，久久为功，为打造农业增效、农民增收、农村脱贫的临朐样板作出积极贡献。

浅谈绿色食品在蒙阴果品产业发展中的示范带动作用

厉 力 张 明

（山东省蒙阴县农业农村局）

蒙阴县为全国知名果品生产十强县，地处沂蒙山区腹地，总面积 1 605 平方公里，属纯山区，山地丘陵占总面积的 94%。全县果品种植面积达 100 万亩。其中，蜜桃 65 万亩、苹果 20 万亩、其他果品 15 万亩。全县从事果品种植、生产、储运、销售的农户占全县总人口的近 70%，农户 80%收入来源于果品。2017 年，全县果品销售总收入近 50 亿元，出口创汇 5 000 余万美元，果品加工能力达 25 万吨。果品产业已成为全县农业、农村经济名副其实的支柱产业。

一、蒙阴果业的发展优势

1. 自然生态优势

蒙阴县位于山东省中南部，地处中纬度地带，属暖温带半湿润大陆性季风型气候，四季分明，光照充足，雨量充沛，无霜期长。蒙阴县地处泰沂山脉腹地，蒙山之阴，蒙山素有“世界级天然氧吧”之称，为我国 5A 级景区，远离工业区。2018 年 12 月，蒙阴县被命名为全国第二批“绿水青山就是金山银山”实践创新基地。当地土壤以棕壤和褐土为主，肥力适中，透气性较好，含对人体有益的微量元素。得天独厚的自然条件和生态优势，为蒙阴果品的生长发育提供了良好的条件。

2. 地理环境优势

蒙阴境内山地丘陵多，气候条件适宜发展落叶果树，为北方果品主要种植区。结合这一实际，蒙阴历届县委、县政府将“发展绿色果品，带动经济发展”作为总体思路。经过几十年的不懈努力，现已初步形成以林果业为主、种养并进的农村经济新格局，全县仅蜜桃种植品种就达210余个，年产量约11.5亿千克。此外，京沪高速公路纵穿蒙阴全境，交通条件便利，便于果品转运到全国各大城市。

绿色食品蒙阴苹果硕果累累

3. 绿色食品认证情况

自2008年以来，蒙阴县累计认证绿色食品188个，其中果品类认证达132个。“蒙阴蜜桃”“蒙阴苹果”作为全县重点培育的区域公用品牌，于2008年、2011年获得国家农产品地理标志认证。2018年发布的“中国农产品区域公用品牌价值排行榜”上，蒙阴县地理标志产品“蒙阴蜜桃”品牌强度为845，品牌价值达244.29亿元，居全国桃类品牌价值县区第一位。蒙

阴县先后荣获“中国桃乡”“中国蜜桃之都”“全国无公害果品生产示范基地县”“全国果品生产综合强县”“国家级出口水果质量安全示范区”等称号。绿色果品产业在带动全县经济发展和农民增收致富中发挥着越来越重要的作用。

二、绿色食品的示范带动作用

1. 增加经济收入，提升生态效益

实施绿色食品认证后，显著提高了果品收购价，增加了果农、合作社（或企业）和当地财政三方经济收益。同时，绿色食品倡导增施有机肥，综合利用粘虫板、杀虫灯、性引诱剂等病虫害绿色防控技术，减少了农业投入品的使用，降低了农业面源污染风险，保护了生态环境。

2. 拓宽销售渠道，开辟新兴市场

传统销售市场方面，蒙阴果品占据了珠三角、长三角及东三省主要销售区域60%的市场份额。其中，绿色食品占近三成。近年来，绿色食品生产主体不再单纯满足于收购、批发等传统渠道，而是选择走精品路线，以优质优价进驻全国各大城市的超市、果品市场。据统计，全县共有12家绿色食品企业在临沂、济南、青岛、烟台等地开设了38个沂蒙优质农产品专卖店（专柜）。

新兴销售市场方面，引导绿色食品企业开拓电商、微商等销售新渠道，促使全县农产品电子商务蓬勃发展。截至2019年5月，全县果品类电商已突破2 500家。以前，蒙阴果品销售不到的新疆、西藏、云南等边远地区，现在均能通过电商平台购买。如蒙阴县宗路果品合作社，2017年，通过对接云集电商平台，销售蒙阴蜜桃2万余单，销售额100万元；2018年，对接拼多多平台，销售果品8万单，销售额400多万元；2018年，合作社对接京东商城，销售2万单，销售额达120万元。截至2018年底，全县果品类销售量占电商产品总销量的80%，带动直接或间接从业人员4万余人。品质优良的绿色食品成为线上销售的主力产品，线上均价高于线下批发一倍。据统计，蒙阴县电商渠道每年可带动果品销量增加 4 000 万千克，销售额增长近 4 亿元。

3. 提升“三化”水平，推进基地建设

为确保果品品质和质量安全，绿色食品生产企业严格落实“三化”方针，即“生产标准化、经营产业化、销售品牌化”。全县严格审核农药经营许可，共布设 12 个乡（镇、街、区）农残速测室，定期对绿色食品进行抽样检测，不断完善农产品质量可追溯体系。每年用药高峰期，深入开展农资打假、高毒高残农药集中清理等农业投入品专项整治行动。截至 2019 年 5 月，全县绿色食品果园总面积达 4 万余亩，带动周边 12 万亩果品基地提升了生产管理水平。

4. 提升企业形象，促进果品出口

多数绿色食品企业通过销售渠道的拓展和企业效益的提升，充分认识到“绿色、品牌”战略的重要意义。企业自主创牌意愿不断加强，生产条件日益完善，管理水平不断提升，企业形象有了较大提升，促进了果品出口。

绿色食品延长产业链

仍以宗路果品专业合作社为例，合作社于 2010 年注册成立了万华食品有限公司，旗下生产的蜜桃、苹果、大樱桃等 5 个产品获得了国家绿色食品认证。通过绿色食品生产标准的提升带动，2012 年，万华食品有限公司通过了严格的果品出口抽检，先后获得国际水果类 GAP 证书、HACCP 证书以及出入境果园注册认证和加工厂认证等，成为临沂市第一家获得水果自主进出口权的企业。2012 年，公司参加新加坡国际食品展，与新加坡客商成功签订出口协议，完成了蒙阴县果品自主出口的第一单。2014 年 8 月，万华果品打入中东市场。2015 年，万华果品出口到东盟一半以上的国家，并打开南亚市场。近年来，万华果品已出口到俄罗斯、新加坡、印度尼西亚、马来西亚、泰国、印度、孟加拉国和迪拜等 20 多个国家和地区，年出口创汇 4 500 余万美元，桃类出口额稳居全国县区第一位。

5. 带动相关产业，促进三产融合

依托全县 100 万亩果园，蒙阴发展壮大果品产业的同时，带动了果品加工储藏、物流运输、采摘旅游等二三产业的发展。

（1）延伸了产业链条　电商、微商的兴起带动了果用物资、物流输运、中介组织等行业的发展。当地合作社投资建设了果品冷藏、分选包装、冷链运输等采后处理现代化设施设备，衍生出了果苗培育、果汁生产、果品罐头加工等产业。截至 2019 年 5 月，全县 55 个市级以上农业龙头企业中，从事果品种植、加工类的企业达 23 个，不仅提升了果品附加值，还带来了可观的经济收益和社会效益。

（2）三产初步融合发展　立足当地得天独厚的生态资源优势，蒙阴县多个乡镇积极举办桃花节、杏花节、大樱桃采摘节等生态旅游活动，每年吸引国内外游客 10 万余名，促进增收 5 000 余万元。下一步，将重点培育旧寨、垛庄、岱崮等一二三产业深度融合的村镇，把果业发展与观光旅游、休闲采摘、养生体验等结合起来，打造“一村一品”升级版，建设发展好“世外桃源”“樱之崮”“椿树沟”等 6 个别具果品特色的田园综合体。

三、绿色食品扶贫帮贫的几种形式

大多数绿色食品认证主体发家致富的同时，扎实开展扶贫帮贫工作，成为全县脱贫攻坚工作的排头兵。根据精准扶贫工作安排，结合群众实际需求，绿色食品企业及合作社扶贫帮贫的主要形式有以下几种：

1. 安排直接就业，实行产业扶贫

扶贫先扶“志”。绿色食品认证企业会优先吸收贫困户直接就业。如蒙阴县岱崮镇的北方果品专业合作社，于 2014 年成功通过红富士苹果、蜜桃 2 个绿色食品认证。基地按照“六统一”的标准规范建设，即统一规划设计、统一基础设施建设、统一标准管理、统一生产资料供应、统一品牌包装、统一市场销售，为确保果品质量和品质打下了坚实基础，有力地促进了当地果业增效、果农增收。初步统计，十年来，蒙阴县绿色食品认证主体累计带动农户 1.5 万人直接或间接就业，其中 300 余名贫困户通过直接就业实现脱贫。

2. 吸收贫困户入社，享受社员福利

吸收贫困户入社是扶贫帮贫的一种主要形式。绿色食品企业（或合作社）为入社社员提供果品购销与农资供应服务、免费技术指导、冷库补贴、合作社分红等各种社员福利，助力脱贫。近年来，绿色食品企业（合作社）共举办了 36 期技术培训课，带动全县果农引进了果树新品种 50 多个，应用推广种植管理新技术 60 余项。

3. 多环节带动增收，提供优惠举措

绿色食品认证主体在果品收购、储存、销售等环节，为当地贫困户提供了多项“接地气”的优惠举措。

“收”环节，与贫困户签订收购订单，按照绿色食品生产标准，协助贫困户学习推广水肥一体化、病虫害综合防治等技术，规范田间种植过程，增加贫困户收益。如宗路果品合作社注册的“山蒙野毛”牌蜜桃，自 2010 年获得国家绿色食品认证以来，其每年的果品收购价比当地同类果品均提高了 0.6～1.2 元/千克，仅凭此项，合作社社员年均即可增收 1 000～3 000 元/亩。

“储”环节，绿色食品企业为贫困户提供多种优惠举措。如蒙阴县惠冠文冠果种植专业合作社，于 2015 年通过绿色食品认证，每年与 120 余名贫困户对接，签订保护价订购合同，每千克果品以高于平均价 0.2 元的保护价进行收购，并为贫困户免费转运果品。贫困户租用冷藏库期间，果品冷藏价优惠 0.2 元/千克，此项补贴可为贫困户节省大笔开支。

“销”环节，优先安排贫困户的销售渠道。聘请技术人员到田间地头传

授果树管理新技术，切实把好果品种植、储存、运输、加工包装等每道关口，提升贫困户“优质优价”和品牌意识，帮助贫困户通过自身努力实现真正意义上的脱贫，防止返贫。

4. 发放物资补贴，帮助更多贫困户

扶贫路上“一个也不能少”。一方面，绿色食品企业注重从提升自主创牌意识、转变发展理念、强化基础设施配置、加强市场交流引领等方面入手，发展壮大自身实力，对口帮扶更多合作社、种植户走上绿色、品牌道路。另一方面，开展有针对性的贫困户帮扶措施。对生产生活水平差、有劳动力的贫困户，除了上述几项帮扶措施外，还会免费发放配方肥、生物农药、小型植保器械等生产资料，提高其生产能力；对老弱病残、失去劳动能力的贫困户，直接发放粮油盐米等生活资料。2018 年，全县 10 家绿色食品企业为 320 余户失去劳动能力的贫困户发放生产、生活补贴等，合计 120 余万元，分担了政府扶贫压力。

四、蒙阴果品绿色食品发展方向

1. 大力提升绿色食品认证的积极性

“绿水青山就是金山银山。”蒙阴县要继续围绕“生态文明县”创建的先进理念，突出绿色食品的质量安全优势，充分发挥绿色品牌引领作用，推进产业振兴。截至 2019 年 5 月，全县“三品一标”果品覆盖率达 60%以上，但绿色食品占比还较小，发展空间和潜力还很大。因此，要充分发挥绿色食品品牌的带动效应，引导更多种植主体认识到发展绿色食品的好处，多举措提高生产主体认证绿色食品的积极性、主动性。

2. 进一步优化果品结构和布局

要结合市场需求和自然资源基础，大力发展“名优特”产品。以绿色食品企业为切入点，一是率先调减大品类果品，注重调整果品结构，优化区域布局，差异化生产特色产品，建设特色果品优势区；二是针对客户和市场需求，发掘绿色食品品牌价值，推动果脯、果品罐头、水果脆片等高附加值产品的生产，实现果品产业升级。

3. 坚持绿色发展理念

引导绿色食品由“高投入、高成本、粗放管理模式”向“节本增效、省工省力和生态安全型”转变。鼓励绿色食品企业结合生产实际，充分利用果枝等废弃物，合理规划、因地制宜发展果-沼-菌、兔-沼-果等生态循环模式，减少果品产业资源消耗，确保绿色食品基地生产安全，带动全县生态环境改善。

4. 强化绿色食品监督检查

从生产标准、管理制度和体系要求等方面严格要求，加强绿色食品企业的年度检查和监督抽查力度。规范绿色食品生产、储运、包装、流通、销售等各环节，规范绿色食品基地生产记录、农残速测等档案建设，做到绿色食品各生产环节有案可查，质量可追溯，走精品路线。

5. 宣传推介绿色食品

加大绿色食品在国内外的推介、宣传力度，协助完善果品销售的“绿色通道”，减少交易环节，鼓励产销对接，为绿色食品销售创造良好的市场环境。同时，密切跟踪海内外果品市场信息，帮助绿色食品企业捕捉商机，加大国际市场开拓力度。

五、小结

农业供给侧结构性改革大环境下，科技兴果、品牌农业、生态富民是蒙阴生态文明建设的必由之路。要持续引导蒙阴果品企业、合作社走“绿色、品牌”战略之路，引导全县绿色食品认证主体提高果品企业品牌的附加值，提升绿色食品的市场竞争力、知名度和美誉度，以果业发展带动农户增产增收，以产业振兴助力脱贫攻坚，最终实现乡村振兴，达到共同富裕。

创优农业品牌　助推产业扶贫

——洛阳市洛宁县农业品牌扶贫概述

王晓波[1]　张　彬[2]

（1. 河南省洛阳市农业农村局；2. 河南省洛宁县农业农村局）

洛宁县地处豫西山区，1984 年确定为国家级贫困县，2001 年确定为国家扶贫开发重点县，2011 年纳入国家集中连片特困区秦巴山片区。该县属典型豫西山区农业县，长期以来农业大而不强、农产品多而不优、农业品牌杂而不亮等问题十分突出，传统农业亟待提质增效、转型发展，进入脱贫攻坚期后更是成为产业扶贫的一大短板。近年来，在省、市农业部门的鼎力支持指导下，洛宁县立足当地农业实际，紧紧围绕“打造全省重要的高效特色农业示范区”目标，坚持以市场为导向，以推动农业供给侧结构性改革为主线，大力实施“质量兴农、绿色兴农、品牌强农”战略，使全县农业特色产业呈现出规模化发展、专业化生产、产业化经营的良好发展势头，特别是经过“三品一标”农产品公用品牌培育，洛宁农产品品牌影响力和市场知名度大幅提升，有力带动了全县特色农业提质增效、农民持续增收。2018 年 5 月 9 日，河南省政府召开新闻发布会，宣布包括洛宁县在内的 33 个贫困县退出贫困县序列。在省市主管部门支持指导下，落实品牌扶贫新举措，大力发展“三品一标”，对推进洛宁山区产业兴旺和群众脱贫致富发挥了重要作用。

一、突出绿色兴农塑品牌

品牌化是农业现代化的标志，是转方式、调结构的重要抓手。近年来，洛宁立足全县农业优势资源，大力调结构、提品质、增效益，农业品牌化建设蓬勃发展。

1. 调优农业产业结构

围绕“三品一标”品牌建设，在产业结构上突出水果、粮食、菌蔬、畜禽、林业5大优势产业，在产品品种上突出苹果、金珠沙梨、食用菌、蔬菜、肉牛等10种优质产品，在产地布局上突出“西果、东粮、南林、北牧、中部菌蔬”5大核心版块区域，促进“三品一标”产业发展布局区域化、经营规模化、生产标准化、发展产业化。

河南省农业品牌扶贫（洛宁）现场观摩会

2. 推行标准化生产

突出龙头企业带动，大力引进推广新品种、新技术，加快基地化建设、标准化生产、产业化经营。如2014年该县引进上戈海升、洛阳众森

等果品龙头企业后，积极推广普及矮化自根砧苹果、果园生草、减控化肥、病虫害生态防控等绿色生产新技术，广大农民“绿色发展”意识不断增强，水果质量安全水平普遍提高，为水果产业健康持续发展注入了持久动力。

3. 积极引导发展“三品一标”

该县出台了加快苹果、金珠沙梨、牡丹、核桃等产业发展系列扶持政策，每年扶持资金 6 000 万元以上，鼓励经营主体开展“三品一标”认证，企业每获得一个证书奖励 2 万元；对在“三品一标”规划区域内集中连片发展苹果、金珠沙梨 50 亩以上的企业或个人，普通种植模式每亩补贴 600 元，矮化密植模式苹果每亩补贴 2 000 元、金珠沙梨每亩补贴 1 000 元；针对贫困户发展能力弱、筹措资金难度大，补贴门槛降低到只要连片种植 3 亩以上即可享受补贴。通过政策调动积极性，全县每年新发展苹果、金珠沙梨面积都在 1 万亩以上，较好实现了“三品一标”品牌打造和生产基地壮大的良性互动。截至 2019 年，全县共有 84 家企业获得农产品质量品牌认证、2 个农产品获得农产品地理标志登记；“三品一标”认证总面积达 51 万亩；成功创建国家级出口杨木质量安全示范区、国家级出口苹果质量安全示范区。

二、注重宣传推介强品牌

1. 举办节会“引进来”

“三品一标”农产品符合大众对消费品“优质、多样、个性”的需求，洛宁县迎合市场需要、深挖消费潜力，采取“一乡一节会”的办法积极对外宣传推介，努力将游客“引进来”，举办上戈苹果文化节、马店金珠沙梨节等地方特色节会活动，吸引消费者走进洛宁县休闲采摘，助推获证“三品一标”农产品，提升“三品一标”品牌影响力。2018 年，第十四届上戈苹果节，仅上戈镇就有三分之一的苹果在节会期间通过游客进园实现采摘销售。

上戈苹果文化节休闲采摘

2. 参加展会“走出去”

积极组织企业参加国内各种高规格展会，不断扩大洛宁县“三品一标”农产品区域公用品牌的对外知名度。其中，上戈绿色果品公司的绿色食品“上戈苹果”荣获第八届农交会金奖，众森公司绿色食品“香腮牌红富士苹果”获第十八届绿博会金奖，并在该展会一次性收获300万元大订单。

3. 通过电商和品牌直销店“销四方”

全县现已建成益农信息社400余个，从事“三品一标”农产品销售电商达110家；同时，企业在北京、郑州、洛阳、上海、广州等地均设有品牌直销店，线上线下同步经营。随着销售网络的不断拓展，洛宁县农产品知名度大幅提升，“上戈苹果”“洛宁金珠沙梨”“豫西小杂粮”等品牌在国内市场声名鹊起，销售额逐年翻番。

三、突出品牌扶贫强带动

通过品牌扶贫带动贫困户13 600户稳定脱贫。洛宁县坚持“一村一特

一品一主体”，即每个村特别是贫困村，至少要有一项特色产业，至少要有一个开展“三品”认证的新型农业经营主体。以此为抓手，指导乡村选优选准特色产业，大力培育和引进开展“三品”认证的新型农业经营主体，以“政府＋农产品地理标志＋贫困户”“企业＋‘三品’＋贫困户”等带贫模式为纽带，积极构建贫困户与新型农业经营主体利益联结机制。2019 年，全县已建成庙洼、关庙、官庄等 63 个品牌专业村。其中，通过品牌扶贫 21 个村退出贫困村序列，1.36 万名贫困群众通过品牌扶贫带动走上脱贫致富路。该县推行的品牌带贫模式主要有 3 种：第一种是以农产品地理标志为引领的“政府＋企业＋贫困户”模式。如上戈苹果通过农产品地理标志保护登记后，产业发展进入黄金期，先后引进海升、荣盛、众森等现代化水果生产企业 20 余家，苹果总面积达到 4.6 万亩，年产量 7 000 万千克，产值 3.85 亿元，果农亩均收入 8 300 元。上戈苹果已成为市场上炙手可热的品牌农产品，由每千克 3～4 元增长到现在的 5～6 元。海升、众森等 21 家苹果生产经营主体与上戈镇 18 个行政村签订了整体带贫战略合作协议，已带动全镇 1 003 户、3 029 名贫困群众脱贫致富。洛宁金珠沙梨获得农产品地理标志保护登记后，金珠沙梨市场供不应求，价格也由每千克 3 元提高到 4 元，亩均收益增加 3 000 元。截至 2019 年，全镇种植金珠沙梨达万亩以上，年产值 1 亿元以上，带动农户 660 户（其中贫困户 165 户）人均增收 5 000 元以上。第二种是以“三品”品牌为引领的“企业＋基地＋贫困户”模式。洛阳景森农业有限公司是获得绿色食品认证的公司，采用 4 种方式扶贫。一是直接帮扶。从育苗到移栽、管理、采收直至淀粉加工，实行全年性用工，带动 80 多人务工就业。不仅提高了当地贫困户的收入，而且推进了劳务输出向就地转移的转变，加快了当地脱贫攻坚的进程。二是代种帮扶。公司将 20 个育苗大棚交付贫困户进行育苗，每个大棚由 1 户贫困户进行承包，每个育苗大棚每年每户贫困户可以得到 6 000 多元的收入。三是爱心帮扶。项目所产的 1 万多吨红薯渣免费提供给贫困户，发展当地畜牧产业，助力脱贫攻坚。四是创收帮扶。公司采取“公司＋基地＋合作社＋贫困户”的模式进行经营。采取种植培训提高种植技能，红薯采用 0.7 元/千克保底收购模式，保证贫困户的收益。第三种是以“三品”品牌为引领的“公司+农民合作社”模式。河南信念集团根据可建蔬菜大棚土地面积，结合贫困人口数量，成立蔬菜种植合作社。信念集团和政府提供担保，每个合作社可向银行贷款150万～200万元进行蔬菜大棚建设生产，每个合作社可种20～30亩菜地，每个蔬菜大棚建设需占地4亩，建设资金10万元，可带动10～20户脱贫。每亩菜地保底收益1.2万元，若种植户每亩菜地每年收益低于1.2万元，不足部分的50%由信念集团补贴；若每亩蔬菜每年收益高于1.2万元，高出部分信念集团提取50%收益，最多提取1万元，其余收入归合作社种植户所有。

洛宁县的实践证明，发展“三品一标”已成为山区群众脱贫致富的稳定渠道和当地打赢脱贫攻坚战的有力抓手。2019年，洛宁县正在创建全国绿色食品原料（苹果）标准化生产基地。洛宁县全县正按照“质量兴农、绿色兴农、品牌强农”原则，致力于扩规模、强保障、创品牌，继续深化品牌扶贫实践，继续发展“三品一标”品牌成果，汇聚品牌合力，全力打造县域农业公用品牌。可以预见，洛宁县农业品牌将会发挥更大效益，持久提升产业发展竞争力，为加快群众脱贫致富、全力打赢县域脱贫攻坚战作出新的更大贡献！

让农业品牌建设引领产业扶贫前进航向

——洛阳市农业品牌扶贫的实践

杨 辉 田玉广

（河南省洛阳市农业农村局）

党的十八大以来，洛阳市认真贯彻精准扶贫方略，在扎实推进农业产业扶贫方式方法探索实践中取得了一些成效。尤其是在党的十九大作出“实施乡村振兴战略”的重大战略部署后，洛阳围绕农业供给侧结构性改革，根据河南省农业厅提出的“为产业扶贫插上品牌翅膀”的品牌农业扶贫思路，大力推进“质量兴农、绿色兴农、品牌强农”，努力打造“三品一标”农产品区域公用品牌，持久提升产业素质和市场竞争力，实现农民收入持续稳定增长。截至2018年底，洛阳市获得“三品一标”认证的364个农产品所形成的产业，带动贫困户3.73万户，使11.89万名贫困人口从中增收受益。洛阳的主要做法如下。

一、围绕产业扶贫，强力推进农业品牌建设

洛阳市始终把农业品牌建设作为推进农业产业健康发展和农业产业扶贫的重要抓手。为进一步鼓励、引导农业产业化龙头企业、农民专业合作社、家庭农场等新型农业经营主体积极参与“三品一标”农产品和农业标准化生产示范基地认证工作，制定了《洛阳市鼓励创建“三品一标”农产品及农业标准化生产示范基地实施办法》。对获证的“三品一标”农产品生产单位和农业标准化生产示范基地给予5 000～50 000元的奖补。各县（市、区）也分别结合农业品牌扶贫措施出台了相关奖励性政策。如栾川

县在推进产业扶贫工作意见中提出，利用3年时间使全县获证“三品一标”农产品达到40个，建设品牌实体店（超市专柜）15家，规定凡获证“三品一标”农产品，分别给予3万～5万元的奖励；洛宁县把农业品牌示范基地创建和扶贫政策相结合，发起“金果扶贫”行动，要求示范基地通过辐射带动脱贫、委托贫困户代种代管、贫困户加盟、专业化技术服务、劳务就业等五种模式，保证贫困人口年收入不低于4 000元，完成任务的示范基地，县政府给予每亩2 000元奖励。据统计，2017—2018年，市、县两级共落实奖补资金785万元，有力推进了全市龙头企业、合作社以及农业标准化示范区内企业发展“三品一标”，为农业品牌带动产业扶贫奠定基础。

绿色食品栾川柿子

在政策推动的同时，洛阳还加强了农业品牌的培训和申报指导工作。2016—2017年，通过省厅培训“三品一标”检查员35人、企业内检员375人；市、县两级举办“绿色百品”创建培训8次、680人，举办农业品牌推动产业扶贫培训2次、350人；利用培训，及时掌握龙头企业、合

作社以及农业标准化示范区内企业的品牌创建情况，引导他们发展“三品一标”。这些政策和措施的实施，进一步激发了洛阳农业品牌做大做强，发挥了品牌农业带动扶贫的辐射力。截至2019年，洛阳市有效期内的“三品一标”农产品总数达到364个，其中无公害农产品280个、绿色食品60个、有机农产品2个、地标农产品22个，“三品一标”总数在全省排名第二位，农产品地理标志数量居全省首位、占全省的25%。同时，洛阳市还创建了1个国家级农产品地理标志示范样板（汝阳红薯）、2个省级“三品一标”示范基地（洛宁众森苹果和新安卓成石榴）、7个出口农产品质量安全示范区（省级示范区4个、国家级示范区3个）。通过农业品牌带动，全市打造产业扶贫专业乡（镇）36个、专业村249个。如以地标产品偃师葡萄带动的偃师市缑氏镇，嵩县皂角刺带动的嵩县九店镇，上戈苹果带动的洛宁县上戈镇，新安樱桃带动的新安县五头镇、磁涧镇；以绿色食品袖珍西瓜、草莓带动的孟津县送庄镇，沙梨带动的洛宁县马店镇，小米带动的伊川县吕店镇、白沙镇，樱桃带动的西工区王村沟村，软籽石榴带动的孟津县石门村，玉米糁带动的栾川县柳子村等。

二、探索多种模式，分类推广农业品牌扶贫经验

一是围绕区域特色农产品公共品牌创建，充分挖掘洛阳人文资源优势，探索“政府＋农产品地理标志＋贫困户”带动模式。如“伊川平菇”获得保护登记后，伊川县平等乡马庄食用菌专业合作社带动周边7个乡镇的2 700多农户从事“伊川平菇”种植，实现了产值和社会效益连年增长，2015年产值在1 700余万元，2017年就达到了2 500万元，带动的116户贫困户，户均年收入1.4万元。新安县五头镇、磁涧镇依托农产品地理标志“新安樱桃”，2017年销售收入3.4亿元，带动农户7 358户，其中贫困户2 163户，贫困户依靠樱桃人均年收入增加1 869元。2016年“嵩县皂角”获得地标登记以来，嵩县新发展种植面积1.5万亩，全县达到6万亩，年产量超过1 000吨，实现产值2亿元，带动了5 000余农户，其中贫

困户 655 户，户均增收超过 5 800 元。汝阳县通过发展农产品地理标志“汝阳红薯”生产，仅该县金涛红薯专业合作社就带动周边贫困户 450 户，合作种植面积 1 200 亩，并带动 1.1 万亩，均按照“五统一”的标准组织生产，提高了品质，塑造了品牌，取得了良好的经济效益，每亩红薯多增收 1 000 元以上。

技术人员为贫困户讲解苹果冬季修剪技术

二是围绕满足消费者需求，积极发展绿色、有机和无公害等优质农产品生产，探索“企业＋三品＋贫困户”带动模式。如洛阳金禾农业科技有限公司致力葡萄、猕猴桃、樱桃等绿色产业开发，2016 年获得绿色食品证书后，产品价格和销量同比增长 6.5%和 5%；公司安排劳动力 100 余人，其中贫困人员 58 人；对贫困户免费提供种苗、技术支持，带动水果种植 820 亩，年户均增收 9 000 余元，基本实现脱贫致富。洛阳众森农业有限公司积极实施农业品牌扶贫带动模式，为贫困户走出了一条“三稳一帮一回”的收入模式，直接为贫困户提供常年就业岗位 247 个，人均年收入 2 万元以上；通过合作社与 10 家贫困户建立了结对帮扶机制，合作发展绿色食品苹果，力保贫困户年增收 1.8 万元以上。2019 年，洛阳众森农业有限公司带动的 4 个

贫困村已纳入洛宁县“金果扶贫”重点服务区。

三是围绕推进农业产业发展，积极发挥示范基地带动作用，探索“示范基地创建+公司+贫困户”带动模式。如2017年“汝阳香菇”被授予“全国农产品地理标志样板示范基地”和“国家食用菌出口农产品安全示范区”。2019年，汝阳县已建成食用菌种植专业村30个，种植规模达3 000万袋，年产香菇3 000万千克，产值5亿元。同时，汝阳县引进国家级农业产业化龙头企业洛阳佳嘉乐农产品开发股份有限公司，建立了农业产业化联合体，筹资5.5亿元，在全县规划建设100个分布式食用菌种植基地，已投产基地18个，待基地全部建成投产后，将新增香菇种植规模6 000万袋，可带动3 500户、13 000名贫困人员实现稳定脱贫。

三、做好宣传推介，提升农业品牌效益和脱贫带动能力

一是开展绿色典范企业评选活动。制订出台了《洛阳市生态农业“绿色百品”农产品质量安全工程实施方案》，连续两年开展了生态农业“绿色百品”典范企业评选活动，通过政府组织、协调、推动，专家、消费者参与评选，媒体全方位宣传和多形式推介，筛选命名一批市场信誉好、辐射带动能力强、品牌认知度高的生产企业。二是新闻媒体宣传。制作了地理标志农产品系列专题节目，在洛阳电视台循环播出；与《东方今报》联合，推出了“讲述农业品牌的故事”等农业品牌系列宣传。三是展会推介品牌。多次组织洛阳市优质品牌农产品，参加“农博会”“绿博会”“有机博览会”“地标农产品专展”等涉农展会活动，提升洛阳品牌农产品信誉度。两年来，有宜阳悦丰葡萄、栾川战科虫草、伊川金粟小米等35个品牌获得展会奖项。四是举办各种节会。举办了偃师葡萄品鉴观摩及产业发展论坛、西工樱桃采摘节、洛宁苹果采摘节、草莓品质大比拼、孟津梨花节、河洛丰收文化节等系列活动，弘扬农业品牌。五是开办品牌直营店。在北京、郑州等地建立了绿色食品直营门店，作为品牌农业的推介窗口。六是编印品牌名录。就已认证的“三品一标”农产品，编印出版了《品

质·文化·生态的结晶——洛阳地理标志农产品》《洛阳市“三品一标”农产品名录》宣传手册。目前，全市上下已经形成了“政府推动、企业主动、市场拉动、社会联动”的农业品牌良性创建格局，农业品牌扶贫效率进一步得到提升。

洛阳市正在积极开展农业品牌创建与扶贫实践探索，深入调查研究，丰富农业品牌建设与扶贫经验成果，全面唱响质量兴农、绿色兴农、品牌强农的时代旋律。相信在洛阳市、县两级农业系统的努力下，在保障安全优质农产品供给和打赢扶贫攻坚战方面，将会作出新的更大的贡献。

擦亮品牌　打造亮点
推动特色农业高质量发展

彭广峰

（河南省中共确山县委、确山县人民政府）

确山县农业资源丰富、产品种类繁多，但也同样面临农业大而不强、农产品多而不优、农业品牌杂而不亮等困惑。这些困惑更是成为脱贫攻坚中产业扶贫的一大短板。

如何走出窘境，补齐短板？近年来，在河南省委、省政府，驻马店市委、市政府的正确领导和各级农业部门的鼎力支持指导下，确山县委、县政府立足实际，以“三品一标”认证为抓手，实施品牌带动战略，大力发展“一镇一业”和“一村一品”。至目前，留庄大米、瓦岗红薯、瓦岗西瓜、竹沟中药材、确山板栗等50多个具有确山特色的品牌农产品畅销省内外；确山板栗、瓦岗红薯、四孩香菇、留庄大米等农产品入选河南省知名农产品品牌目录。

一、我们的主要做法

1. 政策引导创品牌

一是成立组织。确山县县委、县政府高度重视绿色高效品牌农业的发展，成立了由县长任组长的工作领导小组，并制订了品牌创建、质量提升、安全达标等专项工作方案，明确目标、明确责任、明确任务、明确时限，全力开展“三品一标”工作。二是编制规划。确山县先后邀请省、市50余位专家学者，开展30余次调研活动，做好“三品一标”的统筹规划、策划工作。结合实际、因地制宜，编制了《2019—2021年中药材种植实施方案》《2018—2020年稻渔综合种养实施方案》《农业特色产业种植三年规划》等10余个发展规划，为“三品一标”认证工作有序开展奠定基础。三是资金保证。县政府研究制定了农业品牌奖励办法，其中对获得无公害农产品、绿色食品、有机农产品、农产品地理标志认证的，分别给予政策激励和资金奖励。对农产品品牌培育工作突出的企业和合作社，县委进行公开表彰。2019年以来，已先后发放奖金261万元。以上措施促进了品牌农业的快速发展，截至2019年，全县“三品一标”数量由2014年1个增加到42个，尚有25家企业的37个农产品正在申报中。确山板栗、确山夏枯草、确山黑猪3个农产品取得国家地理标志认证；番茄、黄瓜、葡萄、花生等32个农产品获得无公害农产品认证，留庄大米、四孩香菇等7个农产品获得绿色食品认证。“三品一标”认证面积达50万亩，占全县农业种植面积的40%。

2. 注重宣传强品牌

一是加强宣传，推介出去。我们积极搭建多种平台，把品牌传出去，把游客引进来。近年来，确山县每年举办农民丰收节、板栗节、西瓜节等具有地方特色的“节会”活动，不断提高确山特色农业的知名度、影响力。确山县的板栗文化节成为河南省首届“中国农民丰收节”入选的五个系列活动之一。2018年9月17日，确山县参加了由阿里巴巴发起的丰收购物节活动，与淘宝网合作宣传瓦岗红薯，4个小时卖出8万千克瓦岗红薯，一度造成全县红薯脱销；2019年5月26日，瓦岗西瓜采摘节期间，先后有2万余人参与，销售西瓜累计超过0.75亿千克。二是借助网络推广出去。以创建全国电子商务进农村示范县为契机，大力实施“互联网+特色农产品”战略，建立县、乡、村三级网络平台，联合乐贸全球、来村网等电商企业，加强农产品网上推广和营销。截至2019年，全县从事“三品一标”农产品销售电商企业50多家，每年网络销售农特产品约1.5亿元；建成益农信息社194个，实现每个行政村都有一个网络对接载体，打通了线上销售最后一公里。三是强化对接，推销出去。针对市场需求，按照“优质、多样、个性”的原则，对“三品一标”产品进行包装加工，有组织的参加全国产销对接会、农洽

会、农博会等各类展会，并推动批发市场、电商企业、大型超市等市场主体与农户、家庭农场、合作社等建立长期稳定产销关系。确山县竹沟镇新美润种植专业合作社，主要从事香菇种植，自获得无公害农产品认证以来，经市、县牵线搭桥，已成功与武汉、驻马店等城市55家商场、超市建立合作关系，年销售香菇近7 000吨。

3. 品牌扶贫强带动

一是壮大经营主体。新型农业经营主体在品牌农业发展中起着举足轻重的作用。确山县委、县政府通过整合项目资金、建立激励机制、开展融资贷款等措施，壮大新型农业经营主体。二是让群众共享成果。在支持发展农特产品企业及新型农业经营主体做大做强的同时，积极构建群众特别是贫困群众与企业和经营主体的利益联结机制，确保农民群众得实惠、享红利。河南众盈农民专业合作社，种植绿色食品花生1.5万亩，花生米总产量360万千克，取得绿色食品品牌认证后每千克售价增加1.4元，实现产值净增504万

确山板栗

元；与当地贫困种植户签订绿色花生种植协议、小麦联合育种协议，带动贫困户 30 户，每户年均增收 2 000 元。公司通过流转托管带贫，共签约 200 户，贫困户年均增收 1 000 元。三是让企业共享市场。组建“三品一标”生产加工企业战略联盟，细化市场分工，构建集种植、生产、加工、流通、销售等于一体的产业链。同时，鼓励群众入股新型农业经营主体或生产加工企业，把资源变资产，把资产变资金，把农民变股民。如驻马店永丰公司有 110 亩的绿色食品番茄种植园，总产量 66 万千克，原单价 5.0 元/千克，产值 330 万元；取得绿色食品品牌认证后每千克售价增加 2 元，单价达到 7 元/千克，总产值 462 万元，净增 132 万元。公司积极实施精准扶贫战略，吸纳贫困户就业，大棚种植吸纳 10 户贫困户就业，旅游产业吸纳 15 户贫困户就业，年人均收入不低于 20 000 元。

二、取得的主要成效

1. 经营主体更加多元

2018 年，确山县规模以上农业企业 116 家，国家级示范社 5 家，省级示范社 7 家，市级示范社 22 家；省级示范家庭农场 2 家，市级示范家庭农场 5 家。其中，从事“三品一标”生产的国家级、省级合作示范社、省级产业化龙头企业、示范家庭农场占 28 家。

2. 农业产值不断增加

2018 年，确山县各类经济作物经过“三品一标”品牌认证后，产值达到 32.13 亿元，净增加 5.35 亿元。如河南千亩田公司种植绿色食品小麦 1.5 万亩，总产量 825 万千克，取得绿色食品品牌认证后每千克增加 0.4 元，价格达到 2.56 元/千克，产值净增加 430 万元。

3. 特色种植已成规模

2018 年，确山县花生种植面积 61 万亩；红薯常年种植面积 4 万亩，培育出了具有地方特色的“瓦岗红薯”品牌；中药材种植面积达到 8 万亩，其中，“确山夏枯草”已获国家地理产品标志认证；全县常年食用菌产量

13 000多吨，其中，“四孩鲜香菇”获得绿色认证；西甜瓜常年种植面积3万多亩，培育出了地方特色品牌“瓦岗西瓜”。

确山县取得的这些成绩，离不开省、市有关部门的鼎力支持。自2017年以来，河南省、驻马店市质检部门抽派专家为确山县100家省市级以上新型农业经营主体开展农产品品牌认证培训，累计培训6次，使确山县的新型农业经营主体认识到农业品牌的重要性，了解了更多的关于“三品一标”知识，有助于确山县品牌农业的发展壮大，从而达到农业品牌促进脱贫的目的。河南省质检中心组织20多位全省质检中心专家为确山县申请“三品一标”认证的农产品进行实地免费抽检，自2017年以来，共实地免费抽检60多个农产品，2019年计划实地免费抽检农产品30多个。由于确山县是国家级贫困县，定于2019年脱贫摘帽。河南省农业厅把优惠政策向确山倾斜，鼓励新型经营主体积极申报“三品一标”，不仅产品产地检测免费，而且精简申报时间，助力确山县脱贫攻坚。

虽然确山县在品牌创造、助力脱贫攻坚上取得了一定成效，但自知起步晚、规模小、带贫效益还不够显著，距离上级要求和兄弟县市还有不小差距。确山县将以此次现场会为契机，致力扩规模、强保障、创品牌，继续深化品牌扶贫实践，持久提升产业发展竞争力。还将依托省级农产品质量安全县创建，把品牌扶贫上升为打赢脱贫攻坚战的战略举措；积极引导更多经营主体在发展壮大自身的同时，通过品牌扶贫带动更多群众脱贫致富！

“三品一标”助推南丹县精准脱贫的思考

吴　平

（广西壮族自治区南丹县经济作物站）

“三品一标”集聚了生态环保、按标生产、品质提升、品牌培育、优质优价等多重要素，其高附加值及品牌效应为产地群众带来脱贫增收的有益良机。对于保护贫困地区生态环境，促进农业绿色发展，促进贫困地区农业提质增效、农民增收脱贫，推动产地区域经济发展，助力脱贫攻坚大局具有重要意义。

一、南丹县精准扶贫产业发展基本情况

南丹县位于广西西北部、云贵高原南部边缘，全县总面积 3 916 平方公里，辖 8 镇 3 乡，居住壮、瑶、苗等 23 个民族，总人口 31.77 万人，耕地面积 23 万亩，是典型的“八山一水一分田”的喀斯特地貌。全县盛产茶叶、

南丹县万亩绿色巴平米标准化种植示范基地

长角辣椒、红心猕猴桃、黄腊李、瑶鸡等名特优产品，获得“中国长角辣椒之乡”“中国瑶鸡之乡”“中国黄腊李基地”等称号。

南丹县是全国滇桂黔石漠化片区天窗县，全县151个行政村（社区），有贫困人口分布的村（社区）达138个，贫困户行政村（社区）覆盖面达91.39%，共有“十三五”建档立卡贫困户11 522户。“十三五”脱贫攻坚以来，南丹县认真抓好产业脱贫工作，突出将特色产业发展作为贫困群众增收致富重要途径，结合全县的实际情况，明确优质稻、油茶、南丹黄牛、南丹瑶鸡、长角辣椒、优质水果、核桃、杉、烤烟、食用菌等产业为全县十大特色扶贫产业。2018年，全县精准贫困户中有8 340贫困户发展特色产业，十大特色产业覆盖率达到89.42%，其中“三品一标”产业覆盖贫困户达3 215户，有效地促进了当地贫困户通过发展特色产业增收脱贫。

二、“三品一标”助力南丹县产业脱贫的做法与成效

“十三五”脱贫攻坚以来，南丹县把加强“三品一标”特色农产品开发作为助力脱贫攻坚的重要抓手，积极探索和实施“一县一业”“一乡一特”“一村一品”的发展模式，主动融入全县脱贫攻坚主战场。截至2019年，全县“三品一标”基地认证面积5.82万亩，认证产品总数20个，分布于全县11个乡镇。2018年，全县“三品一标”产品产值已达3.6亿元，占全县农业总产值19.98亿元的18.02%，覆盖贫困户3 215户，带动贫困户家庭经营性收入户均增收约2 000元。“三品一标”特色农业已成为群众稳定增收的重要渠道，成为南丹实现整县脱贫摘帽、强力推动乡村振兴、加快奔向小康社会的有力支撑。

1. “三品一标”成为精准扶贫主导产业

全县获得绿色食品认证的南丹猕猴桃、南丹巴平米、核桃，以及获得农产品地理标志登记的南丹黄牛、南丹长角辣椒、南丹黄腊李已成为南丹县“十大百万”扶贫产业，占全县特色扶贫主导产业的60%。全县已建立生态

巴平米、有机富硒米、六龙茶、红心猕猴桃等“三品一标”标准化示范基地12个，面积2.7万亩，培育形成了巴平米、有机富硒米、红心猕猴桃等具有南丹地域特色的品牌产业。

2. “三品一标”助力精准脱贫成效突出

据统计，全县“三品一标”产品收购价格较认证前普遍提高20%以上，零售价格超过同类产品35%以上。2018年，全县绿色巴平米、富硒米种植面积达2.2万亩，年产量达1.1万吨，年产值6 000多万元，绿色巴平米稻谷收购价由认证前的3元/千克提高到4元/千克，有机巴平米稻谷收购价由认证前的3元/千克提高到6元/千克，直接带动3 000多户种植户增加收入。绿色红心猕猴桃认证面积达0.6万亩，年产量达0.12万吨，销售价格由获绿色食品认证前的20元/千克提高到获得认证后的30元/千克，种植户亩均收入也从认证前2万元/亩，增加到了3万元/亩，带动了900多户种植贫困户脱贫致富。“南丹黄牛”地标认证后，全县养殖南丹黄牛的贫困户数达到1 800多户，相当于认证前的1.2倍，养殖贫困户年均纯收入增加3 000元以上。“三品一标”不仅凸显了南丹品牌效应，同时助推了该县电子商务发展，通过“三品一标”认证的产品已成为网络营销的通行

绿色食品南丹六龙茶标准化种植示范基地

证。2019 年，南丹县有农产品电商 20 多家，累计销售农产品 9 300 万元，其中，“三品一标”产品销售收入达 7 150 万元，占全县电商总销售收入的 76.9%。

3. “三品一标”基地“造血式”扶贫功能有效提升

以创建现代特色农业示范区为抓手，通过创建区、市、县、乡、村五级现代特色农业示范区（园、点），在不断促进“三品一标”基地向规模化、产业化、品牌化发展的同时，增强带动贫困户产业脱贫的功能。2017—2019 年，全县创建现代特色农业示范区 84 个，已获得区、市、县人民政府认定的示范区（园、点）71 个，其中认定为自治区三星级示范区的 2 个、县级示范区的 9 个、乡级示范园的 13 个、村级示范点的 47 个，其中主导产业获得“三品一标”的示范区（园、点）达 38 个。如获得自治区“三星级现代特色农业核心示范区”称号的南丹县绿稻花海休闲农业示范区，主导产业为绿色巴平米，示范区种植绿色巴平米达 1.12 万亩，以“核心示范区＋‘三品一标’＋贫困户”模式带动贫困户通过流转土地、发展特色农业、入股分红、加工销售、特色餐饮、休闲观光等增收脱贫，流转了贫困户土地 0.12 万亩，带动贫困户 376 户种植绿色巴平米，吸纳 68 户贫困户长期务工，有效促进了贫困户增收。

4. “三品一标”知名度和美誉度明显提升

近年来，南丹县着重抓好“三品一标”的品牌宣传工作，一是积极引导“三品一标”企业或合作社参加各类农展会，宣传南丹“三品一标”；二是利用媒体加大宣传力度，主动与中央电视台、广西电视台相关栏目对接，吸引这些有影响力的媒体关注和报道南丹县的“三品一标”特色产品。南丹巴平米连续获得第十四届、十五届中国国际农产品交易会产品金奖。“瑶家庄”牌南丹巴平米获得“广西著名商标”称号，2018 年入选首批广西农业品牌目录。2017 年、2018 年央视财经频道“特别关注”和央视农业频道“饭碗里的供给侧”“科技苑”“农广天地”等栏目对南丹县“三农”特色品牌进行了专题报道，对外展示了南丹巴平米、红心猕猴桃、六龙茶、核桃等特色农产品的良好品牌形象和生态生产环境，起到了良好的宣传效应。

三、存在问题

南丹县“三品一标”产业开发为促进区域经济发展、助力脱贫攻坚作出了积极贡献，但占南丹县丰富的农业资源比例还比较少，带动贫困户脱贫的作用还有很大的提升空间，在宣传推广与保护利用、后续开发、产业发展和升级等方面，仍存在不容忽视的问题。

1.“三品一标”占南丹县农产品比例较小

南丹县虽然拥有丰富的资源禀赋和发展潜力，但只有南丹长角辣椒、南丹黄腊李、南丹黄牛3个农产品获得农产品地理标志认证，获得有机农产品、绿色食品、无公害农产品认证的仅有17个，“三品一标”的认证面积也较少，仅占全县耕地23万亩面积的25.3%。由于南丹县贫困山区农民群众劳动力素质还比较低、运用现代技术手段进行科学开发资源的意识不足，且客观上基础设施较为落后，由此导致生产力水平低下。在这种条件下，当地的资源优势难以转化为特色产业优势，而特色产业也恰是“三品一标”的核心价值所在，也是农民实现增收、完成脱贫致富的庞大潜力所在。

绿色食品黑木耳种植基地

2. “三品一标”知识普及和推广开发力度不够

尽管近年来农业部门加强了“三品一标”的宣传推广，但是传播渠道不畅通。一方面传播渠道狭小，过分依靠传统的大众媒体；另一方面传播形式单一，过多依赖硬性传播，缺乏展会结合、公关营销等手段，不利于扩大品牌的传播范围和影响力。南丹县共有涉农企业、专业合作社达323家，作为“三品一标”农产品的主要生产者、受益者，开展“三品一标”申报或登记工作的仅有15家。经调查了解，企业和生产者认为“三品一标”标准高、难度大，申报流程较为复杂、时间长、费用多，同时对其带来的巨大经济效益、社会效益及扶贫脱贫作用认识不足，致使保护开发意识不强。

3. “三品一标”有效投入严重不足

“三品一标”农产品的挖掘与申报、培育与生产、检验与检测、宣传与推广、监督与管理、最终实现产业化生产与经营等各个环节，均离不开必要的经费投入。据了解，南丹县已经获得“三品一标”的15家涉农企业、专业合作社生产资金投入单一，90%以上为自有资金，仅有2家企业获取金融贷款约2 000万元，资金投入严重不足已成为制约贫困地区“三品一标”发展的一大瓶颈。

4. “三品一标”产业链短，发展水平普遍不高

南丹县“三品一标”产品生产和加工多以农民专业合作社为主，产业化程度低，技术水平不高，以鲜食或初加工为主，与二产、三产难以融合。有的种植生产规模小，产品“小而不精”，有特色无规模；有的虽有一定的面积但没有培育好商标品牌，有规模无品牌。同时，在营销过程中没有很好地利用“三品一标”产品的优势进行精准化的定位营销，营销的策略和手段都较为单一，没有着重突出品牌的个性和区域特色，不利于消费者对产品产生亲近感和认同感。

四、对策与建议

“三品一标”产业的重要作用日益凸显，应坚持问题导向，理清思路，精准发力，健全“三品一标”农产品发展机制，优化“三品一标”品牌产品的建设环境，完善工作体制和机制，引导“三品一标”品牌产品加快发展，做大做强“三品一标”农产品的总量，助力脱贫攻坚大局。

1. 加强宣传，大力提高“三品一标”的认知度

改变农业部门作为“三品一标”单一的宣传主体现状，建议明确政府作为宣传和扶持主体的责任，在产业政策、政府采购、市场准入、科技研发等方面给予较大的扶持，为“三品一标”开发工作打下坚实基础。加强宣传推广，充分利用各种专业网络平台及新媒体、自媒体，通过图书资料、展销展览、咨询服务、培训研讨等方式，全面展示“三品一标”成果，扩大产品的知名度和影响力，借力“一带一路”倡议及“东盟国际博览会”等各种农产品展会，线上线下精准发力，充分发挥“三品一标”产品助推区域经济发展作用。

地理标志农产品南丹县长角辣椒

2. 加强协作，加快推进“三品一标”的申报认证

坚持“政府主导、政策推动、部门协作、规范运作”的方式，在科学细致的规划基础上，深入挖掘培育更多的“三品一标”农产品。宣传、文化和县志办等相关部门负责挖掘、整理当地名特优农产品背后的历史故事，农业部门负责对土壤、水质进行检测和制定“三品一标”生产技术规程、开展相关培训。充分发挥各类涉农经济组织和行业协会主体作用，鼓励和支持龙头企业、专业合作社等生产经营主体积极开展“三品一标”认证申报，规范“三品一标”产品专用标志的使用、管理和保护，引导鼓励龙头企业、营销大户按规定率先使用“三品一标”标志，扩大品牌富农影响力，形成品牌规模和精品效应。

3. 选好模式，扩大规模，带动贫困户增收

大力推广“龙头企业（合作社）＋‘三品一标’基地＋贫困户”的产业发展模式，加大招商引资、推广销售力度，以龙头企业为带动，发挥“三品一标”产品质量好、销售好、收益好的辐射效应，引导农民和贫困户规模种养，以互联网为载体，以节会为推广平台，以农业合作社为纽带，以农业订单为节点，实现产供销一体化，由专业合作社、企业组织生产、收购及销售“三品一标”产品，直接带动贫困户通过种植、加工“三品一标”农产品增产增收，带动广大农户走上脱贫致富的高速路。努力扩大规模与效益，力争在2020年，南丹县“三品一标”产品总量达到40个，产值达到8亿元。

4. 加大资金投入和政策扶持力度，强化资金保障

一是引导扶贫资金投入“三品一标”。整合的涉农资金优先用于贫困户增收、扶持特色产业发展；对具有一定种养加规模、辐射带动贫困户较多、效益好的“三品一标”产业龙头企业，要关注发展，依据政策，优先扶持。二是加强金融扶贫工作。出台金融扶贫政策，调动金融部门扶贫济困的积极性，运用好贷款贴息、信贷担保、以奖代补、保费补贴等多种方式，撬动金融资本更多投向“三品一标”优势特色产业发展领域，放大资金聚合效应。三是加大政策扶持力度。建议上级农业部门对深度贫困地区的绿色食品、有机农产品认证和标志使用费实施减免扶持政策。地方政府出台相关配套政策，对贫困地区“三品一标”工作中绿色防控、产品检测、品牌培育、技术培训、市场营销等方面的奖补政策，进一步提高贫困地区生产主体发展“三品一标”的积极性和主动性。

5. 强化产销对接，健全完善“三品一标”产品流通营销体系

加强“龙头带基地、企业连农户、产供销一体化”渠道建设，畅通农企对接、农超对接，积极推动“三品一标”农产品进超市、上柜台，抢占区内外主流市场份额。组织引导龙头企业和各类营销组织用活用好现有渠道资源，加大扶贫农产品营销，在衔接对口帮扶河池市的深圳设立异地直销点。引导和推动贫困地区优质品牌农产品和公益性集体商标产品通过直销方式进超市、进企业、进社区、进院校、进宾馆、进饭店销售，促进脱贫增收，形成多层次、多渠道的营销体系。

6. 产业深度融合，促进品牌提质增效

不断提升“三品一标”产业发展水平，打造“三品一标”产业发展的升级版。一是注重产业链的延伸。引导“三品一标”农产品流通企业或新型农业经营主体向精深加工或销售环节延伸产业链条，实现一二三产业融合发展。二是注重与电子商务发展的深度融合。加快发展农业电子商务，突破鲜活农产品电商的瓶颈制约，指导支持新型经营主体对接电商平台，依托农业龙头企业和“三品一标”特色农产品，积极培育“三品一标”农产品电子商务经营主体和区域平台，实现标准化生产、品牌化发展、电商化销售“三化联动”，促进农产品企业转型升级，助力企业开拓市场，帮助农民增收致富。三是注重与文化旅游的深度融合。与旅游部门达成战略合作，通过在旅游景区设立“三品一标”产品专卖店，举办各种地标文化节或农业节庆活动等方式，深度发掘“三品一标”文化价值，强化“三品一标”产品人文气质和区域形象。

发挥品牌效应　助力脱贫攻坚

杜俊灵[1]　张海彬[2]

（1. 重庆市城口县农业农村委员会；2. 重庆市农产品质量安全中心）

城口县地处大巴山腹地，属渝东北生态涵养发展区、秦巴山集中连片特殊困难地区，集革命老区、边远地区、高寒深石山区、国家扶贫开发工作重点县于一体。全县人口 25.3 万，其中农业人口 21.65 万；耕地 35 万亩，其中水田 2.3 万亩，素有“九山半水半分田”之说。先后获得过“中国绿色生态中药材示范县”“中国生态气候明珠”“大中华区最佳绿色生态旅游名县”“中国天然富硒农产品之乡”“中国绿色生态板栗之乡”“中华蜜蜂之乡”“全国森林旅游示范县”等荣誉称号。

城口县切实围绕全县脱贫攻坚战略部署，以深度贫困乡为切入点培育产业，发挥龙头企业等市场主体带动作用，搭建平台培育品牌，授权区域公用

雾都山城，山路十八弯

品牌辐射带动农户特别是贫困农户的农产品进入市场乃至互联网营销，使农产品生产、加工、销售有机结合、相互促进，提高产业带动和品牌农产品市场竞争力、占有率，以此推动企业与农户建立紧密的利益联结机制，为扎实推进脱贫攻坚工作增添新动能。2018 年，重庆市城口县充分发挥品牌效应，大力发展农业产业从而达到脱贫攻坚的目的，积极培育发展“三品一标”产品 83 个（其中地理标志农产品 5 个），通过全力提高贫困村扶贫产品质量和市场竞争力，加快扶贫产品品牌建设，强化品牌引领，助推脱贫攻坚。

一、主要做法

坚持“市场为导向、产业为杠杆、品牌为形象、效益为目标”的发展方向。加快出台农业产业扶持政策措施，优先支持深度贫困乡镇、深度贫困村发展绿色农业、生态农业、循环农业，率先实施标准化生产、品牌化营销，走产出高效、产品安全的发展道路。

1. 建立农业品牌扶贫利益联结机制

城口县委、县政府高度重视农业产业发展，并以农业品牌发展引领产业发展，制定出台《城口县七大农业产业扶贫行动计划》《关于进一步推进产业扶贫到村到户完善利益联结机制》《城口县农业产业扶贫基地规范化建设指导意见》《建立贫困户产业发展指导员制度》等一系列政策，建立“市场主体＋基地＋农户＋品牌”的利益联结机制，通过龙头企业等市场主体引领农户（贫困户）开展订单生产，进行标准化管理，力争在深度贫困乡打造益农信息社示范点，搭建“农产品＋品牌”的产销联盟，以品牌发展助推脱贫攻坚。

2. 打造农产品质量安全

一是以经作产业为龙头，进一步加大农业产业结构调整，发展城口山地鸡、城口蜂蜜、中药材、食用菌、特色杂粮、蔬菜、茶叶等具有地方特色优势的重点农产品。按照区域化、集约化、标准化、规模化的要求，推动企业

连点成线、连线成片，重点打造特色优势农产品主产乡镇。二是建立完善农产品标准体系，鼓励和支持龙头企业参与行业标准、地方标准的制修订。三是加大《农产品质量安全法》《食用农产品市场销售质量安全监督管理办法》等法律法规贯彻实施。四是加快规范促进城口县农产品质量安全监管云平台与国家农产品质量安全追溯管理信息平台的融合，确保农产品生产全程控制和可追溯。五是加大农产品质量安全监管和联合执法力度，确保市民吃上安全放心的农产品。

3. 建立初级农产品深加工链条

鼓励和支持龙头企业引进先进加工设备和技术，开展农产品初、精、深加工，推进农产品加工标准化、包装一体化、品牌标识统一化；加快县城优势农产品标准化建设，完善分级分类和加工标准，建立符合食品安全要求的加工生产线，丰富县城农产品品种层次和形态；建立冷链物流配送中心，提升县城优质农产品集中储藏，分级分类和冷链运输水平；同时，帮助龙头企业开展质量管理体系认证，让农户生产出来的产品通过企业深加工，提高农产品附加值增加收入。

4. 建立农产品市场流通渠道

建立优势农产品订单基地，拓宽县内外流通市场渠道，大幅度提升县城优质农产品商品化率。以“大巴山硒谷”为主商标推动农产品终端用户与市场主体乃至农户建立长期稳定的供需关系。以县级产销活动为抓手，联合县内各部门及市级相关部门伙食团，定向采购本县范围内的贫困村农产品。同时，加快建设稳定的县外销售网络，发挥线上线下平台作用，借助“巴味渝珍”“益农信息社”“食光小镇”等农产品电商大平台，销售城口县授权使用的品牌农产品。

5. 建立农业品牌发展规划

结合产业市场拓展，大力实施品种品质品牌培育工程，全面树立城口县无公害农产品、绿色食品、有机农产品品牌形象；实施品牌质量建设工程，积极参与行业标准制定，加快推进农业检测中心农产品质量认证、体系认证工作，提高检验检测能力；鼓励龙头企业打造自主品牌，采取兼并重组、联盟等方式整合龙头企业产品品牌，逐步形成每个特色优势产业或产品都有重点品牌引领的格局；积极支持行业协会申报农产品地理标志登记保护、龙头企业等经营实体申报生态原产地产品保护和重庆名牌农产品，开展质量管理体系认证，尽快建成一批稳定、优质、标准统一的农产品原料基地；做好品牌培育指导和政策扶持，强化品牌宣传，维护市场秩序，为全县农产品品牌建设营造良好环境，让更多龙头企业的农产品通过品牌引领，实现“名利双赢”。

6. 充分发挥地标品牌效应

城口县地处大巴山腹地，位于重庆市最北端，境内最高海拔 2 686 米，最低海拔 481 米，拥有得天独厚的地理条件。城口地标农产品包括城口山地鸡、城口中蜂、城口洋芋、城口核桃和城口太白贝母，是在城口县封闭的自然环境和自给自足的自然经济条件下，经过长期自繁、自养、自然选育的具有独特外貌特征和生物学特性的地方优良品种。以城口山地鸡为例，截至 2019 年，城口山地鸡在城口县饲养已有 500 余年历史，经过 10 多年的规模发展，已培育成城口县扶贫举旗产业，现已形成较为健全的良繁体系和产业链。2006 年，城口山地鸡被重庆市畜禽品种审定委员会正式命名；2009 年 9 月，获得国家农业部地理标志登记认证；2009 年 10 月 15 日，农业部发布第 1278 号公告，城口山地鸡正式为国家级畜禽遗传资源。城口山地鸡全域发展已涵盖城口山地鸡农产品地理标志保护范围内的 24 个乡镇。

城口地理标志农特产品种养殖范围和规模不断扩大、产量不断增加，产品种类更加丰富，多种加工产品不断上市。加工销售企业的增多和销售方式的多样化，大大刺激着城口地理标志农产品产业的发展，有机产品、绿色食品认证均推动该产业逐步走入高端市场，推动产业发展，促进农户增收。近年来，随着脱贫攻坚工作的开展，城口县更加注重发挥品牌效应，多采取“产业扶贫基地+贫困户”“新型农业经营主体+贫困户”“村集体经济组织+贫困户”三种类型的模式带动贫困地区及贫困人口，增加贫困户收入，为城口县脱贫攻坚助力。

二、品牌效应助推脱贫攻坚基本经验

1. 强化扶贫政策支持，完善奖励机制

一是对龙头企业等市场主体建设标准化农产品生产基地，如标准化规模养殖场、水产健康养殖示范场、绿色茶叶标准园等“三园两场”建设项目予以支持；二是对符合条件的农产品开展品牌认证，继续对认证的农产品给予奖励，鼓励企业认证的积极性，优先扶持发展前景好、带动贫困群众增收成效明显的市场主体；三是支持龙头企业等市场主体的鲜活农产品冷藏保鲜、冷链运输等设施建设，推进鲜活农产品直供社区和农超对接、农校对接，在社区开设农产品连锁店、直营（直供）店、配送中心等；四是支持市场主体发展电子商务，促进农产品网上交易，不断扩大农产品网络直销链接，鼓励其搭建或入驻第三方平台销售城口本土农特产品。

2. 强化质量监管，确保农产品安全

对重点区域、重点产品、突出问题开展农产品质量专项整治的监督检查，建立生产经营主体监管名录和诚信档案，实施风险分级管理；将认证农产品生产经营主体全面纳入农产品质量安全监管追溯信息平台管理；抓紧农产品产地准出和市场准入制度建设，开展食用农产品合格证明应用。

3. 强化品牌宣传，树立品牌形象

挖掘农产品品牌内在特征、文化、内涵，根据农产品品牌的历史、地理、传统、风俗等特色寻找传统文化和现代文化的结合点，讲好品牌故事，实现农产品与消费者间的情感沟通。组织参加各类农展会展示城口特色农产品形象，提高品牌对外知名度，形成政府重视、企业主动、消费者认知的良好氛围，以此拓展“大巴山硒谷”区域公用品牌的影响力。

4. 强化技术培训，搭建智力扶持

开展基层农产品质量安全生产经营者农产品质量安全法制意识、检测、标准、风险评估，产品溯源、农村电子商务、益农信息员培训，扩展知识传播面。

5. 强化协会带动，搭建产品市场

为解决农产品市场销售这个瓶颈问题，依托城口县成立的5大产业协会，协会会员单位及个人达100多家，建立一个全方位上下贯通的服务体系，引领并拉动产品进入市场。同时，对授权的品牌标志以协会监管为主体建立品牌准入退出机制，维护行业成果，整合分散资源，制定品牌农产品推介方式，整体包装共同推进产业发展确保各产业协会与农产品生产者的利益连接机制，发挥桥梁作用，通过优质农产品带动脱贫的引领机制促进农民致富增收。

6. 强化龙头带动，确保市场稳定

鼓励企业积极申报“三品一标”、重庆名牌农产品、名特优新农产品、富硒农产品等品牌认证，研究并制订中长期品牌发展规划，合理实施品牌扩张和延伸，利用品牌优势，通过收购、兼并、联合等方式，扩大品牌经营规模和品牌产业链。共同推进市场主体带动贫困户发展品牌农业的收益共享型、产品合作型、委托帮扶型、营销带动型模式，拓宽贫困户增收渠道，使有发展能力的贫困户实现持续增收。

三、品牌效应助推脱贫攻坚的启示

1. 坚持品牌意识、规划与宣传并重

发展产业是实现脱贫的根本之策，而品牌打造则是产业发展的核心。地方政府应树立正确的农产品品牌意识，并将其作为年度重点工作来抓，设立专门机构负责此项工作。政府有关部门要制订地方品牌创建的指导意见或实施方案，各级政府应结合当地资源优势和自然条件，引导和鼓励市场主体开展农产品品牌打造工作。同时，有针对性地对企业开展品牌建设指导和技能培训，提升市场主体的品牌意识和能力。各级政府要加大对农产品品牌的宣传力度，借助公共场所、各种媒体渠道进行广告宣传，提高农产品在公众中的形象，提高农产品的企业影响力。

2. 适时推进农产品品牌转型升级

贫困地区的农业产业发展粗放简单，通常处于产业链低端，即使是创建

品牌也主要以初级农产品为主，导致特色农业附加值不高，对地区的农业经济带动作用不足。聚企业之力大力发展有机农产品、绿色食品、无公害农产品，提升农产品品质，延长农产品链条。地方政府应制定一系列有助于企业发展的优惠政策，帮助其由初级农产品向深、精深加工及高科技领域发展，促进农业产业转型升级，强化品牌延伸，进而提升农产品品牌价值，增加企业和农民收入。

3. 充分发挥品牌规模效应

城口县受地理条件限制，农业发展呈小、杂、乱等现象，要切实提高农业产业发展的规模化、组织化和标准化，就需要政府统一规划，确定主导农业产业发展种类，由各地政府根据自身地理条件和资源优势，协调发展适合本地生产经营且特色鲜明的农产品，在本区域乃至全域内形成规模生产。鼓励企业积极打造优质特色农产品的供应基地。只要将打造好的优质供应基地的品牌打出去，必定会引起人们的注意，企业的经济效益和社会效益也就能逐步提上去。

4. 突出品牌营销助推扶贫功效

可以利用本行业的大型展会如西部农交会、中国国际茶博会等来宣传产品，请一些知名度高的企业为本产品进行宣传，还可以利用目前很火的“互联网+”平台进行销售产品，打造自己产品的特色和口碑，吸引更多的人来购买产品。建立农产品销售网站，如农村淘宝、重庆市打造的“巴味渝珍”等，将各地区的特色农产品进行展示，宣传绿色食品品牌，拓展线上线下销售渠道，助推产业扶贫。

5. 建立农产品品牌打造与贫困农户脱贫致富的利益联结机制

农产品品牌打造不仅会给农业产业带来经济效益，还有示范、引领、带动农民发展的社会扶贫效益。政府要为企业打造农产品品牌创造合规合法的发展空间，帮助企业解决土地租金、融资、劳力等难题，加大招商引资的力度，尽可能为品牌企业到贫困地区发展提供更多的扶贫优惠政策，给予贷款贴息、税收减免等相应的融资支持，并建立农产品品牌企业和农户间紧密的产业扶贫利益联结机制，确保农业产业项目落地生根，并能顺利实施。同时，可以将农产品品牌打造与休闲农业和乡村旅游相结合，充分发挥地理标志等农产品品牌的价值，扩大品牌效应的同时，带动当地产业发展和农户脱贫致富。

总之，产业扶贫要发挥产业对贫困户脱贫增收的带动作用，确保贫困户有长期稳定的收益，避免扶农不扶贫、产业不带贫。要重视农业产业发展，农业产业发展最重要的是食品质量与安全。质量是前提，标准是保障，品牌是价值，只有逐步发挥绿色食品、有机农产品、农产品地理标志品牌效应和规模效应，将品牌打造作为产业发展的核心，提高产品市场竞争力，形成以资源为基础、以品牌为纽带、以市场主体为载体、以产业化为支撑的产业扶贫新格局，才能让农业企业真正受益，进而带动贫困农民脱贫致富。

品牌引领助推脱贫攻坚

周红兵[1]　田宗轩[1]　黄　鹤[1]　刘世仙[1]　张海彬[2]

（1. 重庆市巫溪县农业农村委员会；2. 重庆市农产品质量安全中心）

巫溪县位于渝陕鄂交界处，幅员面积 4 030 平方公里，地处亚热带暖湿季风气候区，四季分明，年均气温 18 ℃、日照 1 589 小时、降水量 1 030～1 950毫米。境内山地立体气候明显，动植物种质资源丰富，全县森林面积 323 万亩，森林覆盖率 61.9%，有野生植物 1 800 多种、野生动物 350 种，被誉为“渝东生态明珠”、重庆市最大的“天然氧吧”，是绿色生态农产品的理想家园。

巫溪县农业结构以养殖、种植为主。其中粮食作物以马铃薯、玉米、甘薯为主；经济作物以烟叶、魔芋、中药材、茶叶等为主。马铃薯、大宁土鸡、山羊、烟叶、中药材为巫溪县农业主导产业。

一、巫溪品牌培育的基本现状

近几年，巫溪县坚持“打生态牌、走特色路、念致富经”，充分发挥生态自然优势，围绕特色农业产业，大力发展“三品一标一名牌”农产品。2017 年，全县累计认证有机农产品、绿色食品、无公害农产品、农产品地理标志和商标有效期内 167 个，其中，“三品一标一名牌”162 个、名特新优农产品 4 个、非物质文化遗产目录认定 1 个。2018 年，认证有效期内农业品牌数是 185 个，其中无公害农产品 129 个、绿色食品 19 个、有机农产品 13 个、农产品地理标志 2 个、地理标志商标 6 个、重庆名牌农产品 10 个、名特新优目录农产品 4 个。“巫溪洋芋”“巫溪洋鱼”“大宁党参”“大宁河鸡”等品牌在全市及全国范围具有一定知名度。农产品质量标志申报产量走在全市前列。

2018年，巫溪县构建以农产品区域公用品牌为龙头、企业品牌为基础的农产品品牌体系，积极推进“巫溪洋芋”“巫溪洋鱼”等地域特色品牌建设。已建成重庆市和西南地区最大的脱毒马铃薯种薯标准化生产基地；重庆市最大的冷水鱼标准化生态流水养殖场。

“三品一标”农产品种植面积占全县种植业面积68%以上。截至2017年底，巫溪县“三品一标”农产品有效产量96万余吨，居全市第一。“三品一标”品牌，已成为促进巫溪县农业产业发展的动力。

二、品牌扶贫的主要成效

近来年，巫溪县以打造农业品牌为目标，不断加大对典型品牌的推选、培育、推介和管理，打造了一批如巫溪洋芋、巫溪脆李等行业内知名度高、社会影响力大的精品农业品牌，树立了一批如巫溪县薯光农业科技开发有限公司、巫溪县酒全种植专业合作社等农产品生产企业为模范，在全县树立了典型样板作用，充分发挥企业示范带动作用，促进全县农业品牌建设工作又快又好发展。

1. 成功培育“巫溪洋芋”农产品地理标志品牌

巫溪县特殊的山地立体旱作环境，十分有利于马铃薯的生长。从20世纪70年代开始，巫溪县就对马铃薯种薯进行改良，通过简单的梯级换种，解决种性退化问题。

近几年来，巫溪县大力发展马铃薯产业，集中精干力量，多渠道筹措资金，全力以赴实施脱毒马铃薯良种工程，重点打造长江中上游地区最大的脱毒马铃薯种源基地，已初见成效。2018年，巫溪县马铃薯播种面积40多万亩、鲜薯产量近40万吨，均居粮食作物第一位，占全县粮食结构比重近40%。

自脱贫攻坚以来，巫溪县将马铃薯产业作为脱贫增收的支柱产业，大力推广“公司＋专业合作社＋农户”种植模式，以巫溪县薯光农业科技开发有限公司为代表的马铃薯企业通过抓繁育、建基地、推技术、拓市场等措施，实现了马铃薯产业增产增收增效，70%以上的贫困户通过种植马铃薯户均年增收 3 500 元。

巫溪县红池坝镇九坪村是巫溪县脱毒马铃薯标准化生产基地，九坪村山高坡陡，地理条件恶劣，青壮年大多外出打工，留守老人只会种植洋芋、红薯、玉米“三大坨”，如何实现产业振兴？2017 年 9 月，当驻村第一书记董鹏经调查走访后，他和村里商量，要将马铃薯确立为该村产业振兴的主角：“村民家家都种马铃薯，但疫病常发、产出效益低、商品化率低，为什么？只要我们选对了品种、更新了技术、找到了销路，小土豆也能变成大金豆！”2018 年，董鹏引领 200 多户村民发展了 500 亩马铃薯，紧盯着大家进行了一场标准化的技术革新。他要求种植过程使用主推脱毒种薯、减化肥、减农药的“一推二减”生产技术，通过“统一种薯、统一专用配方肥、统一药剂防控、统一技术指导”，实现生产标准化。其中，大力推广马铃薯专用配方肥、追施“闷头肥”，运用绿色防控与统防统治融合、植物免疫诱导等防治病虫害技术。一切高标准的生产要求，都是为了产出高品质的农产品。提升农业标准化生产水平，是产业振兴的关键。2018 年，九坪村的马铃薯平均亩产量由往年的 1 000 千克提高至近 1 500 千克。村民生产的马铃薯也由自给自足走向了市场，亩产值达到了 2 000 多元。按照 2019 年的行情，全村 500 亩马铃薯，产值将达 100 万元。

2. 带动贫困户致富增收效果显著

巫溪县城厢镇酒泉村发展酒洲牌绿色食品青脆李，成为全县亮眼产业，并助推贫困户脱贫。该村距县城 8 公里，全村辖 4 个村民小组、395 户、1 392人；幅员面积 6.4 平方公里；耕地面积 2 610 亩，退耕地面积 1 922 亩，山林面积 6 675 亩，森林覆盖率 69%。全村以李子为骨干产业。酒泉村于 2003 年实施退耕还林，2007 年从花台乡洞子沟引进李树苗栽植，之后全村陆续发展；2010—2015 年发展李树面积3 000 余亩，投产面积 1 000 余亩；2016 年申报绿色食品标志；2018—2019 年酒泉村集体栽植李树 500 余亩。

2018年，全村李子产量800吨，产值660万元，户均收入1.67万元。酒泉村成功走出了一条产业发展的新路子，成功实现了从“绿水青山”到“金山银山”的转换，在全镇率先解决了“产业空心化”问题，以“产业促脱贫”效果明显。全村建卡贫困户94户336人，通过李子产业实现脱贫83户301人，其中有30余户购买了小轿车或商品房，已实现稳定脱贫。贫困户周祖检未发展李子产业时，经济条件差，出行是泥泞路，住房是危险性大的土墙屋，孩子读书困难。自从发展李子产业后，现每年就青脆李销售超10万元，加上装修大工一年务工收入4万元左右，门前道路已硬化，房屋改造成三层砖混结构。

3. 建立绿色产业扶贫利益机制

创新机制，鼓励种养大户、农民合作社、龙头企业等新型经营主体与贫困户建立稳定的带动关系，向贫困户提供全产业链服务，切实提高产业增值能力和吸纳贫困劳动力就业能力。要通过股份制、股份合作制、土地托管、订单帮扶等多种形式，建立贫困户与产业发展主体间利益联结机制。巫溪县薯光农业科技开发有限公司、巫溪县聚源农业开发有限公司、巫溪县云祥食用菌股份专业合作社等以吸收农户务工，增加工资性收入，每个工人年工资性收入20 000元以上，显现了产业带动贫困户脱贫增收的作用。

政策、银行与金融扶贫项目支持贫困群众，支持带动贫困户脱贫致富的新型农业经营主体，按吸纳贫困户数给予一定的优惠贴息政策。专项扶贫、行业扶贫、社会扶贫等多方力量、多种举措有机结合和互为支撑的“三位一体”大扶贫格局，真正建立起贫困户分享产业发展红利的有效机制。

“品牌扶贫”，协同作战，资源优化，合力共赢的整合扶贫效果。过去的实物扶贫乃至项目扶贫，只能“授人以鱼”，并不能“授人以渔”；知识扶贫、科技扶贫，大多只能在单项技术培训方面作出努力；品牌扶贫的实践证明，打造区域公用品牌，实施以“品牌+绿色食品品牌”为核心的生态化、电商化、标准化、组织化，能有效整合利用扶贫资金、电商平台、技术参

与、产业基础、文化资源、旅游资源等，形成良性互动互补机制。

三、存在的问题、不足和建议

品牌是一个符号，是质量安全与信誉的保证，是农业产业文化发育的形象代表。但一个品牌的形成是一个长期动态的过程，并非一朝一夕，必须理性思考。绿水青山、绿色生态是巫溪县的优势，贫穷欠发达是短板，我们深知只有通过品牌培育，合理配置资源，才能变劣势为优势，提高产品附加值，从而增强核心竞争力，有效发挥农业品牌的战略意义。在农业品牌培育工作中，发现以下一些问题。

1. 品牌意识淡薄

巫溪县农产品生产企业受传统农业生产经营方式的束缚，他们往往认为收获便是生产的结束，缺乏以现代营销思想为指导的品牌观念，不把品牌看作资产，不懂得品牌是企业和产品销往市场的有效通行证，认识不到品牌在提高农产品市场竞争力和增产增收方面所发挥的重要作用；部分消费者对农业品牌认识度不高，往往只重视产品价格、不重视产品的质量与安全，“三品一标”农产品相对普通农产品没有体现出相应的附加值，品牌效益和经济效益不明显。

2. 农业品牌规模小且分散，无法形成合力

巫溪县大部分的初级农产品仍存在“各自为政”的现象，难以像“巫溪洋芋”等形成组团出击、集中打响品牌的合力，缺乏以产业集群为基础的市场竞争力，像巫溪县高山腊肉、草莓、包菜等，它们往往都是以一个生产企业基地为单位生产和品牌培育，这就无法形成规模，更无法支持品牌的发展。

3. 产业支撑力弱

目前的农业技术支撑体系与品牌建设不相适应，需要进一步改革生产体系和经营体系，构建与农产品品牌培育相适应生产体系、产业体系和经营体系，支持种植、畜禽、水产主管部门和重点企业建设技术创新平台，瞄准消

巫溪县城厢镇酒全村扶贫产业青脆李基地

费需求，加速创新成果转化，农产品品牌科技含量显著提升，为产业兴旺插上腾飞的翅膀。

4. 保障制度创新，促产业可持续

政府建立对农业生产经营主体收税制度与财政扶持、重大灾害救济制度、农业劳动力（务工和耕地转让）低收入群体补偿制度和技术支持补贴制度，以增强现代农业抵御重大灾害和自然风险的能力，保障农业劳动力持续增收，避免品牌建设带来的区域相对贫困；政府应建立特色农业保险和生产工人养老保险制度，按照政府引导、政策支持、市场运作、农民自愿的原则，建立完善农业保险体系。

5. 改革培训制度，提升产业质量

国家应建立培训属地管理责任制度，科技、文化培训作为提高农民科技文化水平、农业产业科学发展、农村文明的一项基本政策。现行的农业农村培训远远不适应农业产业体系、生产体系和经营体系的需要，更不适应品牌农业的需要。应彻底改革现行的培训体制，党委、政府要充分搭建农业农村科技教育培训综合平台（农技、畜牧、水产、农机、水利、林业推广机构和广播电视学校），整合培训资源，一是建立行政属地和产业体系培训制度，二是要实施农业生产经营主体培训制度。具体地讲，就是要建立政府培训和

生产主体培训相结合的制度，市培训县级农业工作干部；县培训乡村农业（畜牧、水产）专技、乡村振兴干部以及农业经营主体管理人员；乡镇组织培训村、社农民，生产单位负责培训企业生产人员。

农产品品牌培育是一个动态系统工程，生产单位是品牌主体。具备生态优势、丰富的原生态产品和众多的经营主体是品牌建设的内部动因。政策支持、政府推动、发展机制创新、重监管、培训制度改革、强技术支撑与提升质量是品牌形成的基本动力。只有坚持不懈地进行动力培育，县域农产品品牌才可持续健康发展，品牌的社会效益才会凸显。

大力推进有机农业发展　精准发力助推脱贫增收

张登忠[1]　张海彬[2]

（1. 重庆市石柱县农产品质量安全中心；2. 重庆市农产品质量安全中心）

石柱建县于唐武德二年（公元 619 年），幅员面积 3 014 平方公里，总人口 55 万，以土家族为主的少数民族人口占 79.3%。石柱县地处北纬 30°，位于重庆东部，紧邻湖北省，境内基本形成“四高一铁一港”综合交通体系，是成渝地区通往中东部地区的重要交通门户；是全市唯一集民族自治县、三峡库区移民县、革命老区县和国家扶贫开发工作重点县于一体的特殊县份；是“中国黄连之乡”“中国辣椒之乡”，以及中国最大莼菜基地；全县森林覆盖率 57.4%，是全国绿化模范县、绿色小康县，大风堡原始森林、千野草场分别被评为重庆“最美森林”“最美草地”；是经典民歌《太阳出来喜洋洋》和首批国家非物质文化遗产——土家“啰儿调”的发源地，是唯一登录中国正史的明末巾帼英雄秦良玉的故乡。

石柱县高度重视农业品牌建设，在推进绿色有机农业发展中，立足“转型康养、绿色崛起”发展主题，紧紧围绕脱贫攻坚和实施乡村振兴战略，坚定不移走“生态优先、绿色发展”之路。近年来，以绿色化、优质化、特色化、品牌化为引领，按照“生态优先、绿色发展、内强品质、外塑品牌”的要求，以创建全国有机农业示范基地县为抓手，探索创新农业品牌发展新路子，融合产业扶贫精准发力助推脱贫攻坚，在培育壮大农业品牌经济，促进农民脱贫增收上取得较好成效。

一、成效及主要做法

1. 建产业基地，全面夯实品牌创建与产业扶贫基础

以深度调整农业产业结构为抓手，围绕“3+3”特色产业体系，按照环境生态化、建设规模化、生产标准化、产品优质化的要求，着力推进干鲜果、药

食两用药材、调味品、水稻、蔬菜、畜禽、中蜂、水产品等长效增收产业发展。全县新发展李子、柠檬、核桃、木本中药材、茶叶、水产等10余个优良品种，建立种植养殖基地18.4万亩。为“三品一标”发展和产业扶贫打下坚实基础。

2. 推示范引领，着力提升绿色有机产业扶贫效果

以创建“全国有农业示范基地县”为抓手，按照“政府统筹、全域创建，标准引领、示范带动，整体推进、重点突破”总体要求，以贫困村为单元，以贫困户为重点，从产地环境、产品质量、产业效益上，着力推进绿色有机农业基地建设。2019年，全县建立了莼菜、水稻、辣椒、黄连、蔬菜、马铃薯、水果、天麻、黄连等有机农业示范基地37个，基地规模达到2.8万余亩，其中，莼菜、天麻、水稻等1.309 6万亩有机示范基地，于2018年被中国绿色食品中心批准为“全国有机农业示范基地”。有机农业示范基地建设与农民脱贫增收有效对接，提升了农产品知名、美誉度和市场竞争力，提高农产品价值和经济效益。以有机稻谷为例：石柱有机稻谷产地市价3.6元/千克，常规稻谷产地市价2.6元/千克，有机稻谷每千克增值1元。稻谷平均亩产按450千克计算，农户稻谷亩可增收450元。

黄水有机莼菜基地

3. 抓标准建设，全面推动绿色有机标准化生产

以全面推进国家农业综合标准化示范县创建成果应用为抓手，坚持引用、修订与制定相结合，围绕绿色有机农业标准化体系建设，制修订辣椒、莼菜、蔬菜、水稻、大米、马铃薯、水果、天麻等生产（加工）技术规程 30 余个、管理服务规范 70 余个，指导企业制修订加工产品标准、管理规范和企业标准 50 余个，初步形成了一套集产前、产中、产后于一体的绿色有机农业标准化体系，其中莼菜生产技术规程和天麻林下种植技术规程 2 个标准被重庆市农村工作委员会、重庆市质量技术监督局立项为重庆市地方标准。同时，大力推进绿色有机农业标准化生产，印制莼菜、水稻、黄连、辣椒等各类标准手册20 000 余册，明白纸 50 000 余份，全县有机农业示范基地标准化应用覆盖率 100%。

4. 强品牌创建，推进绿色有机扶贫链条化发展

结合产业扶贫发展，按照打造高品质、口碑好的农业“金字招牌”要求，重点打造绿色有机等农业品牌，推动品牌经济与脱贫增收融合发展。一是实施农业品牌培育行动。2018 年以来，转换认证有机农产品 6 个，认证绿色食品 26 个，无公害农产品 5 个，重庆名牌农产品 4 个，全县“三品一标”等品牌农产品累计达 226 个。辣椒、黄连等两个特色产业被认定为中国特色农产品优势区。成功培育打造了“源味石柱”农产品公用品牌为主的“石柱辣椒”“石柱黄连”“石柱莼菜”“石柱大米”“石柱蜂蜜”系列品牌，品牌知名度、美誉度和市场竞争力明显提升。二是实施农产品营销推介行动。以“源味石柱”农产品区域公用品牌为龙头，建立“源味石柱”农产品展示展销馆、“源味石柱”微商城和品牌农产品电商特色馆，重点开展石柱辣椒、石柱黄连、石柱莼菜、石柱大米、石柱蜂蜜、源味石柱·以锌养心等有机绿色农产品宣传推介活动。截至 2019 年，农村电商服务站点（益农信息社）、电商企业、农产品网店（微店），线上线下销售绿色有机等土特农产品 10 亿元以上。

5. 创长效机制，实现农业企业与农民增收双赢

为建立农业企业与贫困户更加紧密的利益联结机制，县上出台一系列政策，将农业品牌发展作为推动农增收的重要途径与抓手，进一步激发产业扶贫内生动力，提高了农业企业帮扶效果，实现了企业和农民双赢。一是调动了农业企业参与扶贫工作积极性，参与有机农业示范基地建设企业达到了 24 家，国家投入资金撬动了企业 2 000 余万元投入有机农业生产发展中，培育壮大

了重庆潘婆婆公司、重庆农一家公司、石柱顺德专业合作社等一批农业产业化龙头企业。二是促进了产业增效和农民增收，初步统计，2018 年全县有机天麻、有机水稻、有机莼菜等有机基地产品销售收入 3 亿元。有机基地涉及的 2 000 余户贫困，通过有机基地建设项目利益连接机制，以订单收购、价格提升、土地流转、就地务工等方式，实现增收 500 余万元，户均增收 2 500 余元。

二、几点体会与启示

石柱县在绿色有机农业发展和农业品牌创建工作中，有以下体会与启示。

1. 强化组织领导是前提

有机农业发展与农民脱贫增收一体化推进工作难度较大，需要各级高度重视和大力支持。石柱县成立创建全国有机农业示范基地县工作领导小组，由县政府主要领导任组长，分管领导任副组长，相关部门主要负责人为成员，各相关部门和乡镇（街道）成立相应组织机构，构建了县、乡镇（街道）、企业“三位一体”的创建工作组织领导管理体系。同时，将绿色有机农业发展、农业品牌建设工作纳入各级实绩考核内容，形成了“政府推动、

龙沙辣椒示范基地

企业主动、市场拉动、社会联动”，统筹协调推进绿色有机农业发展各项工作的良性互动格局。

2. 出台扶持政策是关键

为有机农业发展和“三品一标”等农业品牌培育，县上统筹整合项目资金 1 000 万元，用于有机农业发展标准化体系建设、有机农业基地建设、有机农产品品牌培育、有机农产品质量安全、有机农产品营销等奖励补助。同时，每年安排 150 万元资金，对“三品一标”农产品、重庆名牌农产品、地理标志农产品和地理商标农产品、国家 GAP 认证、国家名牌农产品、“三品一标”续展认证、品牌农产品展示展销、农产品网上销售、农产品质量安全追溯平台和二维码技术应用等予以奖励补助。

3. 探索创新发展机制是动力

结合推进农村“三变”改革试点，在总结试点经验基础上，探索建立健全有机农业发展与农业品牌建设相融合的扶贫长效机制，利用项目实施深入推进财政补助资金股权化改革，密切利益联结，推进小农户和现代农业发展有机衔接，持久释放改革红利。同时，利用农业产业化龙头企业优势，发展了一批有机农业与品牌建设农业服务中介机构，全方位地开展基地建设、产业发展、农业投入品采购、产品包装设计、产品营销等方面的专业服务，形成一体化推进发展的新格局。

4. 强化产业龙头培育是重点

龙头企业、农民专业合作社、家庭农场等是品牌创建载体和经营主体，也是推进有机农业发展和实施产业扶贫的主力军。按照“巩固提高一批、改造壮大一批、培植发展一批、招商引进一批”思路，充分发挥农业产业公龙头企业的引领作用，积极推进莼菜饮料、莼菜保健品、莼菜美容护肤品、天麻片、天麻粉、天麻酒、有机大米等产品开发，提升农产品附加值。充分利用淘宝、天猫、京东、重庆“巴味渝珍”电商平台、“源味石柱”微商城等电商平台，创新实施了“电商富农贷”“田间天猫”“远山结亲，智慧农场”，促进农产品线上与线下同步销售，提高品牌农产品知名度、美誉度和市场竞争力。初步形成了“龙头带基地、基地连市场、市场销产品”的农业产业化生产经营格局。

5. 健全完善科技机构是支撑

整合涉农科技资源，深化县校（院）合作，创新“科研院校＋科研试验基地＋基层农技推广机构＋新型农业经营主体”推广模式，着力开展有机农业品种研发、栽培养殖、配方施肥、疫病防控、重金属治理等关键技术研究、攻关和服务指导，同时积极开展有机农业生产和品牌建设培训指导，有效解决了有机种植疑难问题，进一步激发了推广服务活力，提高了有机农业科技成果的转化应用水平。

6. 加强质量安全监管是保障

一是健全三级监管机构。按照乡乡有监管站和检测室，村村有协管员，构建权责清晰、功能齐备、运转良好的县、乡（镇、街道）、村（社区）三级农产品监管体系的目标要求，进一步强化了全县33个乡（镇、街道）农产品质量安全监管机构职能职责，配备配齐了村（社区）农产品质量安全协管员242名，县、乡（镇、街道）、村（社区）三级一体化监管体系初步形成，监管检测延伸到了田边地角，全县农产品监管监测基本实现制度化、常态化、网格化。二是加大产地源头管控。以打造“康养石柱”和创建“全国有机农业示范基地县”为抓手，强化农业投入品监管，大力实施有机农业等种植养殖技术，全面推进有机农药、有机肥料使用，重点推广使用腐熟农家肥和商品有机肥料，全面推行测土配方施肥、土壤有机改良，病虫害物理防治和生物防治计划，从生产环节上保障了农产品质量安全。三是健全安全追溯机制。对乡（镇、街道）农产品质量安全检测室统一配备检测设备，建立了农产品农药残留速测定期抽检制度，对乡（镇、街道）监测工作每月定期通报。按照生产有记录、信息可查询、流向可追踪的要求，积极推进农产品质量安全追溯系统和二维码技术应用，初步形成产、销、管的有机统一，基本实现农产品全程可追溯。建立了有机农产品产地准出制度，以鲜食水果、辣椒、蔬菜等生产基地为重点，开展质量安全风险动态监管测。建立“源味石柱”区域公用品牌为主的品牌管理办法，完善农业品牌和农业企业征信机制，进一步规范品牌标志标识使用秩序。同时加大了品牌标识标志使用的监管和查处力度，着力维护品牌信誉和公信力。

强化制度建设　确保监管实效 促进绿色食品产业健康发展

李春明

（四川省剑阁县农业农村局）

剑阁县地处四川盆地北部边缘，广元市西南部，守剑门天险，有“蜀道明珠”之美誉。剑阁幅员面积 3 202.8 平方公里，辖 57 个乡（镇）579 个行政村（居委会）；耕地面积 137.6 万亩，总人口 65.35 万。优美的自然风光和良好的生态环境孕育了剑门豆腐、剑门火腿、剑门关土鸡、剑门茶叶、剑门辣椒等诸多名优土特产品。

近年来，剑阁县依托得天独厚的地理气候环境、深厚的“三国”文化底蕴、丰富的剑门蜀道交通旅游资源，紧紧围绕“做优农业、做深旅游、做大城镇、做实民生”这个核心发展理念，尤其在大力发展优质特色农业上狠下功夫，持续推进绿色品牌强农之路；通过农业品牌化和利益联结机制，带动了全县 163 个贫困村、32 942 户 97 303 人脱贫奔康。为全县打赢脱贫攻坚之战、助力乡村振兴奠定了坚实的基础。

剑阁县坚持以“特色、创新、质量”为主题，强化工作制度与机制创新，着重全程质量监管，将品牌农业建设和绿色食品认证监管工作列入“十一五”以来的历次剑阁县经济和社会发展规划，并出台相关扶持政策。截至 2018 年底，全县有效期内绿色食品证书达 15 个，涵盖粮油、特色经济作物、畜产品等主要农产品；2019 年，全县拟申报绿色食品企业 4 家、产品 8 个。绿色食品原料基地面积达到 68 万亩（其中，水稻原料基地 32 万亩、油菜原料基地 26 万亩、辣椒原料基地 10 万亩），占全县农业总面积 117.5 万亩的 57.9%，在四川省名列前茅。现将我们的一些有益尝试与全国同仁互鉴共勉。

一、主要工作成效

（一）围绕剑阁特色，稳步扩大总量规模，推进品牌建设

剑阁县特色农产品资源丰富，发展绿色食品有着较大的区位优势和资源优势。剑阁县成立了农业品牌建设小组，以县委副书记、分管副县长为双组长，县农业、市场监管、林业等部门负责人为副组长，各相关职能部门负责人为成员。通过政府的强力推动，形成了“政府引导、企业主体、市场认可、政策激励”的农业品牌培育机制，集中培育、保护、扶持和发展了一批具有地方特色的名牌产品，促进了剑阁县传统农业转型升级，提升了剑阁县农产品形象和市场凝聚力。近年来，我们坚持高标准，严要求，走精品化路线，以优质粮油、特色经济作物、剑门关土鸡、剑门关豆腐等主要特色农产品开发为切入点，始终把产品品质放在创农产品品牌认证的第一位，严格准入，严格把关，稳步扩大了认证总量规模。

1. 加大主体培育，夯实认证基础

县政府出台了《关于进一步加大新型农业经营主体培育力度的通知》，依托全县主导特色农业产业，探索创新“户改场、场入社、社联企、企接市”发展机制，构建起支撑现代农业发展、系统完善、充满活力的新型农业经营体系，形成家庭农（林）场与农民专业合作社、产业发展领军人、农业服务超市联合的“1＋3”特色新型农业经营模式。2019 年，全县注册农民专业合作社 786 家、家庭农场 643 家，培育国家级示范社 1 个、省级示范社 15 个、省级示范家庭农场 8 个、市级示范社 32 个、市级示范农场 10 个。

剑阁县将监管理念植入认证环节，制定了“三品一标”认证管理规范，自上而下、层层落实认证审核责任制，严格材料审核和现场检查。要求认证主体年前自主提交认证申请。剑阁县绿色食品办公室到现场初核，看是否落实“制度上墙，规程下地下车间”；是否将标准、规范落实到生产一线；是否真正做到“产品有标准、环境有监测、生产有记录、管理有制度、内部有监管”。对条件不具备、制度不完善、质量不稳定、管理有隐患的实行一票否决。初核合格后再进行绿色食品认证工作。

剑阁县绿色食品原料（水稻）标准化生产基地

2. 联合项目推动，促进工作开展

剑阁县政府制定、出台了加快农产品“三品一标”发展的意见，将“三品一标”列入农业农村工作的重要内容，作为申报农业产业化龙头企业及项目立项、建设、验收的基本条件和重要指标；并将绿色食品认证和扶贫开发有机结合，开展了“绿色扶贫”，纳入乡镇政府目标考核。自 2016 年起，县政府对新申报成功的无公害农产品、绿色食品、有机农产品、农产品地理标志产品分别给予 1 万元、3 万元、5 万元、7 万元的认证费用奖补，极大地推进了项目带动产业发展，项目推动品牌创建工作。

3. 借助展会平台，推介特色品牌

连续多年参加全国农业博览会、中国西部国际博览会、中国绿色食品博览会，为推介、展示、展销品牌农产品搭建平台，积极推介剑阁县获证企业，使其与国内外同行开展交流、合作，让剑阁县优质特色农产品走向全国。通过展销，提高了绿色品牌的忠诚度、回头率、美誉度，产品贸易取得丰硕成果，剑阁东宝大米、剑门关土鸡、剑门关豆瓣酱等产品深受国内外消费者喜爱。同时，以新春、五一、国庆等重要节假日和剑门关旅游节、豆腐节、文化等为主题日开展的剑阁名特优农产品重大联展活动以及“互联网＋”等电商销售平台为载体，积极推介绿色食品。2018 年，参展剑阁名特优农

产品大联展的种植业农产品中，50%以上展销产品持有绿色食品证书。另外，通过打造公共区域品牌强化绿色食品的影响。以“区域公用品牌+企业产品品牌”的母子品牌模式为载体，大力推进绿色食品品牌建设。县政府注册的区域公用品牌，优先给予获得绿色食品认证的诚信主体使用，实现区域公用品牌和绿色食品产品品牌知名度和美誉度的双提升。

（二）围绕制度建设，规范生产经营，提升质量管理能力

为规范认证企业生产经营行为，提升认证监管工作的规范性和有效性，按照“预防为主、源头控制、全程监控、综合治理”的工作原则，不断创新工作机制，强化制度建设，着力推动了“三品”质量安全工作制度化、规范化、长效化，有力提升了企业质量管理水平，保障了认证产品品牌的质量基石。

剑阁县公兴镇绿色食品原料（辣椒）标准化生产基地辣椒喜获丰收

1. 加强监管法律法规宣传

结合农产品质量安全监管工作，利用新闻媒介、广播、会议等形式加强绿色食品相关法律法规的宣传培训，提升《农产品质量安全法》《食品安全

法》《商标法》《农业法》及绿色食品相关规章制度的群众知晓度、参与度。

2. 严格基地定位制度

大力推行基地定位，明确基地的详细位置、边界和区域范围，摸清底数，从源头上保证安全。明晰了68万亩原料基地覆盖范围。

3. 完善信息上报机制

2019年引入了对蔬菜、果品等重点企业的信息报送制度。要求企业及时、定时上报投入品使用、生产经营、质量安全等信息数据，对企业生产经营做到及时掌握。

4. 建立信用考核制度

对企业实行动态化考核、常态化管理，将例行抽检、用标、缴费、质量投诉等情况与年检工作有机结合，对重大问题实施一票否决。

5. 推进质量可追溯制度

2015年，全省农产品质量安全监管工作会议在剑阁县召开，为支持剑阁县工作，省上拨发资金帮助剑阁县建立“三品”追溯平台。在此基础上，我们加强“三品”质量可追溯制度建设，确保重要认证农产品入驻省级追溯平台，做到产品生产记录可访问、产品流向可追踪、生产信息可查询的全程质量控制制度体系，并率先开展产品合格证试点。2019年，已有60家重点农业主体、145个产品入驻省级追溯平台，其中绿色食品企业、产品实现100%入驻。

（三）围绕机制创新，推进监管工作，保障质量安全水平

按照“属地管理、分级负责”的原则，不断创新工作方式，多措并举，多管齐下，充分调动基层工作力量，顺利有序推进监管工作，保障了绿色产品质量安全水平。

1. 借助主题活动，提升监管质量

近年来，结合农业部门开展的食用农产品质量安全科普宣传直通车进社区、进校园、进企业、进基地的“四进”活动，向消费者积极推广绿色食品相关知识，引导消费；把监管工作作为其中的一项重要内容和抓手，通过主题活动推动监管工作开展，做到“年年有主题、年年有活动、年年有实效”。

2. 开展专项检查，促进监管实效

由县农业局牵头，与剑阁县食品药品和工商质监局成立 4 个检查组，分期、分批深入乡镇，对重点企业、产品进行了专项检查。在检查中，针对企业不规范用标行为或其他制度、措施不到位等情况，现场下达整改通知书，督促企业整改。针对企业违规用标等问题，在元旦、春节、“3·15”、端午节、国庆节、剑门关旅游节等重要节点期间对全县各大商场、超市、农产品批发市场和部分企业的标志使用情况开展规模性排查，产品抽检基本全覆盖，有效规范了产品用标行为。通过专项检查和市场监察促进了日常监管能力和监管效果的提升。

3. 加强年检抽检，形成监管合力

按照中心、省、市文件的精神，认真部署、开展绿色年检工作，做到了“年初有安排、年中有督查、年末有效果，统筹兼顾、共同促进”。切实加强对辖区持证绿色食品监督抽检和专项抽检。同时，也将绿色食品获证产品作为监督抽查的重要内容纳入年度监测计划予以持续跟踪，及时发现隐患、解决隐患和防范新隐患的产生。严格执行《绿色食品企业年检工作规范》，以企业投入品使用、生产记录、包装标识等为重点，积极开展绿色食品企业年检工作，督促持证主体自觉规范生产管理，压实主体责任，全力维护绿色食品品牌公信力。

剑阁县绿色食品原料（油菜）标准化生产基地

(四) 围绕脱贫攻坚, 助推产业发展, 富民增收奠定坚实基础

1. 突出重点，优选扶持主导产业

全县突出水果、粮油、菌蔬、畜禽、林业5大主导产业；在产品品种上突出红心猕猴桃、东宝贡米、剑门关辣椒、剑门关豆腐、剑门关土鸡、食用菌、生猪、核桃等10个优质产品；在区域布局上突出“南粮、北畜、中部果蔬”三大核心产业带，推进“三品一标”产业布局区域化、经营规模化、发展产业化。突破长期制约剑阁县农业大而不强、农产品多而不优、农业品牌杂而不亮等瓶颈，为全县发展品牌农业创造良好条件。

2. 点面结合，推动品牌农业规模经营

全县紧紧围绕大、小产业园同步推进，积极推行适度规模经营。以产业带划分为基础，积极引进“懂技术、会经营”的各类生产经营主体，划亮一个点，带动一大片，全力实施特色品牌农业发展。全县高效种植57万余亩，占农作物播面41%；规模养殖占比达78%以上。50%以上的特色规模种养殖均由新型农业组织承担，既带动了大批农民脱贫增收，也壮大了村集体经济。

3. 品牌富农，打造知名农业品牌助力脱贫攻坚

全县突出打造“三品一标”品牌农产品，大力扶持剑阁县东山生态农业有限公司、广元鑫茂农业科技开发有限公司、蜀道元牛有限公司等一批省市级农业产业化龙头企业，积极拓展电商平台、品牌直销店等多种营销方式，创知名品牌，助力脱贫奔康，大幅提升了“剑阁产”“剑阁造”等品牌农产品的知名度、竞争力。全力打造县域农业公共品牌，汇聚品牌合力，为剑阁农业腾飞插上品牌这个坚实的翅膀。

二、下一步工作展望

在扎实推进各项工作的同时，我们深感剑阁县绿色产品总量规模偏小、比重占有较小，市场竞争力及抵御风险力不强；县内的绿色食品市场流通体

系和优质优价竞争机制发育滞后，绿色食品的品牌价值作用发挥不明显，部分企业效益水平不高。要实现农业转型跨越发展，缩小与先进县区的差距，我们尚需努力，奋起直追。

品牌的影响力需要积累，创品牌的过程任重道远，我们要踏踏实实、扎扎实实、一丝不苟地抓好各个环节，最后让市场说话、让群众说话。作为基层农业人，我们更要坚定信心，凝心聚力、孜孜以求、久久为功，以促进农业提质、农民增收、企业增效为主线，进一步推动剑阁县名牌特色产品的培育发展，不断扩大认证总量规模、丰富认证产品结构，抓制度建设不松懈，抓质量数量并重不放松，努力促进绿色产品的标准化、规范化生产，提高绿色食品品牌的知名度和美誉度，不断推进绿色食品品牌建设，为剑阁县产业扶贫作出新贡献！

发力绿色农产品建设　助推脱贫攻坚

何雪梅
（四川省青川县农业农村局）

青川县地处四川盆地北部边缘，川陕甘三省结合部，幅员面积 3 216 平方公里，辖 36 个乡镇 268 个村，总人口 25 万。青川是国家重点生态功能区，是国家大熊猫公园的重要组成部分，森林覆盖率达 72.99%，年空气质量优良天数 360 天以上。青川是“5·12”汶川特大地震极重灾县，是秦巴山区连片扶贫开发重点县，是典型的山区县，曾集“老、少、边、穷”于一体，贫困量大、面广、程度深。2014 年，精准识别贫困村 79 个、贫困户 10 180户 31 295 人，贫困发生率 16.59%。

近年来，青川坚持“以人为本、生态立县、绿色崛起、富民强县”发展思路，聚焦生态旅游目的地、生态经济先行区、生态文明示范县和中国生态康养旅游名县建设，紧紧围绕乡村振兴战略，坚持绿水青山就是金山银山的理念，加快转变发展方式，充分发挥生态优势，大力推动名优茶叶、绿色山珍、木本油料、道地药材、生态养殖、风景银杏六大农业优势特色产业全链发展，深入推进质量兴农、绿色兴农、品牌强农，积极发展绿色、有机农业，促进农民增收，助力脱贫攻坚，实现产业兴、百姓富、生态美和谐统一。

一、强化资金支持，加大品牌培育

1. 加大资金支持

出台《青川县支持生态产业加快发展的实施意见》等政策，设立 6 000 万元特色产业发展专项资金，对有机农业规划好、发展快且有一定规模的示范户、示范基地、示范企业给予 1 万～10 万元的奖励，对通过“三

品一标”认证的农产品分别给予 5 000 元、1 万元、5 万元、5 万元奖励。

2. 壮大基地规模

按照“龙头企业＋基地＋专合组织＋农户”的模式，将农产品产业发展与农业结构调整和农民增收相结合，坚持“产业园区引领、龙头企业带动、连片规模发展”的思路，建成 10 个现代农业园区、8 个优势产业带，建成农业农村部水产健康养殖示范场 2 个，建成省级畜禽养殖标准化示范场 8 个。

3. 加大品牌培育

全县已成功创建中国驰名商标 2 个（川珍牌、七佛贡茶）、四川省知名品牌 5 个、四川省著名商标 6 件、国家地理标志保护产品 6 个、国家农产品地理标志保护登记 1 个、国家生态原产地保护产品 3 个；培育有机食品 16 个、绿色食品 15 个、无公害农产品 39 个，创建绿色食品原料标准化生产基地 10.8 万亩。全县认证有机茶叶基地 5 637 亩，有机黑木耳基地 40 亩，羊肚菌成功创建为地理标志证明商标。

4. 斩获多项大奖

青川县农特产品因其优良的品质在国内各大农业博览会斩获多项大奖。青川黑木耳被评定为“国家黑木耳质标”；七佛贡茶被农业农村部确定为全

青川县七佛茶叶基地

国优势产业发展区，连续多年荣获“中茶杯”特等奖、亚太茶茗大奖金奖等多项荣誉称号，被中国茶叶区域公用品牌价值评估课题组评估价值为12.9亿元，“仙雾茶海”荣获“2017年度全国三十座最美茶园”“四川省十大最美茶乡”称号；青川唐家河蜂蜜获第十八届中国绿色食品博览会金奖，七佛贡茶获第十九届中国绿色食品博览会金奖。

5. 强化证后监管

开展“三品一标”证后监管督查和质量监测行动，主要检查产地环境、生产管理、投入品使用、农药间隔期、生产记录档案等，规范农产品获证企业农产品质量安全意识和品牌创建意识，规范“三品一标”用标行为。2019年，开展“三品一标”证后监管检查20余次，合格率100%。

二、建设绿色产地，强化标准化生产

一是秸秆资源化利用不断提高。共采购30台秸秆粉碎机，成套收割机2套，完成秸秆还田面积5.7万亩；完成2018年秸秆资源台账建设，共调查200户散户、38家经营主体，秸秆综合利用率为85.04%。二是强化畜禽粪污资源化利用。全面落实《加快推进畜禽粪污资源化利用工作方案》的要求，建立健全畜禽粪污收集、转化、利用体系，提升养殖场畜禽粪污处理达标21家，全县畜禽粪污综合利用率达到71%。三是开展绿色防控。建立茶叶、中药材、食用菌等绿色防控示范面积2 650亩，积极示范推广有机茶绿色防控。2019年，投放绿色防控投放黄板2万张、性诱剂2 100套，捕食螨9万袋、太阳能杀虫灯40盏、生物导弹3.2万枚。四是加强标准化体系建设。制修订七佛贡茶、青川黑木耳、青川竹荪等特色农产品生产技术规程10项，发放标准技术手册10万册。五是强化宣传培训。在县内交通要道悬挂大型户外宣传牌，在全县规模化茶叶、食用菌、畜禽水产养殖基地、蔬菜种植基地、农业投入品门店设置标准化技术规程牌、禁限用农兽药公示牌等农产品质量安全知识宣传牌。2019年，通过“科技下乡”“科技赶场”“科技之春”科普活动月等活动，开展粮油作物种植、食用菌栽培、茶叶种植管

护等培训班480期次，累计培训1.5万人次，培训新型职业农民422人。因地制宜制定79个农业产业技术扶贫规划和年度实施方案，组建8个专家服务团和36支农技巡回服务小组，重点对有发展意愿和潜力的农村能人进行专项培训和扶持。

三、强化监管执法，确保品牌质量

一是强化农安检查。对全县100余家农业企业、家庭农场、专业合作社开展检查，重点检查标准化生产、农业投入品使用、生产档案、追溯系统等情况，对全县60余家农资店重点检查农资条码销售系统使用、台账记录、销售过期农药等情况。二是强化监管平台建设。持续健全、完善县级农产品质量安全智慧化平台建设。2019年，完成网格化移动巡检478次；上传瘦肉精检测信息3 474条，上传农残速测信息725条；积极推进国家农产品质量安全追溯平台试运行工作，县内65家新型农业经营主体入驻国家、新省级追溯平台，新省级追溯平台累计完成产品追溯305批次。三是强化农产品抽检。认真落实农产品质量安全例行抽检制度。2019年，配合自贡市检测中心完成省级例行抽检2次、抽检样品55个，市局抽检茶叶样品13个，县级完成抽检农（畜）产品69个，合格率100%；乡镇完成农残速测2 000余个批次，合格率达98.5%。四是强化农业综合执法。紧紧抓住农药、化肥、种子、兽药、饲料等重点监管品种，深入市场、规模场（户）等重点区域进行执法检查，积极开展打假护农行动。截至2019年，共查处违法行为12件，共处罚款57 300元；农资打假1件，共处罚款2 000元；渔业违法案件7件，没收电鱼设备5套，处罚款31 000元；动物卫生监督违法案件4件，处罚款24 300元。

四、扩大对外宣传，促进品牌销售

一是强化农特产品宣传推广。邀请央视媒体到青川，制作了七佛贡茶、电子商务、供给侧改革、农特产品等专题采访节目，并在“聚焦三农”“关注”等栏目播出，有力宣传了青川品牌农特产品和电商发展；二是积极组织企业参加国际、国内展销会、推介会。2019年组织绿色品牌农特产品企业参加2019“广元造”产品暨文化旅游（石家庄）推介会、第八届四川国际茶业博览会、第四届中国-阿拉伯国家博览会、第七届成都国际都市现代农业博览会，大力提升了青川农特产品市场知名度，农特产品线上线下销量大幅提升。三是大力推进“农产品进商超”。青川县按照“超市＋龙头企业＋农民专业合作社（基地)＋农户”的购销模式，减少流通环节，降低流通成本，大力推进农产品进超市。据不完全统计，青川县12家企业已在成都、西安、南京、上海、杭州、江苏、北京等21个城市500多家超市建立了供应关系。四是做好农旅融合促销售。青川县围绕创建全域旅游示范县的目标，坚持“农旅结合、以农促旅、以旅强农”的做法，依托丰富的自然资源和农业资源，在旅游景区设立特色农产品展销专卖店，将农产品转变为旅游

青川县红旗现代农业园区黑木耳种植基地

商品，实现了农旅融合发展，促进农产品销售，实现农民增收。五是深入开展“以购代捐”活动。抢抓东西扶贫协作机遇，通过与浙江省企业、单位搭建购销对接平台，采取定向采购、商超直销、基地认购等方式，在青川县累计采购、销售扶贫产品 404.5 万元。六是积极组织企业参加网络销售活动。组织青川电商企业海伶山珍、智宸电商、富乐蜂业等参加“海伶直达”“环球捕手”“1688 购销平台”等农产品销售活动，累计销售青川农产品 320 余万元。

随着青川“绿色生态”的品牌效应不断增强，越来越多的农产品成为当地群众增收致富的“聚宝盆”、各大超市货架上的抢手货。近年来，青川县以质量为依托，以市场需求为目标，大力推进品牌战略，发展优势产业，将生态优势转化为经济优势，促进贫困户增收，助推脱贫攻坚。一是品牌提升市场价值。“三品一标”认证的农产品质量可靠、具有强大的市场竞争力，价格明显高于其他同类非认证的农产品。如青川黑木耳原零售价为 120 元/千克，通过有机认证黑木耳价格最高可达 495 元/千克；七佛贡茶原价格为 1 600 元/千克，通过绿色食品认证其价格最高可达 2 000 元/千克，通过有机认证其价格最高可达 2 600 元/千克；地理标志保护产品青川竹荪价格最高可达 1 980 元/千克。二是产业发展助脱贫。2018 年，全县发展茶园 28.08 万亩，茶叶生产总产值（综合产值）13.7 亿元；发展食用菌 2.3 万亩，产值 10.02 亿元；发展草本中药材面积达 2.65 万亩，实现产值 4.6 亿元。种植业带动人均增收 2 960 元。2018 年，出栏土鸡 186 万只、生猪 19.43 万头、羊 6.8 万只、牛 1.03 万头；年产蜂蜜 380 吨、水产品 6 600 吨，畜牧业实现总产值 9.24 亿元，带动人均增收 1 140 元。三是“三园”联动促增收。建成以食用菌、茶叶、油橄榄、淡水鱼养殖等为主导产业的红旗、三谷、幸福岛、青龙湖等 10 个现代农业园区，覆盖 24 个贫困村、1 167 户3 625 名贫困户，带动 982 户 3 032 名贫困户脱贫。依托东西部扶贫协作、村集体发展基金等，规划建成以生态农业六大产业为主的贫困村特色产业园 136 个，贫困户通过入股分红、技术入股、资金入股、土地入股等多种方式，实现利益分红。规划并建成户办特色产业园 1.38 万个，主要发展茶叶、黑木耳、竹荪、天麻、中药材等产业，依靠农业特色产业脱贫6 720户1.7万人，占已脱贫总人数的59.6%。

下一步，青川县将继续立足资源优势，把绿色品牌培育、生态品牌保护、绿色品牌推广作为践行绿色发展、助力脱贫攻坚、服务乡村振兴发展的重要抓手，主动顺应农产品消费结构升级的趋势，由增产导向提质导向转变，以推进农业供给侧结构性改革为主线，坚持质量兴农、绿色兴农、品牌强农，着力提高农产品供给质量和效益，强化品牌建设和市场营销，继续培育壮大特色主导产业，发挥绿色品牌优势，带动农民脱贫致富，助推全面小康。

绿色引领发展　产业助推脱贫

王　珏

（陕西省农产品质量安全中心）

镇巴县位于陕西省西南部，与四川省万源市相邻，属秦巴山连片特殊困难地区，全县 129 个贫困村，贫困人口 4.3 万人。巴山东来，米仓西区，两个不同的山系在这里碰了头。连绵不绝的山，让镇巴人又爱又恨，爱的是景色秀丽、出产丰富，只要勤劳，自足绰绰有余，安逸的日子连神仙也羡慕；恨的是山大沟深、交通阻隔，将外界的文明无形挡在了山外。镇巴特产非常丰富，腊肉、香菇、木耳、树花菜、茶叶、中药材等产品很多，但产业散、小、竞争力差，导致很多特色产品“养在深山人未识”，部分热销产品受市场和同质化因素制约，好产品却很难卖出好的价格。

2017 年 5 月，陕西省农产品质量安全中心开始驻村帮扶镇巴县长岭镇花园社区，按照“面上抓重点，点上创模式”一抓三创的总体思路，在开展产业扶贫工作过程中，紧紧抓住绿色发展这条主线，通过合理布局、扶持主体、提升产业、创建品牌、多渠道销售等综合措施，为村里的山货插上了绿色的翅膀，并由点向面逐步推开，绿色发展推动产业升级的模式初步形成，成为陕西省产业扶贫工作和农产品质量提升的典范。

一、抓主导产业，助推茶产业蓬勃发展

镇巴产茶历史悠久，因其高纬度、高海拔、多云雾、水热同季、夏无酷暑、冬无严寒、昼夜温差大的特殊地貌和气候，非常适合于茶树生长。“秦巴雾毫”是“汉中仙毫”的前身，最早起源于镇巴县，茶叶条扁壮实、色泽

绿润、茸毫显露，冲泡后香高、味浓、回甘、汤色明亮。这些优势铸就了茶叶作为镇巴县农业主导产业的核心地位，但是“有产品、无产业，有品牌、无名牌”的问题成为制约茶产业快速发展主要因素。镇巴县坚持问题导向、绿色发展原则，在推动茶产业品质提升上，开展了以下工作：

镇巴茶叶

1. 定规划，明晰发展思路

按照有利于实现产业化、标准化、规模化的原则，2017 年，镇巴县专门邀请中国农业科学院茶叶研究所鲁成银专家团队到县实地考察调研，与镇巴县深度合作，量身打造了《镇巴茶产业发展规划（2018—2028）》。鲁成银指出，镇巴发展茶叶具备全域高海拔、生态环境优良、品质特色鲜明三大优势，是难得的高海拔名优茶产区。按照规划，镇巴县将以资源优势为先导，以品质兴茶、绿色兴茶、品牌兴茶和科技强茶为抓手，到 2020 年实现规划区域内茶产业全覆盖；到 2028 年，全县茶园面积达到 20 万亩，全县茶叶产量达到 1.5 万吨，综合产值达到 30 亿～35 亿元，全县绿色认证茶园面积不低于 70%。

2. 推标准，加强技术指导

为加速推进镇巴县茶产业绿色发展，我们集中推行绿色标准化技术，提

高绿色产品认证质量和管理水平。2018 年，镇巴怡溪春等 7 家茶业重点龙头企业进行了绿色食品标准化技术推广，从基地生产、原料加工到包装销售，全部按照绿色食品要求全程指导，在县城开展集中培训，并多次到茶园、加工基地组织实地培训，及时解决生产和申报过程中存在的技术问题。截至 2019 年，镇巴县已有 6 家茶叶企业 16 个产品获得绿色食品标志使用许可。

3. 强追溯，确保质量安全

农业农村部明确要求所有新认证绿色食品企业必须实现产品追溯。为强化追溯体系建设，2018 年，陕西省就建成了集检测、认证、预警、执法、追溯于一体的农产品质量安全监管平台，60%的县开通了县级追溯平台门户网站，镇巴县作为开展指导服务工作的重点，申请认证的茶叶企业提前按照要求完成了追溯信息的上传工作，茶产品的质量安全基础不断夯实。

二、创扶贫模式，推进花园社区产业发展兴旺

1. 盯紧主导产业，新建千亩茶园

镇巴县的茶叶产业发展采取“企业＋基地＋大户＋农户”的合作模式，引进汉中曙坤茶叶科技有限公司，以茶企流转土地建设茶园基地为主，带动大户和农户以土地入股的组织方式，新建茶园面积已接近 2 000 亩，经过 2 年发展，茶苗长势良好，撂荒土地得到合理开发利用。按照陕西省的发展规划，分三步走，将花园打造为集生产加工、休闲观光、采摘体验、品鉴销售于一体的高水平生态茶园。

2. 推行绿色标准，生产优质水稻

在水稻种植方面，镇巴县建立了“合作社＋农户”的管理模式，为提升产品质量、提高农户收入，提出了“三改、四统、一品、二体系”的全产业链发展模式。该模式依托长花农牧专业合作社实施，签订一个协议，制定一个标准，填写一个生产记录，按照绿色生产操作规程，发放杀虫灯、粘虫板，全部实施统防统治。水稻产量和品质都显著提高，每千克收购价 5.6

元，超过普通水稻收购价格的200%，种稻农民户均增收5 337元以上。合作社的“长岭望月”大米获得绿色食品认证，产品参加农交会、绿博会，获得良好口碑。

3. 优化种植结构，提升产品质量

在特色产品品质提升上，镇巴县开发了“合作社＋贫困户”的帮扶模式，以市场为导向，以消费为需求，响应农业供给侧结构性改革要求，改良品种，改进技术，改善品质，激活产业发展积极性和能动力。进行马铃薯、红薯品种改良，施用农家肥和有机肥，采取物理生物方式进行病虫害防治。利用壳斗科、桦木科等树种的丰富资源，不断扩大椴木食用菌规模，合作社流转土地20亩，吸纳了56户贫困户、202人发展椴木栽培食用菌。截至2019年，已建成10个大棚，发展椴木木耳400架、香菇600架，成为销售网点中的明星产品，木耳、香菇的价格从每千克80～100元提升到280元。

4. 培育新型主体，拓宽销售渠道

在销售上，利用“品牌＋电商”的服务模式，协助社区成立镇巴县长花生态农牧专业合作社，设计注册“长岭望月”商标，通过发挥合作社主体带动作用，有效整合资源，统一管理，提升产品质量。其中，牵线秦南易购平台与合作社，在线上线下展厅建设上全面合作，线上淘宝店铺成功注册，由专业公司为产品设计包装，全方位展现“有一种奢侈叫传统”的产品特点，消费者能够通过网店全面了解生产过程；线下主要产品参加了多个展会、年货会等大型活动，生产的香菇、木耳、树花菜、大米、林下土鸡、土鸡蛋等系列产品借助绿色发展的翅膀走出深山。

三、创优势品牌，有效提升特色产品知名度

参与产业扶贫工作后，陕西省农产品质量安全中心充分发挥专业优势，为镇巴县农产品质量安全及品牌建设工作带来极大变化。

1. 抓宣传，注重推介好品牌

为了让更多的消费者了解镇巴茶叶，积极实施“走出去”战略，挤出资

镇巴县花园社区古梯田传统水稻按照绿色食品标准种植

金挤出展位，先后组织多家茶叶龙头企业参加中国国际农产品交易会、绿色食品博览会、中国国际茶业及茶艺博览会、陕西茶叶品牌推介会等省内外重大茶事活动，并在多个活动上推介“镇巴高山茶”，引进了企业投资在镇巴县建设茶叶基地；邀请花园合作社主要负责人赴北京观摩学习第十五届中国国际农产品交易会，考察北京新发地农产品批发市场、永辉超市、717商城、中国追溯诚信商城、长城物业等，带着镇巴县的优势特色农产品走出大山。花园村合作社的特色农产品在宣传推介下逐步进入了消费者的视野，跻身中高端市场。

2. 强认证，提升产品知名度

在农产品地理标志登记保护上，积极打造区域公用品牌，全程指导镇巴树花菜、镇巴香菇等6个产品获得农产品地理标志登记保护；在绿色食品标志许可上，在镇巴县举办了“2018年全省绿色食品检查员监管员和企业内检员培训班”，还对20多家茶企进行了有针对性的绿色食品申报培训；在无公害认证上，加大了对镇巴指导力度，举办了无公害内检员培训班，推动无公害农产品整县环评和产品认证工作开展。对合作社生产的大米、木耳、香菇进行了绿色食品认证，食用菌和树花菜获得地理标志农产品使用授权，大米、木耳、香菇、树花菜、鸡和鸡蛋6个产品全部实现可追溯。

四、创扶持效益，不断扩展促农增收机制

在鼓励贫困户参与茶叶种植的同时，鼓励新型经营主体采取保护价格收购、吸纳劳务用工、贷款入股分红等方式，与贫困户建立利益连接机制，直接带动发展茶产业，实现增收脱贫。

1. 订单收购，价格保护

为了提振贫困户发展茶产业的信心，消除对茶叶鲜叶市场销售存在一定风险的顾虑，由曙坤公司与贫困户签订订单收购协议，明确保护价收购，确保了贫困户在茶叶种植阶段的稳定收益。曙坤公司建设标准化茶园 1 000 亩，带动周边农户种植 1 000 亩，按照公平、公正、符合市场经济的原则，对贫困户的茶叶鲜叶优先收购，并且每千克收购价格高于市场价 2～6 元。

2. 优先用工，挣取薪金

茶产业是劳动密集型产业，茶叶新型经营主体在茶园管理、茶叶采摘、加工流通等环节中需要使用大量的劳动力。茶叶公司优先吸纳贫困户劳务就业，可以给贫困户增加一部分稳定的经济来源。2019 年，曙坤公司在茶园管理上解决贫困户临时用工 1 000 个工日，每个工日发放薪金 80 元，累计给贫困户发放工资 8 万元，平均每户增收 2 000 元。

3. 茶园统建，管理分户

为了实现规模化茶园发展，创新土地流转的利益连接模式，曙坤公司负责集中建设标准化茶园、管护幼龄茶园，正式投产后，再反包给农户，分散经营管理，实现共赢发展，有效降低了贫困户前期建园投入和经营主体的后期管护成本，充分调动了农户种茶的积极性。

4. 资金入股，分享红利

为推动村上茶产业稳定、长效发展，促进农民持续增收，不断壮大村级集体经济，陕西省农产品质量安全中心投入 50 万元产业扶持资金给村级集体经济合作社，村级集体经济合作社作为持股人入股茶企，茶

企逐年分红，分红比例投产前不低于入股资金3%，投产后不低于入股资金6%。

五、经验与启示

1. 选准产业是根本

产业扶贫精准脱贫，基础是产业。优势的资源依托于产业，才能得以利用；产业依托于经营主体才能得到发展；企业做大做强，才能促进贫困农民增收致富。因此主导产业必须具备区域优势，引入市场的主体必须是农业龙头企业，发展的产品必须是“健康、绿色、生态”的特色产品，与消费者追求的需求刚好同步，才能够保持旺盛生命力，保证贫困群众“有收入、可持续”。

2. 用好政策是核心

对于脱贫主导产业，用活用好省、市、县各级财政资金，精准支持，才能有效培育脱贫支柱产业。因此，要引导各地落实好涉农整合财政专项资金，并及时制定实施好产业扶持政策，同时大力扶持壮大现代农业园区和龙

收获中的花园古梯田

头企业、专业合作社等新型经营主体，增强企业的带贫信心和社会责任感，才能促进产业发展，实现带动脱贫。

3. 强化机制是关键

新型经营主体既是提高贫困户生产经营组织化管理程度的带头人，更是能够在脱贫攻坚期内快速、稳定带动贫困户增收的有效载体。因此在鼓励贫困户自主发展产业的同时，更多的是要激励各类经营主体以灵活多样的方式实实在在与贫困户建立利益连接机制，才能实现真正的互利共赢。

培育地理标志品牌　助力乡村产业振兴

陈　潇

（陕西省安康市农产品质量安全检验监测中心）

安康市位于陕西省最南端，在国家层面属于限制开发的重点生态功能区、“南水北调”中线核心水源涵养区、秦巴生物多样性重点生态功能区。境内自然资源丰富，生态环境优美，素有“生物基因库”“天然中药材之乡”的美誉，是全国富硒茶、绞股蓝之乡和优质魔芋产业基地。同时，也是国家秦巴山集中连片特困地区。如何跳出“抱着金碗讨饭吃”的怪圈，让安康市良好的生态优势、独特的资源禀赋转化为产业优势和经济优势？如何真正把全市农产品的优质产出来、特色认出来、故事讲出来、品牌树起来、产业强起来？如何让安康特色农产品产得出、叫得响、卖得好、卖出好价钱？进而，如何助力乡村产业振兴，带动产业脱贫？是安康农业人必须面对和研究

镇坪洋芋生产基地

破解的难题。

为破解这一农业发展难题，近年来，安康市坚持以新发展理念为引领，以“质量兴农、绿色兴农、品牌强农”为统揽，以培育壮大地理标志农产品品牌为抓手，以确保绿色优质农产品有效供给为目标。坚持政府主导与市场推动相结合，聚焦生猪、茶叶、魔芋、核桃、渔业五大特色产业，实践探索出了“一个申报主体、一个主导产业、一批产业集群、一套质量标准、一套监管体系、一套追溯系统、一个“响当当”的地标品牌的“七个一”地标生产管理模式，走出了一条“以实施农产品地理标志登记保护和品牌培育助力特色产业发展”的绿色生态循环之路。截至2019年，平利女娲茶、白河木瓜、宁陕香菇、宁陕猪苓、宁陕天麻、镇坪黄连、镇坪洋芋、镇坪乌鸡、旬阳拐枣、旬阳狮头柑10个农产品获得农业农村部农产品地理标志认证。紫阳富硒茶、岚皋魔芋、瀛湖枇3个新申报地理标志产品于2018年12月通过了农业农村部专家评审。这些地标产品的培育与开发，有效带动了县域特色产业转型升级、提质增效；促进了安康农业由数量增长型向质量效益型转变。为安康市农业绿色发展、乡村产业振兴、农民产业脱贫注入了生机与活力。

1. 实施地理标志农产品品牌培育，出发点是保护安康市名优特色资源

农产品特性不仅得益于区域内的自然条件，还凝聚了世代居住在当地的安康人民智慧、习惯和特长等历史人文因素，具有浓郁的地方特色，具有唯一性和不可复制性。通过地理标志保护，为安康市特色农产品贴上安康标签，提高了外界对安康市特色农产品的认知度和知晓率，使安康市具有独特性、吸引性、种族性的农产品得到了相应保护和开发。

2. 实施地理标志农产品品牌培育，着力点是提升了安康农产品市场竞争力

现阶段，农产品市场竞争已经从价格、质量竞争转变为品牌和文化竞争。农产品地理标志正是产品品质和传统工艺、地域文化的有机结合；正是打造响当当的安康市特色农产品品牌，实现布局区域化、生产标准化、经营产业化、营销品牌化和提升农产品综合竞争力的有效载体。在国际贸易中，地理标志是知识产权的一种，也是突破农产品贸易技术壁垒的重要手段，有

利于提升安康市农产品国际国内市场竞争力。“镇坪洋芋”自2016年获得国家农产品地理标志认证之后，县委、县政府把“镇坪洋芋”作为全县三大主导产业之一来抓，通过采取“地标产品+用标企业+合作社+农户”的运营方式和利益共享、风险共担的合作机制，把“土蛋蛋”变成了“金蛋蛋”，把“小土豆”做成了“大产业”。全县洋芋种植面积5万亩，带动贫困户3 000余户，90%的农户从中受益，人均增收600余元，为镇坪县在全市率先脱贫摘帽作出积极贡献。

镇坪县洋芋育种大棚

3. 实施地理标志农产品品牌培育，关键点是推动了安康市县域经济发展

地理标志农产品源于特定区域，根据地域范围大小、类型不同，可将地理标志农产品培育成特定地理区域的主导产业和特色产业，也可以在更大地域范围内以多个地理标志农产品为重点形成地理标志农产品集聚区、产业带；围绕地理标志农产品产前、产中、产后各个环节的产业化开发，有利于形成以地理标志农产品为核心的产业集聚效应和产业集群发展格局。此外，应对地理标志农产品历史文化内涵进行挖掘，拓展农业的多元功能，如旅游产业、文化产业联姻形成的乡村旅游产业、农耕文化产业等。

这种以地理标志农产品为主导的产业聚集，势必会放大区域产业经济的发展规模，进而调整区域产业结构，推动区域经济发展。“平利女娲茶”于2010年获得农业部农产品地理标志认证之后，充分挖掘“平利女娲文化”内涵，进行茶文化的研究与利用，开发建设了一批茶艺村、生态观光示范茶园和具有平利地方特色的茶楼。截至2018年底，全县茶饮产业基地总规模达到24万亩，产茶1.28万吨，实现产值13.6亿元。茶产业已成为该县富民强县的一项优势主导产业。

4. 实施地理标志农产品品牌培育，落脚点是促进了农民增收

通过地理标志良好的宣传促销作用和强大的品牌效应，挖掘农业内部增收潜力，实现农村发展、农业增效、农民增收。“宁陕香菇”于2008年获得农业部农产品地理标志认证，把农产品从普通产品提升到品牌产品，使香菇从散装经营提高到盒装贴标上市销售，销售价格增加20%左右；有力促进了菇农增产增收。“旬阳拐枣”于2016年获得地理标志登记保护，截至2018年底，全县已有68 560户种植拐枣，保有面积30万亩，鲜果产量达8万吨，占全国拐枣总产量的83%，居全国第一。目前，已有22 156户贫困户栽植拐枣，贫困户户均3亩以上，进入盛产期后每亩收入可达3 000元，直接带动贫困户户均增收1万余元。

5. 明确发展目标，落实工作责任

为推进安康市地理标志农产品品牌培育工作，安康市政府制定下发的《关于加快生态富硒农产品品牌建设工作实施方案的通知》中明确规定：“力争用3～5年时间，全市新增‘全国知名品牌创建示范区’3个、‘国家农产品地理标志保护产品’5个，市级特色品牌达到100个，‘三品一标’产品达到200个。”同时在安康市政府《关于加强农产品质量安全监管工作的意见》文件中，制订了“全市力争用3～5年时间，主要农产品标准化生产覆盖率达到80%以上，无公害农产品、绿色食品、有机农产品和农产品地理标志优质安全品牌达到60%以上”的发展目标，为安康市地理标志农产品品牌培育工作明确了目标任务，理清了工作思路。地标品牌培育工作做到了

有发展目标，有部门负责，有领导包抓，有技术支撑，有责任考核。

6. 着眼长远发展，制定扶持政策

地标品牌培育工作需要配套稳定的政策扶持。近几年，安康市市政府及部分县区结合各自实际，分别出台了一系列扶持奖励政策。市政府在《关于加强农产品质量安全监管工作的意见》中明确规定：要建立“三品一标”认证以奖代补机制；市园区办等部门还将“三品一标”工作与现代生态循环农业示范园区创建、农产品质量安全监管示范县创建、农业产业化龙头企业认定、示范性农民专业合作社认定等有机结合，用“三品一标”认证作为各项农业项目实施的重要内容和验收条件。镇坪县委、县政府出台的《现代农业（新型农业经营主体、现代农业园区）建设奖励扶持办法》专门就“三品一标”认证制定了非常好的扶持奖励政策，规定对获得国家农产品地理标志登记保护的产品，每个产品奖励 20 万元。在这些扶持奖励政策的正向引导作用下，极大地调动了镇坪县开展地标申报工作的积极性。“镇坪黄连”“镇坪洋芋”“镇坪乌鸡”陆续申报并获得农业农村部登记保护。旬阳县出台了《关于大力发展拐枣产业的意见》《关于印发拐枣产业基地奖补暂行办法》《贫困村贫困户产业扶贫奖补办法》等文件，县财政每年整合 1 000 万元拐枣专项扶持资金，用于贫困户种苗、化肥、农膜免费供应，以“输血”促“造血”。为促进全县拐枣产业发展提供了政策保障。

7. 开展资源普查，实施分类指导

为摸清安康市地域特色农产品资源状况，有计划地加以保护、培育和开发应用。在全市范围内开展了农产品地理标志资源普查，对具有特定品质和人文历史传承且在本地区具有一定知名度的 50 多个种植业、养殖业、渔业产品进行了专项普查和甄选申报。全市紫阳富硒茶、岚皋魔芋、安康生猪、旬阳拐枣、旬阳狮头柑、镇坪洋芋等 36 个农产品入选《全国地域特色农产品普查备案名录》，内容涵盖种植业、养殖业、渔业 3 个大类，为今后开展地标产品保护和品牌培育提供了依据、奠定了基础。同时，紧紧围绕全市畜牧、魔芋、茶叶、蔬菜、食用菌、渔业等农业特色优势产业，有目的、有计划、有重点地培育申报主体，实施分类指导。重点使那些知名度高、历史悠久、品质个性特征明显、产业开发潜力大的名特优农产品得到登记保护，逐步培育成“一县一业”，推动县域经济发展。

8. 加大宣传培训，强化指导服务

宣传培训和技术指导是地标农产品品牌培育的重要推动力。为提高人们对地理标志农产品的认知度和知晓率，普及地标知识，相关部门编制印发了《农产品地理标志产品知识问答》，引导广大消费者正确选购地标产品，指导用标企业规范用标，提升品牌公信力，营造良好氛围。白河县制定了《白河木瓜生产技术系列规范》，对白河木瓜的质量要求、检验方法及包装、标志、标签、储存和运输、产地环境、苗木繁育、田间管理、病虫害防治等进行了明确规定。在关键生产季节，技术人员深入镇、村组开展技术培训，指导果农按标生产。平利县制定了平利女娲茶标准综合体省颁标准，实现了茶叶品牌、质量、包装、标准、宣传“五统一”，以标准化生产来确保地标产品独特的品质和质量。

9. 强化证后监管，呵护品牌质量

地理标志农产品承载着一个地方的文化和历史，是一个地区的“名片”，是一个有故事的“名片”，不仅能够增加农产品的附加值，而且能够提升市场竞争力和价格水平。农产品地理标志获得登记保护后，要想保持地标产品原有的品质和特色，真正打造出具有区域特色的知名品牌，就必须要正确维护、管理好地理标志，使其持续发挥好应有的品牌效益。为此，一是实行标识授权使用。地标所在县区均制定了《××县农产品地理标志使用管理办法》，对申请者进行合规性审查和备案监管，企业递交地标使用申请书、资质证明、质量控制措施、生产记录、产品检验报告等材料，证书持有人审核后与其签订授权使用协议，并在县级农业行政主管部门统一备案监管。同时，在授权用标企业选择上坚持宁缺毋滥的原则，选择有实力、信誉好、有销量、有基地的企业使用地标标识。二是强化标识监管。在地标产品上市时，要求地标标识使用者翔实记录标识发放和使用情况，市、县的执法、农检部门不定期进行检查，重点检查有无冒用、滥用标识等行为，对于私自冒用和伪造标识的，按照《农产品质量安全法》《××县农产品地理标志使用

管理办法》等有关规定，坚决予以禁止，严防以假乱真、以次充好的现象发生。

10. 多策并举造势，提升品牌形象

近年来，安康市利用各种途径宣传推介地标农产品，取得了显著成效。组织支持授权用标企业参加各类农产品博览会、杨凌农高会、农产品交易会地标专展；支持有能力的县（区）举办区域性地标展销促销活动，建立市场营销网络、发展电子商务和现代物流及质量追溯信息平台，实施产销对接，农超对接；利用报刊、广播、电视、互联网等传统和现代传媒工具，全方位、多渠道宣传推介地标农产品。这些工作充分展示了安康地标企业和产品形象，提高了外界消费者对安康地标农产品的知晓率和认知度，增强了农产品的影响力和市场竞争力，拓宽了市场渠道，提升了农产品附加值，增加了农民收入。使更多的农民朋友享受到了产业兴旺的丰硕果实。

党的十九大提出实施乡村振兴战略，要坚持农业农村优先发展，加快推进农业农村现代化。农业农村现代化最基本的任务是让农业产业兴起来、农业强起来、农民富起来。农业产业兴旺不仅是乡村振兴的基础，更是人们对美好生活向往的迫切要求，是农民实现产业脱贫的主要抓手和基本路径。农业产业兴旺归根到底是要把安康市好的绿色优质农产品管理好、卖出去、卖出好价钱。具有地域特色、安康符号、历史文化内涵的地标农产品，将发挥起产业兴旺排头兵的作用，一批“有来头、有年头、有吃头、有派头”的安康市地理标志农产品将真正成为农业产业兴旺的“魔力棒”、农民增收致富的“金钥匙”、地方招商引资的“大名片”，以及安康市农产品走向国际市场的“通行证”；必将为提高安康特色农产品市场竞争力、助力乡村产业振兴、带动农民脱贫致富，起到积极的促进作用。

发展绿色食品产业　助推贫困地区精准脱贫

马　文[1]　马回真[2]

（1. 甘肃省临夏州绿色食品办公室；2. 甘肃省临夏州农业技术推广站）

随着临夏州农业的发展和城乡居民生活水平的不断提高，广大消费者对食品安全提出了更高的要求。大力发展绿色食品，不仅能满足广大消费者的需要，还有助于提高农产品质量打造农产品品牌，达到农产品增值、农业增效、农民增收的目的。近年来，临夏州以深入贯彻党的十九大精神和落实中央农村工作会议以及中央1号文件决策部署为契机，深化农业供给侧结构性改革，以绿色食品认证为产品质量抓手，大力推进产业走质量兴农、绿色兴农之路。州委、州政府在蔬菜、牛羊、林果等产业发展方面制订产业发展规划，出台了产业发展扶持政策，使临夏州绿色食品产业不断发展壮大，绿色食品产业带动地方经济日益增长。临夏州农业产业加快向绿色化、优质化、特色化、品牌化发展。康美和清河源的牛羊肉系列、和政辣椒、大河家蛋皮核桃、永靖草莓和设施蔬菜等绿色食品产业蓬勃发展，绿色食品以质量赢得了广大消费者的青睐。绿色食品产业的不断发展壮大逐渐形成强有力的市场品牌效应，绿色食品产业的发展加快了临夏州脱贫攻坚奔小康的步伐，在农业现代化、精准扶贫、产业培育等方面作出重要贡献。

一、临夏州绿色食品产业发展概况

多年来，临夏州通过农业产业的培训和发展，已经形成牛、肉、果、菜、薯、药、双低油菜、百合八大特色产业，尤其是绿色食品产业发展速度

明显加快，绿色食品认证数量快速增长。截至2018年底，临夏州已获得绿色食品认证企业（合作社）总共18家，获证产品154个，绿色食品生产面积6.83万亩，合计年产量12万吨，绿色食品年产值达9.37亿元。其中，以蔬菜为主的设施农业绿色食品认证企业（合作社）有6家、认证产品25个，认证面积0.605 1万亩，年产量2.68万吨，年产值2.07亿元；以林果为主的绿色食品认证企业3家，认证产品5个，认证面积1.085万亩，年产量1.079万吨，年产值0.64亿元；以牛肉分割系列为主的畜产品绿色食品认证企业2家，分别是临夏州的省级重点龙头企业甘肃康美现代农牧业集团有限公司和甘肃清河源清真食品股份有限公司，认证产品118个，年产量0.268 6万吨，年产值4.6亿元；水产品认证企业2家，认证产品2个，认证水域面积0.058万亩，年产量0.06万吨，年产值0.38亿元；大田作物认证企业3家，认证产品3个，认证面积2.9万亩，年产量1.91万吨，年产值0.65亿元；加工产品认证企业1家，认证产品1个，绿色原料认证面积2.1万亩，年产量6万吨，年产值1.2亿元。

二、绿色食品品牌产业的发展有力地促进了精准扶贫工作的步伐

（一）发展绿色食品对精准扶贫的重要意义

1. 发展绿色食品是推进贫困地区农民增收的重要抓手

贫困地区要想脱贫致富，离不开当地产业的大力发展，通过引导、培育当地产业通过发展绿色食品，使贫困地区产业基地化建设、标准化生产、规模化发展和产业化经营，有效地提升贫困地区农产品品质规格和市场竞争力，形成优质优价的市场机制，促进贫困地区农民持续增收，实现精准脱贫，共同奔小康。

2. 发展绿色食品是提高贫困地区农民自我发展能力的重要举措

临夏州的七县一市里有七个县是国列贫困县，农业经济发展缓慢，农民群众增收困难，发展后劲不足。发展地方特色主导产业，依据临夏州资源禀赋和环境条件，大力发展绿色食品产业，是提高临夏州贫困地区群众自我发

展能力的根本。绿色食品是我国安全优质农产品的精品品牌，社会知名度和认可度均较高，有很广阔的发展前景。因地制宜打造临夏州地方特色绿色食品品牌，有利于将资源环境优势转化为产品质量优势、品牌竞争优势和经济效益优势，提高贫困地区和农户自我积累、自我发展的能力，培育壮大特色优势产业，增强贫困地区发展的内生动力。

绿色食品检查员对绿色食品百合生产企业开展现场检查工作

3. 发展绿色食品是促进贫困地区绿色发展的有效途径

临夏州地处甘肃西部偏远地区，经济发展落后，生态环境脆弱、基础设施薄弱、产业支撑微弱。绿色食品遵循可持续发展理念，倡导资源节约、环境友好的生产方式，实行清洁生产、健康养殖、全程监管，强调产地生态环境良好、无污染，生产过程严格控制和减量使用农药、肥料等农业投入品，有利于建立起产业发展与生态建设、环境保护相互依存、相互促进的良性循环机制，促进贫困地区经济效益、社会效益和环境效益的协调统一，实现绿色发展。

（二）绿色食品在临夏精准扶贫工作取得的成效

1. 制订出台产业发展规划，确定特色主导产业

临夏州州委、州政府根据当地产业发展状况，连续出台了相关扶持政策，印发《临夏州培育壮大特色农业产业助推脱贫攻坚实施意见》《临夏州大力发展绿色食品产业的指导意见》《临夏州关于扶持全州龙头企业发展的实施意见》等，提出“以规划为引领，以科技为支撑，以投入为保障，坚持资源禀赋、产业优势和农业产业发展相结合”，以促进产业增效、贫困户增收为目标，统筹实施乡村振兴战略，加快推进一二三产业融合发展。通过努力，以带动脱贫攻坚作用大的牛、羊、菜、果、薯、药、油菜、百合八大特色农业产业为重点，以供给侧结构性改革为主线，突出优势产区，狠抓提质增效，严把产品质量关，以绿色发展理念带动群众脱贫致富。

2. 创建标准化原料基地，带动高附加值产品开发

临夏州大力培育绿色食品标准化生产基地。2017 年，经甘肃省农牧厅批准创建了一个省级绿色食品原料标准化生产基地（核桃），创建面积 12.6 万亩，基地带动周边 9 个乡镇、3 家企业（合作社）。绿色食品标准化基地推行“龙头企业＋基地＋农户”的产业化经营模式，将基地建设与发展休闲农业、乡村旅游和森林旅游有机结合，促进一二三产业融合发展。通过创建绿色食品标准化基地，新增核桃经济林 4 万亩，年产核桃 100 吨，产值达 220 万元，使当地农户每户人均纯收入增加了 700 元。

3. 积极开拓市场，加大产品营销

临夏州加大对绿色食品的宣传力度，组织当地绿色食品认证企业参加每年举办的绿色食品博览会。2018 年 12 月，在厦门举办的第十九届中国绿色食品博览会暨第十二届中国国际有机食品博览会上，临夏州全部参展产品在展会上销售一空。在展会上，与采购商达成了采购协议，积石山建平花椒种植购销专业合作社与广东牛一碗牛肉面连锁店签订 5 000 千克花椒订单，金额 200 万元；积石山县大河家蛋皮核桃种植农民专业合作社与厦门市海沧区海投产业运营有限公司签约，2019 年电商销售核桃（一级坚果）2 500 千克，金额35万元。参加展会为临夏州贫困县市提供了一个良好的产销对接平台，对促进发展绿色食品产业发挥了积极作用。

4. 通过绿色食品企业创建扶贫车间，带动了当地群众精准脱贫

临夏州在全力推进脱贫攻坚一号工程的同时，积极鼓动各龙头企业创建“扶贫车间”，吸纳当地贫困人口在当地就业，以产业带动贫困户共同脱贫致富。“扶贫车间”是带动贫困群众，特别是家庭妇女就近就业的重要渠道和推动产业扶贫、就业扶贫的有效抓手，临夏州“扶贫车间”解决就业6 641人，其中，贫困劳动力3 187人，人均月工资达2 500元。

三、关于进一步加强绿色食品精准扶贫工作的几点建议

1. 强化公益宣传，扩大精准扶贫效果

要通过持续性的公益宣传，不断扩大绿色食品精准扶贫的效果。一是充分应用现代化的公共媒体，加强贫困地区开发绿色食品重要意义、发展理念、标准规范、生产技术、产品质量、品牌效应的宣传，提高各级政府部门领导对绿色食品及品牌的重视，制定相关促进绿色食品发展的优惠政策措施；二是通过宣传引导企业，转变农户小农经济思想，树立“品牌经营，商标先行”的意识，积极参加各种展销会、广交会等活动，宣传绿色食品的健康、环保、生态理念，提升消费者对绿色品牌的认识，从而培养消费者选择消费绿色食品的习惯和理念。

2. 加大标准化推广力度，把好农产品质量关

质量是产品的生命，是创建品牌的基础。一方面，依靠科技创新，实行标准化生产，加强绿色食品的基地建设；另一方面，绿色食品认证机构加大对绿色食品的认证力度，积极主动地为贫困地区有条件的企业开展绿色食品认证。同时，严格执行认证程序和标准，严厉打击冒用、滥用绿色食品标志、商标等违法行为，维护绿色食品的品牌形象。

3. 加大对绿色品牌建设的资金扶持

按照优化生产要素、合理配置资源、规模发展、提高效益的原则，就要扶强、扶大龙头企业。一方面，增加财政投入，重点扶持临夏州的龙头企

业，支持技术引进、设备更新、技术研发，鼓励企业发展绿色有机食品认证，提高绿色食品生产规模及产品附加值，鼓励企业发展订单，农业与农户建立紧密的利益连接机制；另一方面，对绿色食品企业的贷款、商标、注册、品牌保护、新闻宣传等给予一定的优惠政策，支持绿色食品企业展开拳脚，更好发展，并深入挖掘贫困地区绿色食品工作的成功典范加以宣传，进一步提升贫困地区绿色食品品牌的认知度、美誉度和影响力，促进贫困地区绿色食品又好又快发展。

特 色 产 业 篇

兴安盟大米品牌建设和产业发展

郭光伟　刘　强

（内蒙古兴安盟农畜产品质量安全监督管理中心）

兴安盟位于内蒙古自治区东北部，地处大兴安岭南麓科尔沁草原腹地，这里水草丰美、土地肥沃，得天独厚的自然条件适于农牧业生产，有着悠久的水稻种植历史，是自治区重要大米生产加工基地。近年来，兴安盟农牧系统和相关部门围绕盟委关于“充分发挥兴安盟得天独厚的农牧业生态、资源优势，加快绿色有机农牧业产业基地开发步伐，推进农畜产品品牌建设，打造绿色、生态兴安”的总体工作部署，以打造自治区绿色农畜产品生产、加工、输出基地为契机，培育了一批独具地域特色的优质大米品牌，有力地带动了大米产业发展，促进了农业增效、农民增收。

一、兴安盟大米品牌建设和产业发展的有利条件

1. 自然条件适宜

兴安盟稻区属于高纬度寒地稻作区域，主要集中在北纬44°～47°，属东北半湿润早熟单季稻作带，稻田主要分布在绰尔河、归流河、洮儿河、二龙涛河、蛟流河及霍林河流域；水资源较为丰富，各水系流域地势平坦，土质肥沃，大部分为草甸土、沼泽草甸土，有机含量在3%以上，pH酸碱度接近中性，适宜种植水稻，并可集中连片种植，有利于区域化种植；积温条件适宜，适稻种植区≥10 ℃年积温2 200～3 100 ℃，无霜期105～130天，日照时数2 580～3 120小时，年日照百分率58%～70%，在水稻灌浆季节气温昼夜温差较大，是生产优质稻米的重要条件；环境纯净，洮儿河、归流

河、绰尔河、霍林河流域上游工业企业少，植被覆盖率高，环境无污染，水源比较充沛，下游土层较厚有机质含量高，适宜水稻种植。

2. 经济效益高、市场拉动好

水稻是兴安盟五大粮食作物之一，从国际粮食价格走势看，水稻价格将有走高飙升趋势，种植水稻仍然是提高农民收入的有效途径；从投入产出看，每亩水田种植成本在600元左右，平均每亩水稻收入在1 800元左右，亩纯效益在1 200元左右，远远高于种植玉米的效益，是增加农民收入的重要经济来源。

3. 基础性工作扎实

一是以旗县为单位开展的全盟农牧业整体环境评价工作卓有成效。从2007年起，全盟5个旗（县、市）和盟农牧场管理局系统开创性地开展了农牧业整体环境监测评价工作，全覆盖式开展行政区域内的农牧业环境整体评价，监测面积覆盖所涉区域全部耕地和草牧场，为盟内农畜产品生产加工企业申报“三品一标”认证提供了环境监测数据和资料，为打造兴安盟大米品牌创造了有利条件。

二是大力创建绿色食品原料标准化生产基地。创建全国绿色食品原料标准化生产基地，兴安盟走在了全区的前列。扎赉特旗、科右前旗、突泉县和盟农牧场管理局创建的全国绿色食品原料标准化生产基地，涵盖了全盟大宗农作物玉米、水稻等11个品种。目前，全盟绿色食品原料标准化基地面积达740万亩，已占全盟耕地面积的50%左右，其中水稻基地28.6万亩，是推进品牌建设最有利的产业条件。

三是不断加强全盟三级农畜产品品牌认证管理机构建设。从2007年起，兴安盟陆续组建了盟、旗（县、市）、乡三级农畜产品质量安全管理中心（监管站），确定了包括农畜产品品牌认证管理在内的工作职责，负责属地内无公害农产品、绿色食品、有机农产品和农产品地理标志（即“三品一标”）的认证、登记保护和证后监管，负责绿色食品原料标准化生产基地建设和农牧业标准化规程的制修订、实施和推广等，基本形成了盟、旗、乡三级农畜产品质量安全认证监管工作体系，为深度开展农畜产品品牌认证做好了组织准备。

四是建立健全农畜产品品牌建设管理制度。近年来，兴安盟相继制定、出台了一系列农畜产品质量安全监管制度，主要包括《关于进一步加强农畜产品质量安全工作实施方案》（盟行署办〔2009〕41号）、《关于推进绿色有机食品产业基地建设的实施意见》（盟行署办〔2009〕43号），以及《兴安盟农畜产品质量安全追溯制度》《兴安盟无公害农畜产品、绿色食品、有机食品质量安全突发事件应急预案》等文件制度，使兴安盟农畜产品质量安全工作逐步实现法制化管理，确保品牌建设工作健康发展。

五是当地政府制定鼓励企业进行“三品一标”认证保护奖励扶持政策，不断完善品牌认证奖励机制，调动企业品牌认证的积极性，有计划地不断扩大认证总量和认证基地面积。2019年，科右前旗、扎赉特旗、科右中旗都出台了相应的奖励机制来提升企业认证积极性。

二、兴安盟大米品牌建设和产业发展现状

近年来，兴安盟通过夯实农牧业整体环境评价、绿色食品原料标准化生产基地创建、“三品一标”认证监管机构人员队伍建设等基础性工作，采取加大政策扶持等措施，强力推进大米品牌打造力度。截至2018年末，全盟认证绿色食品、有机食品大米品种47个，面积44.28万亩，其中绿色食品大米生产企业27家、产品43个、面积37.78万亩、批准认证产量11.6万吨；盟内水稻加工企业，有内蒙古保安沼农工贸集团公司、内蒙古龙鼎农业有限公司、内蒙古二龙屯有机农业有限公司、扎赉特旗谷语农业有限公司、魏佳米业、绰勒银珠米业、兴安盟草原三河有机农业开发有限公司、兴安盟蒙兴农业有限责任公司等龙头企业，主要以“公司+合作社+基地”模式发展订单生产，建立电商销售网络，打造无公害食品、绿色食品、有机食品品牌。在扩大企业加工销售能力和现有认证品牌影响力的基础上，整合品牌资源，统一打造“兴安盟大米”地理标识区域品牌，提升品牌知名度，实现优质优价。同时，带动了全盟水稻产业的发展。

2018年，全盟水稻种植面积为118.26万亩，总产量达到7亿千克。

兴安盟扎赉特旗绿色食品大米基地

2019 年，全盟水稻种植面积达 134.96 万亩，较上年增加 16.7 万亩。其种植区域主要分布在科右前旗的哈拉黑、归流河、巴拉格歹、巴达仍贵；乌兰浩特市的义勒力特、乌兰哈达镇、卫东镇、葛根庙镇；扎赉特旗的好力保、努文木仁苏木和农场局的布敦化农场。种植的品种主要有苗香粳 1 号、苗稻 2 号、龙洋 16、松粳 9 号、东农 425、五优 135、吉粳 93、北稻 5 号、绥粳 4 号等品种。水稻产业已成为兴安盟农村经济发展的主导产业之一，在确保谷物基本自给、口粮绝对安全、产业扶贫、农民致富等方面发挥了重要作用。

三、品牌建设助力脱贫攻坚

兴安盟是内蒙古自治区典型的老、少、边、穷地区和国家划定的大兴安岭南麓集中连片特困区，全盟 6 个旗、县、市包含 5 个国家级贫困县、1 个自治区级贫困县，经济总量、财政收入、城乡居民收入等主要经济指标均居全区后列。作为自治区脱贫攻坚主战场，近年来，兴安盟认真贯彻落实党中

央和区委、区政府的决策部署，脱贫攻坚工作取得阶段性成效，贫困人口由2015年10.5万人减少到2.1万人，贫困发生率由9.5%下降到1.8%，6个贫困旗（县、市）4个实现摘帽，剩余2个年内脱贫。针对兴安盟实际情况，加快现代化农牧业发展，推进产业化发展、产业化扶贫是最切实的选择。在全面培育“米菜果油糖、猪禽马牛羊”十大扶贫产业的基础上，重点突出“两米两牛一旅游”发展，让贫困户自主选择脱贫产业，实现了贫困户产业扶贫项目全覆盖，目前已有3.8万户、8.4万人通过产业项目实现稳定脱贫。其中，通过发展以绿色食品为主体的兴安盟大米产业，有效地带动了稻农增收、贫困户脱贫致富。依托兴安盟大米“中国十大大米区域公用品牌”，通过兴安盟大米地理标志“一标带多企”建立了米联体，在全国发展经销网点2 000余家、京呼包地区设立专卖店20余家。在东三省水稻收购价格普遍下滑的情况下，兴安盟稻米价格每千克上涨0.4元左右，水稻销售总额同比增加1.44亿元，带动5 000余户贫困户增收1 000万元。“兴安盟大米”成功入选第十四届全国冬运会指定用米。“三品一标”品牌建设成为助力脱贫攻坚的重要力量。

米香传万里　绿色暖人心

武　贺

（辽宁省建昌县绿色食品办公室）

建昌县——全国著名的贫困县，人口近70万，人均收入非常低。在这偏僻荒凉的辽西土地上绽放了一朵小花，它以极强的生命力茁壮成长，它通过建昌人的辛勤劳作，带着光、带着热、带着香气，传到了千家万户的餐桌上，它就是绿色食品——要路沟小米。“给你最好的小米，是我一生的荣耀”，这是建昌县要路沟杂粮种植专业合作社的承诺。

谈起要路沟小米，就不得不说它的创始人——马玉凤，一位普普通通的农村妇女，一个一心为当地农民着想的致富带头人，一位为贫瘠土地上生产

建昌县要路沟杂粮种植专业合作社理事长马玉凤

出来的小米打造了响当当品牌的人。2005 年，时任村妇代会主任的马玉凤在参加一次农村工作会议时，偶然听到县里几位领导谈论要路沟的小米好吃。她灵机一动，决定将当地优质小米进行包装后，对外销售，让老百姓的粮食卖个好价钱。2006 年，马玉凤拿出家中仅有的 1 万元存款，在当地收购优质小米。随即，她又从外地买来扇车扇去碎米，买来封口机制袋，确保小米质量。2006 年，她就加工出售小米 7.5 万千克，获纯利润 2 万多元。由于产品销路好，马玉凤决定提高小米的收购价格来调动农民的种植积极性。收购价提高后，要路沟张台子村 650 户村民调整了种植结构，在坡地上全部种植了谷子。货源充足了，为了扩大销路，马玉凤到沈阳、大连、北京等地参加商品展销会，并在各地建立销售网点。2006 年，张台子村共销售小米 90 万千克，每户平均增收 2 000 多元。2006 年，马玉凤被评为省级“科技致富带头人”。

经过“小打小闹”之后，马玉凤又有了一个新的梦想：在一个以农业生产为主、经济基础较为薄弱、农民生活水平较低的贫困村，建立一个产、供、销一条龙的小米生产基地。从此，她开始收购谷子，然后再进行精心加工、包装，一点一点尝试着推向市场。因产品和质量迎合市场的品味，深受广大消费者的欢迎。马玉凤先后在建昌、葫芦岛、北京、沈阳建立了 22 个要路沟小米销售网点，产品供不应求。

这年冬天，马玉凤顶着大雪，通过走村串户和召开妇女工作会议，向姐妹们宣传小米生产的前景和产、供、销合作互利的生产销售模式。经过一番努力，在全乡范围内组建了有 226 户农户参加的农民专业合作经济组织和 7 人加入的农民经纪人队伍，即现在的建昌县要路沟杂粮种植专业合作社。

一心想改变的马玉凤没有停下带动乡亲们致富的脚步，经过几年的发展，要路沟小米在 2010 年获市级龙头企业称号、2011 年第二届辽宁省农村合作经济组织名优产品展销会暨农超对接洽谈会上被评为名优产品、2012 年第三届辽宁省农村合作经济组织名优产品展销会暨农超对接洽谈会上被评为最受欢迎农产品。通过推销和参展，要路沟小米凭借可靠的信誉和质量，走出了大山、走出了辽宁，在东北三省和北京站稳了脚跟。经过滚动式发展，建昌县要路沟杂粮种植专业合作社成员由当初的 226 户发展到现在的 3 685户，杂粮基地种植面积由 300 亩扩大到 1 万亩，年销量达到 150 万千克以上，销售网点由 4 个扩展到遍布 4 省、7 市的 22 个。2010 年，经辽宁省农业厅检查验收，要路沟乡无公害杂粮生产基地获得了“无公害农产品产地认定证书”；农业部农产品质量安全中心为要路沟杂粮生产合作社颁发了“无公害优质农产品证书”。同年，马玉凤自筹资金 70 万元建起了占地 7 200 平方米的杂粮生产加工厂，形成了规模化、标准化生产。

随着不断地深入市场，随着对饮食的要求不断提高，要路沟小米也进行了产品升级。2015 年，建昌县要路沟杂粮种植专业合作社成功申报了绿色食品认证，绿色食品面积达 10 000 亩。同时，将产业化升级，实践“基地+农户、分户生产、统一管理”的运作模式，即将农户进行“统一种子供应、统一技术方案、统一组织收购、统一订单销售”的方式，为入社会员提供地情分析、测土施肥等服务，实现小米产业化、专业化、规模化生产。针对广大消费者追求健康的要求，从种植到收获，实行全程质量跟踪管理，建立产品质量可追溯体系。合作社对成员生产的小米进行深加工、精包装，利用已建立的稳定销售网络，将优质、绿色小米送到广大消费者的餐桌上，真正实现了“农超对接”。

随着创新模式的起步，合作社成员不断加入，合作社成员的收入不断提高，带动的乡镇也从原来的要路沟乡发展到老大杖子乡、魏家岭乡、西碱厂乡、头道营子乡等 6 个乡（镇）。带动农民每年纯收入 6 000 元。2016 年，建昌县要路沟乡被辽宁省评为“要路沟小米特产之乡”。建昌县农村经济局与钓鱼台食品生物科技有限公司进行合作，在要路沟建立了有机小米生茶基地，带动周边 500 农户，每户增收 2 000 元以上。

春风送暖，万物复苏，要路沟小米这朵小花强势开放，随着合作社的不断成长、社员的收入不断增加、要路沟小米的品牌不断打响，要路沟小米的品牌正不断扩大。2010 年、2011 年、2012 年连续三年建昌县要路沟杂粮种植专业合作社选送的小米在辽宁省供销合作社、辽宁省农村合作经济组织联合会举办的辽宁省农村合作经济组织名优产品展会上被评为“最受欢迎农产

品”。2013 年，合作社“要路沟”牌商标被辽宁省工商管理局认定为辽宁省著名商标。2010—2016 年，要路沟小米连续 6 年被评为“辽宁名牌产品”；2013 年，要路沟小米被评为国家地理标志产品；2017 年，要路沟小米成为“辽宁礼物”。

为什么要路沟小米有如此优势？为什么要路沟小米这么好吃？为什么要路沟小米能够这么多年长久的保持下去？

带着这些疑问，走进建昌县、走入这块贫瘠土地上能够带领农民走上致富道路的这家企业，你会感到不一样的氛围，你会感到不一样的文化；这里有家一样的感觉，这里有互帮互助的氛围。

建昌县要路沟杂粮种植专业合作社地处辽西山区建昌县要路沟乡，素有“建昌小西藏”之美誉，以盛产小米而闻名。要路沟乡属中纬度地区，土壤大部分属黄黏土，气候条件优良，全年无霜期在 150 天左右，年日照时数 2 915 小时，积温 3 400 ℃左右，秋季昼夜温差大，对农作物养分的制造和积累非常有利。小米生育期均在 120 天左右，由于地势高、日照时间长、透

捕虫灯

风性强，非常适合小米的生产，加之原始耕作和加工方式，要路沟小米有如下特色：小米成熟度好，颗粒饱满，营养丰富；透风性好，没有病虫害，不打农药；原始耕作，施用农家肥，保证产出的小米为绿色无污染产品；山坡地适宜谷子生长，使加工后小米独有色黄味香、黏滑可口；谷穗用石碾脱粒，使加工后小米没有沙土，使木扇车扇去碎米，保证小米颗粒均匀；手工挑选，保证质量再封口装袋。

最值得一提的是，要路沟小米曾被封为宫廷贡米，还流传着一个富有传奇色彩的故事：慈禧垂帘听政年间，有一年辽西干旱，在要路沟，有一位乐于好施的财主于八。于八在旷野中支起几口大锅，煮小米粥赈济过往灾民，小米的香气在旷野中飘散四溢。小米粥被灾民视为人间美味，广为传播。这件事不知怎么惊动了慈禧，慈禧遂宣召于八带小米进宫。没想到，慈禧品尝之后，对要路沟小米大加赞赏，并封要路沟小米为宫廷贡米。

建昌县要路沟杂粮种植专业合作社具有多年的小米作物种植及加工经验。品种产品质量优良，在2005年、2006年被评为辽宁国际农产品交易会优质农产品。建昌县要路沟乡平均海拔760米，昼夜温差大，年平均降水量600毫米，空气清新，水质好，无工业污染，是著名的大凌河、青龙河的发源地。2004年，辽宁省绿色食品发展中心和有关专家对建昌10 000亩绿色食品杂粮农作物基地考察和环境进行监测，得出结论：建昌县要路沟乡是绿色食品作物生产的最佳基地。合作社按照产业化经营要求，统一管理，分户生产，集中加工、销售，技术规范执行绿色食品生产操作规程，使市场销售价格高于同类产品的30%～40%，形成产业优势和经济优势，有力地促进了农民增收，为地方经济的增长起到拉动作用。充分利用当地的自然条件优势，要路沟小米已经成为地域性主导产业，还带动了畜牧业生产。

建昌县要路沟杂粮种植专业合作社具有先进的经营理念、科学的管理方法、雄厚的技术力量，2009年，被市政府评为农业产业化重点龙头企业。合作社现已生产的产品，除了要路沟小米，还有绿豆、小豆、黄玉碴、白玉碴、高粱米、玉米面，主要以要路沟小米为主。“给你最好的小米，是我一生的荣耀”，正是建昌县要路沟杂粮种植专业合作社的写照。

喝着浓香小米粥，品尝它的美味时，你是否想过它出自哪里？是否意识到作为生产者的农民是怎样的劳作？是否想过这家企业的带头人是怎样的一个人？是否想过在我们要进入全面小康社会的关键时期，有这么一家企业一直默默地为自己身边的百姓着想，为使他们生活再好一点、日子再红火一点、内心再满足一点，尽自己微薄之力？我相信像这样的绿色食品企业，在当今社会一定很多，他们不求最好、只求更好。为我们在餐桌前可以吃到更放心、更安心的食品，无私奉献着自己的全部。

米香能传万里，绿色更暖人心。我坚信，在今后的几年、十几年中，绿色食品一定会成为我们最为放心的食品，它也会带动一方百姓，让他们脱贫致富，成为社会上最有影响力的支柱。

打造格瑞菊花品牌　助推产业精准扶贫

熊克巍[1]　武美兰[2]　金彩云[3]　陈北春[4]

（1. 安徽省宣城市农产品质量安全监管局；2. 安徽省旌德县农产品质量安全监管局；3. 安徽省旌德县三溪镇农业综合服务站；4. 安徽格瑞农业开发有限公司）

多年来，皖南山区的花农习惯了化肥＋农药、论斤卖菊花的传统模式，只注重菊花的外形和产量，不注重品质；销售菊花都是论斤卖，1 千克菊花通常只能卖到 60 元，1 年的辛苦也挣不到多少钱；重茬、大量使用农药，造成菊花品质差，甚至使得某块土地无法继续种植。这些弊端使得具有地方特色的菊花一直没能成为农民的致富花。

随着绿色食品在助力贫困地区精准脱贫的作用越来越突出，各地都积极探索、推进绿色品牌在产业扶贫中的新模式。自 2018 年以来，安徽格瑞农业开发有限公司充分利用区位优势，精心打造绿色食品格瑞菊花茶品牌，快速带动一方脱贫致富。

一、依托区位优势，筑牢菊花品质

1. 位置优势

旌德县隶属安徽省宣城市，位于皖南山区，地处黄山北麓，是典型的“六分山、一分田、三分道路和庄园”的山区农业县；县内生物资源丰富，野生动植物种类繁多；是国家首批“绿水青山就是金山银山”实践创新基地、国家级生态示范区建设试点县、中国十佳休闲养生旅游县。

2. 环境优势

公司以旌德县蔡家桥镇大溪村为核心。大溪村所在地属低海拔丘陵地

区，花岗岩风化土壤，阳光充足、温暖湿润，排水良好，土壤肥沃、疏松，腐殖质含量高，非常适宜菊花生长。

3. 品种优势

好的品质离不开好的品种，公司利用自有基地开展高品质菊花系列研发工作。公司和安徽农业大学联合攻关，培育了旌香菊、旌丝黄菊、旌黄菊1号3个菊花优质品种，于2017年通过安徽省非主要农作物品种鉴定登记委员会鉴定登记；2018年，获得安徽省科技厅应用类科技成果登记证书。

二、强化质量管理，提升企业实力

1. 严格制度落实

公司遵循绿色食品生产标准，先后制订了农药安全间隔期管理制度、生产记录档案管理制度、基地环境保护制度、检测检验制度等一系列制度，严格产前、产中、产后每一个环节的管理和质量追溯制度管理。

2. 推行规范管理

为高效率、低成本、保质量发展生产，公司积极组织技术人员和安徽农业大学园艺学院合作，起草、制定了《皇菊加工技术规程》《黄菊栽培技术规程》，并通过安徽省地方标准立项，为公司标准化生产奠定了坚实基础。同时，公司研发的“一种皇菊的种植技术”获得国家发明专利。

3. 加强质量管控

针对“公司＋合作社＋家庭农场＋基地＋农户”的生产经营方式，公司采取统一培训、统一供苗、统一栽培、统一施肥、统一用药、统一采收、分户检测的“六统一分”模式，加强对菊花质量的管控。尤其是分户检测，利用快检技术对每户的产品取样检测，检测不合格的一律不收。

4. 注重人才培养

公司一直把人才作为企业发展核心竞争力的重要组成，积极引进人才，与安徽农业大学签订菊花技术研发协议和毕业生实习实训协议。现有技术骨干12名，夯实了企业规范化管理的基础。

公司负责人陈北春指导贫困户分级采收金丝皇菊

5. 寻求技术合作

农业是一门综合性很强的学科，农业生产决不能故步自封。公司不但主动向国内高校寻求技术合作，还向国际探寻菊花有机栽培技术。公司对技术的攻关得到了东南亚农业技术协会的大力支持，协会主席克萨姆·松通教授亲自到公司基地，实地考察基地的环境、土壤、水源、菊花种植方式。克萨姆教授结合实际情况，给出调节酸碱度、轮作豆科作物、使用生物菌肥调节土壤防范病虫害等一系列措施建议。公司希望通过对外技术合作，调整种植结构、提高种植水平、保护种植环境，争创全国有机产品认证示范区。

三、借助政策扶持，铸就菊花品牌

1. 积极申报绿色认证

坚持把农产品“三品一标”认证与提升农业品牌相结合。公司成立之初就把狠抓质量关作为首要工作加以落实，并严格按照绿色食品标准进行生产、加工。2018 年，公司以实施农产品质量安全认证体系建设民生工程项目为契机，积极申报绿色食品，顺利取得绿色证书，为公司走出去迈出了关键一步。

2. 充分利用快检项目

“公司＋合作社＋家庭农场＋基地＋农户”的生产经营模式普遍存在难管理、难把控质量的问题。民生工程项目——乡镇农产品质量安全快速检测体系建设，给公司提供了有利条件。2018 年，公司利用建成的快检室，在严格落实“六统一”的同时，加强把控检测关，对所收购的菊花全部进行分批检测，不合格的一律不收。借助科学仪器既解决了质量问题，又减少了不必要的纠纷。

3. 不断提升品牌效益

通过不断探索、夯实基础抓质量，提升品牌创效益。格瑞菊花经过包装，大部分实现了菊花论朵卖，平均 1 朵菊花可以卖到 1 元钱，最高可达每朵 9 元，折合每千克菊花平均价值 1 000 元、最高可达 7 200 元。目前，一般农户 1 亩地最高卖到 8 千元，公司基地的菊花平均亩产值达 20 000 元（表 1）。

表 1　公司申报绿色食品品牌及花农被带动前后对比

经营者	菊花品种	品牌	销售方式	平均单价（元/千克）	平均产量（千克/亩）	平均产值（元/亩）
格瑞（申报后）	金丝皇菊	旌菊	精选包装后论朵卖	1 000（1 元/朵）	20（精选）	20 000
格瑞（申报前）	金丝皇菊	无	初包装	160	55	8 800
花农个体（带动后）	金丝皇菊	无	初级农产品	100	80	8 000
花农个体（带动前）	金丝皇菊	无	初级农产品	60	70	4 200

四、依托产业兴旺，助力精准扶贫

1. 广开吸纳之门

为改变传统模式、走出困境，公司以身作则，广开吸纳之门。经过 3 年的探索，虽然让花农看到希望，但公司的发展也到了瓶颈，需进一步拓展。为了双赢，公司决定吸引部分花农加入行列中来。先后带动当地和周边农户 300 余户，种植菊花面积 1 100 余亩；扩建了菊花标准化种植实验基地、格瑞大溪生态园及格瑞脱水蔬菜（菊花）加工厂等。

2. 传授种植之技

依托产业为贫困户脱贫致富创造有利条件，公司免费向贫困户传授菊花绿色栽培技术，主动向种植户传授菊花栽培标准、生物农药使用要领，并深入贫困户菊花地现场传授，让贫困户能够获得长期稳定的收益。同时加强各村间合作，在里仁村建立一个完全由贫困户种植、管理的菊花基地，公司全程提供技术指导、加工服务，并以高于市场价10%的订单价格回收。里仁村有望今年真正脱贫。

3. 解决加工之举

多年来，菊花加工技术落后严重影响了菊花品质，造成成品品种参差不齐，贫困户生产的成品尤以为甚。为解决花农加工难、风险高、收入低等问题，公司又推行了来料加工业务，主动帮助贫困户代加工。代加工后，菊花种植平均亩净收益稳定在3 000元以上，为贫困户脱贫致富提供有力保障。

4. 盛开美丽之花

公司依托绿色食品菊花产业，根据贫困户不同情况，采取就近就业、订单种植、土地入股、资金入股等多种形式，直接带动贫困家庭55个和辐射带动5个乡镇的菊花种植户。贫困户在菊花种植田野中收获了幸福和财富，小小的菊花成为贫困户脱贫致富的黄金花。

五、把握时代机遇，再创辉煌成就

1. 依托品种优势，铸就“旌菊”大品牌

为充分发挥3大品种的优势，公司采取了5项措施。一是对当前市场需求进行评估，继续加大同国内外各方的合作力度，整体提高菊花产品品质，使一级品以上的菊花达到总产量的60%以上，基地不再生产三级以下的菊花；二是与安徽同乐兄弟电子商务有限公司强强联合，建立菊花茶网货订单生产基地，实现农户、基地、公司三方共赢；三是增加投资，扩建3套智能烘干设施，避免合作社社员种植的菊花因加工设施、技术的差异导致终端产品的不标准；四是研发新品系，在菊花食品、菊花用品、菊花饰品等方面进

行技术攻关，做消费者需要的、满意的菊花系列产品；五是注册“旌菊”商标，提升品牌影响力。

2. 完善追溯管理，唱响“绿色”主旋律

在食物日益富足、“质量兴农、绿色兴农、品牌强农”成为农业发展主旋律的今天，公司一方面不断创新，紧紧围绕绿色发展理念，积极探索一条产出高效、产品安全、资源节约、环境友好的农业现代化“新”路；另一方面依托农产品质量安全追溯管理信息平台，进一步完善档案规范化管理，确保记录真实完整，确保菊花产品来源可查、去向可追，为将格瑞菊花品牌打造得更加响亮创造有利条件！

3. 建设美丽家园，搭起“小康”大舞台

公司紧跟时代步伐，推动绿色基础设施建设，努力做到结构调优、品质调绿，切实保护好我们赖以生存的共同家园，把大溪村打造成宜居宜业的美丽家园。利用菊花种植轮作和休耕的需求，小批量发展一些豆类、甘蔗等地方特色农产品，使公司大溪基地成为都市客人休闲观光的好去处；合理规划产业布局，实现农旅结合、延伸花卉经济；从 2018 年开始，每年的 10 月，举办甘蔗菊花丰收节，吸引游客品赏菊花、体验生活、采购特产，彻底改变过去为卖菊花而种菊花的局面。

“福建百香果”农产品地理标志品牌助力精准扶贫

范光南[1] 刘雄明[2]

（1. 福建省龙岩市绿色食品办公室；2. 福建省武平县农业农村局）

武平县地处福建省西南内陆，是福建省省级扶贫开发工作重点县，境内平均海拔 274 米，丘陵山地地貌，≥10 ℃有效积温 5 500～6 000 ℃，夏秋季气温日较差≥10 ℃，夏秋季日较差是长江以南最高区域，气候温暖湿润，雨量充沛，干湿季节为“中国天然氧吧”。良好的生态环境使产出的百香果表皮着色均匀光亮，酸甜适中，香气浓郁，汁多味浓，口感细腻，品质优良。2017 年 12 月，“福建百香果”经农业部批准获得农产品地理标志登记保护。武平县借助“福建百香果”地理标志登记保护的有利条件，大力发展百香果生产。通过露地与设施栽培结合，当年种植当年采收，实现全年供应优质果品，使百香果产业成为当地周期短、效益高、脱贫快的精准扶贫首选项目，在武平县产业发展、品牌打造、精准扶贫上呈现一道靓丽的风景线。

一、“地标”品牌助力武平县百香果产业快速发展

自 2017 年以来，武平县积极响应福建省政府把“福建百香果”产业发展成为最具有特色的新兴产业的号召，致力于百香果特色产业的发展，以获得国家农产品地理标志品牌认证为宣传契机，结合精准扶贫与养殖业污染治理，鼓励生猪养殖转产户发展种植百香果，通过大户带动小户、贫困户，提出了“少养猪、多种果，种果就种百香果，扶贫先种百香果”的工作思路。2017 年，武平县“黄金百香果”作为厦门金砖会议指定果品亮相国宴，惊艳了金砖五国。借此契机，武平县高度重视，专门召开了“福建百香果”特

色农业产业发展规划会议，致力于打造“中国黄金果之乡”。2018 年新植“福建百香果”10 500 亩，是 2017 年种植面积的 3 倍，产值达 1.2 亿元。2018 年 5 月，武平县将“福建百香果”列入福建特色农产品优势区，出台了《武平县 2018—2020 年“福建百香果”产业发展扶持政策》等相关政策性文件，大力扶持“福建百香果”产业发展。一是扶持基地建设。对当年连片新植黄金百香果 20 亩、其他品种 50 亩以上，根据棚架搭建年份和搭建材料，每亩按照 500 元或 1 000 元标准给予补助；经营主体搭建钢架大棚百香果嫁接苗繁育基地 100 平方米以上，则每平方米补助 5 元。2017 年 7 月，优达农业开发有限公司依托福建百香果产销联盟技术支持，承担福建省农业农村厅育苗基地建设项目，建立了武平县首个百香果标准化育苗基地，每年可培育优质种苗约 100 万株，为百香果种植提供优质种苗保障。二是激励产业延伸。为积极推动产业升级，对当年购置单台价格 3 500 元以上百香果分级机或挖果机的，分别给予一次性 1 000 元补助；购置洗果机或清洗分级机的按购置金额 30%补贴。通过与省级农业产业化龙头企业臻富果汁食品有限公司、台资企业中天农业科技有限公司等签订合作协议，每年可消纳残次果 1.5 万吨以上，延伸了百香果产业链，促进百香果产品多元化，进一步提升产业抵御市场风险的能力。三是强化产业技术支撑。大力开展种植技术研究与培训，每年安排 20 万元财政资金支持开展有机肥推广与百香果茎基腐病等病虫害绿色防控关键技术研究。编印《武平县百香果产业发展一册通》，并通过微信平台、培训、入户等形式，迅速推广应用“适期移栽＋种植大

“福建百香果”喜获丰收

苗＋适当密植”等百香果栽培新技术。通过多措并举、广泛开展技术指导，武平县“福建百香果”产业迅速壮大。截至2019年5月中旬，全县种植“福建百香果”面积达20 200亩，预计产值可达2亿元。

二、“地标”品牌助力武平县百香果快速扩大影响

2018年，武平县以“福建百香果”公益广告在央视频道播放为契机，全面打造武平“福建百香果”县域公用品牌，让百香果真正“香飘”海内外。一是专业打造品牌战略。邀请业界领先的弘道经邦品牌战略公司给予智库支持，结合国内百香果市场现状，从产业、产品、市场、营销四个层面，打造武平“福建百香果”地标品牌与产业双势能。通过打造品牌竞争、消费者体验、营销传播等战略体系，开展品牌营销策划，探索中国高端百香果领军品牌，成功注册了“林改第一果”的百香果商标。另外，在参展、评比获奖、“三品”认证、名牌产品认定、出口基地建设、品牌宣传等方面给予财政补助。二是借力央视广告扩大影响。在中央电视台、福建省农业农村厅的大力支持下，2018年3月，武平百香果特色农产品成为中央电视台“国家品牌计划——广告精准扶贫”项目免费推荐品牌；9月，央视公益广告片《武平百香果》在中央电视台8个频道轮番滚动播出1个月；9月14日，以武平县为外景基地的《福建百香果香飘飘》专题片在中央电视台“每日农经”频道播出，反响热烈，热度一路飙升，武平“福建百香果”迅速成为名副其实的全国“网红果”、电商爆品，产品供不应求，大大提升了武平“福建百香果”知名度，大幅度促进了武平县果企增效、果农增收。三是助推产业品牌整合。自2018年起，武平县每年安排60万元支持百香果行业协会、经营主体开展“福建百香果”标准制定、广告宣传、包装设计、冷链系统建设和拓展线上线下销售市场。通过坚持“统一品牌、统一标准、统一营销、统一价格、统一标识”五统一，推进产业整合与品牌整合。搭建好平台，打造“百香果＋电商平台＋新物流”销售模式，做好检测、包装、标识等服务，保障物流畅通，讲好“地标”故事，实现产销一体，让百香果运得出、

卖得俏，真正成为老百姓的致富果、幸福果。进一步促进百香果产业的多元化发展，增强百香果产业竞争力，有效降低全县广大农户市场风险。四是健全营销加工体系。通过培育“福建百香果”果品经济人、“网络+农业”等营销手段，2018 年 6 月，武平县牵手阿里巴巴等网络营销巨头，和阿里巴巴签订了百香果出海项目，积极拓宽销售渠道，推动“福建百香果”对外出口。2018 年 12 月，优达百香果正式出口香港，成为福建首家出口香港的百香果企业。充分利用已建成的武平县百香果分拣中心、网货中心，对每日收购的百香果进行分选、分级、分色、清洗加工，进一步提升商品优质率。通过不断深化加工、拓展营销，在产销旺季全县百香果日均销售约达 5 万千克，其中线上渠道日均订单量达 6 280 件、约 1.5 万千克，与沃尔玛、元初、大润发等超市的线下日均订单量达 3 万多千克。

三、“地标”品牌助力武平县精准扶贫

自 2017 年以来，武平县聚焦产业扶贫，将“福建百香果”产业纳入精准扶贫稳定脱贫的首选产业。一是出台产业扶贫与激励性机制政策。结合“少养猪，多种果，种果就种百香果，扶贫先种百香果”特色产业发展大格局，先后出台《武平县产业扶贫实施方案》等扶贫措施，按每亩 1 000 元给予补助扶持贫困户发展百香果产业。2018 年初，武平县为全面激发贫困户内生动力，在“福建百香果”产业发展过程中引入激励性机制，共安排 306 万元县财资金，每个乡镇 18 万元用于建立 1 个 50 亩以上的百香果种植激励性扶贫项目示范基地，让贫困户集中参与。通过各乡镇政府整合扶贫资金搭建百香果激励性扶贫平台，经营主体负责项目生产过程的技术指导服务、传帮带和产品销售，制订项目管理考评激励办法，引导贫困户积极参与。二是探索创新“*N*+贫困户”扶贫激励模式。积极探索创新“*N*+贫困户”（即“龙头企业+基地+贫困户”“专业合作社+贫困户”“村集体+贫困户”“家庭农场+贫困户”“能人大户+贫困户”“党建+贫困户”）模式带动贫困户参与百香果产业发展，实现脱贫致富。2018 年 3 月，武平县城厢镇与东岗

村世平家庭农场签订项目合作共建协议，委托东岗村世平家庭农场流转集中连片土地 54 亩，吸引周边 5 个村的贫困户参与，通过自愿报名综合评比的方式吸纳 28 户建档立卡贫困户参与种植。城厢镇将种植基地划分成 28 片种植区域提供给贫困户种植管理，采取统一采购黄金百香果苗免费提供给贫困户，世平家庭农场提供技能培训、技术指导、保护价收购等帮扶措施，贫困户只需参与种植管理、投入种植所需的肥料，就可以获得种植片区百香果的全部收入。年终考评按得分高低排名，对排名靠后的1～3 户贫困户给予淘汰“下岗”，安排其参与其他产业，由自愿报名的备选对象替换“上岗”；对前 3 名的，由城厢镇政府再分别给予 3 000 元、2 000 元、1 000 元的激励奖励。通过贫困户自己种植管理百香果基地，收获劳动成果，实现多劳多得、少劳少得、不劳不得，达到扶贫与扶志、扶智相结合。三是产业扶贫成效显著。据统计，武平县 2018 年先后组织实施百香果等激励性扶贫项目 186 个，受益贫困户 4 032 户 13 343 人，项目覆盖 71%行政村，有劳动能力的贫困户参与覆盖面达 65%，贫困户户均增收 3 500 元以上。通过引导贫困户积极参与发展，在生产实践过程中，学到脱贫致富技术，真正把贫困户的信心树起来、精神立起来、志气扶起来、脱贫劲头鼓起来，推动扶贫方式从“输血”向“造血”转变，“扶贫”向“扶志”转型。

2018 年，武平县通过种植国家农产品地理标志认证品牌农产品“福建百香果”，全面实现了摘帽、退出贫困县的脱贫攻坚目标。为更快实现富裕梦想，武平县秉持“基地共建、产销共赢、百姓共富”的原则，计划在下一步大力推荐优质企业、合作社等开展“福建百香果”绿色食品、有机食品认证，进一步提升产品质量，提速高质量发展，实现产业兴旺、乡村振兴。

做强绿色食品品牌　助力赣南脐橙产业脱贫

黄传龙

（江西省赣州市果业局）

赣州位于江西省南部，俗称赣南，辖 3 区、1 市、14 县、3 个国家级经济技术开发区、1 个综合保税区、1 个国家级高新技术产业开发区；面积 3.94 万平方公里，人口 970 万，国土面积、人口分别占江西省的 1/4 和 1/5，是江西区域面积最大、人口最多的设区市；享有“红色故都”“江南宋城”“客家摇篮”“生态家园”“稀土王国”“世界钨都”“世界橙乡”的美称。

赣州是我国典型的江南丘陵山区，“八山半水半分田，一分道路和庄园”，人多地少、基础条件差、总体科技水平不高是农业产业发展的基本现状。由于历史原因，赣州仍然是全国较大的集中连片特困地区之一，有 11 个罗霄山集中连片特困地区县，其中 8 个为国家扶贫开发工作重点县。近年来，在江西省委、省政府的正确领导下，赣州市牢记习近平总书记关于“决不能让老区群众在全面建成小康社会进程中掉队”的殷切嘱托，依托“赣南脐橙”这一优势产业，按照“选准一个产业、打造一个龙头、按照一条绿色发展标准、建立一套利益联结机制、扶持一笔资金、构建一套服务体系”的工作思路，扶持贫困村、贫困户发展脐橙产业，走出一条符合赣南山区特色农业经济发展、依托优势产业助力脱贫攻坚的新路子。

一、主要做法

（一）选准优势产业，规划引领产业发展

赣州地处我国中亚热带南缘，气候温暖、雨量充沛、无霜期长、昼夜温

差大。1981 年，中国科学院南方山区综合考察队在赣南进行了为期一年的实地考察，指出：赣南发展柑橘生产具有得天独厚的气候优势，应成为中国柑橘商品化生产基地。赣州正是抓住得天独厚的气候优势、丰富的山地资源优势和优越的区位优势，在科学试验取得成功和充分征求有关专家意见的基础上，果敢决策，不与粮油争地，利用荒山荒坡，开发种植脐橙，把发展脐橙产业作为调整农业结构、促进农民脱贫致富奔小康的突破口和着力点强势推进。

产业发展中，始终将脐橙产业发展工作列入总体工作部署，建立严格的目标管理责任制，层层签订“兴果富民”责任状，实行“一月一调度、一季一督查、半年一验收、一年一考评”的考核工作机制，把完成计划任务作为考核各级领导干部和衡量各级干部业绩的重要内容。在全市形成了“一任接着一任干，一级抓给一级看”“人人有责任，层层抓落实”的长效工作机制。

根据产业发展不同阶段的工作重点和目标，因地制宜地作出“山上再造”“兴果富民”“建设世界著名脐橙主产区”“培植赣南脐橙超百亿元产值优势产业集群”等一系列重大战略决策，先后制订并实施了《赣南优质脐橙产业发展规划（2003—2007）》《赣州市柑橘产业发展规划（2005—2020）》《赣南脐橙产业发展升级行动计划（2016—2020 年）》《关于加快赣南脐橙产

绿色食品赣南脐橙

业发展升级的实施方案》（赣市府办字〔2019〕20号），适时调整顶层设计，规划指引、科学发展，既着眼于当前、更立足于长远，确保了脐橙产业发展的可持续，不断地深入发展赣南脐橙产业，成功实现了将优势资源向优势产业的转化，走出一条符合赣南山区特色农业经济发展新路子。

多年以来，赣州就将脐橙产业作为农民脱贫致富奔小康的重要产业来抓，“八五”期间开始将脐橙产业纳入扶贫计划，把“兴果”与“富民”提到率领全市脱贫致富奔小康的高度来谋划。对贫困户开发脐橙产业，从山地使用、帮扶资金、技术辅导、农资供应、果品销售等各方面给予支持和帮扶。要求各级党政一把手和分管领导都要抓好一个脐橙产业“奔小康示范村”，以点带面，推动脐橙产业扶贫。市、县两级机关和企事业单位，结合抓好“小康示范村”建设活动，帮助结对帮扶的村、组开发种植脐橙，助力扶贫。

（二）坚持农民为主体，“兴果”与“富民”并重

始终坚持“兴果与富民并重、产业发展与农民增收双赢”的产业发展理念，以农民为主体，多元化发展，让农民特别是贫困农民分享产业发展红利，培育形成推动产业稳固发展的内生动力。

坚持户办、联户办开发经营为主，按照“统一山地流转、统一果园规划、统一开发整地、统一采购苗木、统一栽植、分户管理和受益”的“五统一分”开发模式，鼓励引导有条件、有能力的农民自主开发脐橙产业，通过自身的辛勤劳动、艰苦奋斗实现增收、脱贫、致富。1991—2016年，全市平均每年新增脐橙种植面积6.2万亩，共有10.5万户贫困户自主开发种植脐橙，户均年增收2.2万元，29.4万人实现脱贫致富。

对自身没有能力独立开发果园的不同类型的贫困群体，在坚持依法、自愿、有偿的原则下，允许并鼓励单位、富裕户、技术能手、居民和干部，不拘形式、灵活多样，采取调换、转让、租赁、入股等多种形式，与贫困户结成利益共同体，合作开发种植脐橙。在龙头企业、家庭农场、农民专业合作社等新型经济主体以及种果能人、大户的积极参与下，全市形成了能人带穷人、大户带贫困户、企业带家庭的全社会参与精准扶贫的浓厚氛围，实现产

业发展与脱贫致富“双赢”。贫困户在土地入股、土地托管、劳务入股、产业扶贫信贷资金入股中，获得了来自产业发展的红利，实现增收、脱贫、致富。全市 982 家果业合作社、800 多个产业精准扶贫示范基地，链接带动 7 万多户贫困家庭年均增收 3 900 元，19.6 万人实现增收脱贫。

在不断壮大产业规模的同时，赣州特别重视产业体系建设，大力培植龙头企业、专业合作社，深度开发果品储藏保鲜、包装印刷、生产资料供应、果品精深加工、物流运输、休闲旅游、设备制造等关联配套产业，以及采果、修剪、喷药等专业服务组织，推动产业集聚和“三产”融合发展，全面提升赣南脐橙产业化发展水平。关联配套产业的孕育、发展，拓宽了贫困户就业增收渠道，每年解决了近百万农村劳动力就业，有 35 万多贫困人员就近在果业企业务工，人均年增加收入 3 600 元，实现脱贫。

（三）创新扶持机制，强化产业政策支持

制定出台一系列产业扶持政策，解决基地开发投入和产业体系建设资金，不断夯实产业发展基础。每年，市财政专项预算 2 000 万元、县预算 200 万～300 万元果业发展资金，用于基地开发补助及人才队伍建设、产业科技研发、技术推广、市场开拓、品牌打造等产业体系建设。同时，整合农业、林业、水利、老建、水保、移民、农业综合开发、以工代赈、国际农发等项目资金，向脐橙产业重点倾斜，以解决水、电、路等基地基础设施建设。各行各业都为脐橙产业发展献计献策、提供优质服务，确保“兴果富民”目标的实现。据不完全统计，自 1991 年实施“果业工程”以来，市级财政预算中果业发展资金达 1.5 亿元，整合各种涉农资金达百亿元用于脐橙产业开发。

建立“政府＋金融＋保险＋公司＋贫困户”五位一体的创新精准扶贫模式，综合采取贷款风险补偿、贷款贴息、贷款保证保险等多种方式，开发出“产业扶贫信贷通”“金穗脐橙贷”“财政惠农信贷通”“两权”抵押贷款等多种针对性强、贷款方式与期限不一样的扶贫信贷产品，破解扶贫产业发展投入不足的难题。特别是 2016 年，市、县两级财政筹资 10 亿元，按照 1∶8 的比例，撬动银行信贷资金投放“产业扶贫信贷通”，单户贫困户可获得 5

万元以内、期限3～5年的全额贴息贷款。截至2019年，全市共发放“产业扶贫信贷通”贷款81.5亿元，惠及包括脐橙种植户在内的15.1万贫困户。

（四）重视绿色发展，健全质量支撑服务体系

实施果业工程以来，赣州始终坚持绿色兴农、质量兴农的产业发展理念，围绕良种繁育与供应、标准化生产、病虫害防控、商品化处理与加工、“三品一标”、市场营销、品牌管理与保护、产业组织、产业服务等进行技术研发、集成创新、技术推广和人才队伍建设，构建起了比较完善的赣南脐橙现代产业服务体系。

建立健全产业组织管理体系。1993年，为确保全市果业工程的顺利实施，赣州从产业发展的实际出发，调整充实果业领导小组，成立市、县两级果业局，分别为正处、正科级行政建制，负责本地果业行政管理和果业产前、产中、产后服务工作。2005年，按照“民办、民管、民助、民受益”的原则，组建成立市、县、乡或以基地为单位的果业协会等合作经济组织。通过农民的自我教育、自我培训、自我管理、自我服务，提高从业果农的科技素养和组织化程度。通过果业局、果业协会和果业合作社的建设，建立起了以果业局为主体、龙头企业为纽带、果业协会为基础的产业组织管理体系，为脐橙产业发展提供了强有力的组织保障。

建立健全产业质量技术体系。为积极配合赣南脐橙产业发展的需要，集中抽调一部分骨干技术人员，成立赣州市柑橘研究所，积极开展柑橘应用栽培技术研究和新品种、新技术的引进、示范与推广。随着产业发展的不断升级，为确保赣南脐橙产业的安全、整合人才资源，组建成立了国家脐橙工程技术研究中心。围绕以脐橙产业发展的关键技术，开展工程化研究、集成、示范与推广，构建起了以国家脐橙工程技术研究中心为核心的产业科技支撑体系。截至2019年，体系获国家科技进步二等奖1项、省级科研成果8项；制定国家标准2项、农业行业标准1项、地方标准15项；国家认定自主研发脐橙新品种4个。通过不断自主研发和集成创新，构建起了赣南脐橙标准化生产技术体系和技术标准体系，有力推进了赣南脐橙产业持续、健康发

展。在不断提高自主创新能力的同时，加强与国内外农业重点院校、科研院所的技术合作与协同创新，充分利用科研院所的技术优势，建立产业专家顾问团队，实时把脉产业发展，不断推进赣南脐橙产业科技进步。

积极做好“三品一标”质量认证。通过宣传培训，引导果品企业、合作社、家庭农场积极进行无公害食品、绿色食品、有机食品和地理标志产品认证，并认真组织企业内检员统一参加培训，提升内检员业务水平；与此同时，严把“三品一标”申请企业审核关，组织人员到现场进行查验，保证了“三品一标”基地的数量和质量。截至 2018 年 12 月底，全市通过无公害产品认证备案的基地 73 个、面积 3.4 万亩，绿色食品基地 34 个［其中 3 个全国绿色食品原料（脐橙）标准化生产基地县］、面积 76.5 亩，有机食品基地 13 个、面积 1.8 万亩，“三品一标”认证基地面积占整个脐橙产业面积的 52%。

（五）做强做优品牌，建立市场营销体系

先后举办了六届中国赣州脐橙节、承办了四届中国赣州国际脐橙节和四届赣南脐橙网络博览会。采取“政府搭台、企业运作、合作社参与”的方法，在全国农产品销售中率先实践并多年坚持以一个县对接一个区域的“主销城市”战略，在全国各大中城市开展宣传、推介、促销活动。积极发展“订单农业”“社区直销”“农超对接”“直采直供”“代理配送”等新型交易方式，建立较为完善覆盖省、市、县三级城市的市场营销网络，做到超市有专柜、批发市场有专区、社区有直销点。赣南脐橙不但走进了各大中城市市场，而且远销东南亚、中东及俄罗斯、蒙古等 30 多个国家和地区。

按照“生产有记录、流向可追踪、信息可查询、质量可追溯、责任可界定”的要求，初步建立赣南脐橙果品质量安全监控溯源系统。按照“统一品牌、商标各异、注明产地、统一管理”的办法，大力实施赣南脐橙公用品牌、绿色食品品牌与企业品牌相融合的“母子”品牌战略，做大、做强、做响“赣南脐橙”品牌。赣南脐橙荣获“绿色食品”“国家地理标志保护产品”“国家证明商标产品”“国家优势区域农产品”“全国农产品十佳品牌产品”“中国农产品区域公用品牌网络声誉 50 强”“全国名优果品区域公用品牌”

“中国果品区域公用品牌品牌价值十强”等荣誉称号。2011年，赣南脐橙地理标志证明商标被国家工商总局商标局认定为中国驰名商标。2016年，赣南脐橙以668.11亿元的品牌价值，连续四年位居全国初级农产品类地理标志产品价值榜榜首。

发挥绿色食品品牌作用，依托市、县、乡三级电商产业园，大力发展“互联网＋绿色食品＋”网络营销模式，推动了赣南脐橙绿色食品网络销售和电商企业发展。获得“三品一标”认证的赣南脐橙才能进入电商渠道，从而被消费者认可。积极引导贫困户与电商企业线下合作，让贫困户进入电商利益链，真正建立起贫困户与产业发展主体间利益联结机制。探索出“绿色食品＋电子商务＋贫困户”“绿色食品＋电商企业＋贫困户”“电商企业＋就业岗位＋贫困户”等电商扶贫新模式。2016年，在淘宝、天猫等平台上，赣南脐橙销售店铺达到12 684家，年销售量达26.6万吨，占总产量的24.6％；电商交易额达27.3亿元，同比增长112.5％。线上交易价格平均达到了每千克12元左右，比产地果园交易价格5.6元/千克提高了114.3％，比销地批发市场8.4元/千克提高了42.8％。通过“互联网＋绿色食品＋”，果农特别是贫困户收入大幅度提高。这种创新做法，得到李克强总理的充分肯定。

大力发展“旅游＋”。自2015年起，赣州连续四年举办大规模的赣南脐橙旅游采摘季活动。获得“三品一标”质量认证的脐橙果园最受游客欢迎，吸引国内外游客、客商、媒体记者100多万人次，越来越多人关注、投资、宣传赣南脐橙，有力提升了赣南脐橙品牌影响力，带动形成新的消费热点，促进了果农特别是贫困群众增收致富。

二、基本经验

（一）政府、企业与专家有机结合，做大做强区域特色产业

赣州历届党委、政府立足赣南得天独厚的气候资源优势和大量荒山荒坡生态条件，发挥区域比较优势，因地制宜地作出“兴果富民”等一系列重大

战略决策，坚定不移地把脐橙产业打造为强市富民的农业主导产业；华中农业大学、中国农业科学院柑桔研究所等行业顶级专家学者，从品种选育、技术研发等各方面协同创新，实时为产业问诊把脉，确保了产业朝着正确轨道和方向发展；本地企业立足市场，与贫困户建立利益共同体，连接“小农户”与“大市场”，辐射带动贫困户脱贫致富。赣州坚持生产与营销并重、技术与管理并重、科技与应用并重，形成政、产、学、研紧密合作的区域特色产业体系。

（二）品种、品质和品牌优化提升，使产业供给体系更好适应市场需求

立足市场、充分发挥比较优势，以中熟脐橙品种为主，适当种植早、晚熟脐橙品种。根据市场和消费者的需求变化，研发适应市场的新品种，从源头上保证品质。视品质为产业生命线，全力推进赣南脐橙绿色食品生产和果品商品化处理精选优果，实现从果园到餐桌全程可追溯，从供给侧带来果品品质的提升。品牌上注重研究、培育、保护、宣传和创新，实施赣南脐橙公用品牌、绿色食品品牌与企业品牌相融合的“母子”品牌战略，建立完善的市场维权和打击假冒伪劣工作机制。着力提高脐橙供给体系的质量和效率，提升满足消费者需求的潜力，实现产业更加稳定、更有效益、更可持续地发展。

（三）一二三产业融合发展，拓宽贫困户增收渠道

始终坚持促进农民持续增收为目标，以市场需求为导向，以能够让农民分享二三产业增值收益的新型经营主体为对象，采取合作制、股份合作制和股份制为主要组织形式，培育多元融合主体，建立多形式利益共享机制和实现机制，发挥脐橙产业“接二连三”的功能，延伸产业链，拓深加工链，推动脐橙等农产品生产、初加工、精深加工、综合利用、销售、休闲旅游等一体化融合发展，初步构建脐橙产业与二三产业交叉融合的现代产业体系。初步形成农民持续增收和精准扶贫、精准脱贫的新模式，让农民不仅从农业提质增效中获得收益，而且从二三产业发展的增值收益中分享利润。

(四)产业精准、项目精准、受益者精准,形成产业精准扶贫长效机制

从发挥地区资源优势出发,因地制宜选择脐橙等发展前景好、具有可观经济效益、具有本地特色的主导产业带,形成集聚效应,带动本地贫困户和贫困村脱贫致富。在扶贫项目上,开发出十多种针对性强、贷款方式与期限不一样的扶贫信贷产品,让贫困户可以因户制宜地选择。精准扶贫"一个都不能少",扶贫对象精准到"点"。赣州市梳理出因病、因残、因灾、缺土地、缺技术、缺资金、交通落后等12种致贫原因,为贫困村和贫困户建档立卡。全市9.3万名"三送"干部与228万户群众建立了结对联系。通过完善财政扶持资金持续增长机制,推出农业银行、农商银行等金融机构的"财政惠农信贷通"融资试点服务,精准扶贫从"输血"变为"造血",变"短期治标"为"长效治本",形成推动精准扶贫发展的内生动力。

三、三点启示

(一)坚持产业扶贫市场导向

推进产业扶贫,首先要明确产业的经济属性,必须坚持市场导向,要遵循市场和产业发展规律,因地制宜、因户制宜、因时制宜,尽可能选好、选准具有区域化、特色化、个性化和有市场前景、收益预期的产业项目,合理确定产业发展方向、重点和规模,提高产业发展的持续性和有效性。赣南脐橙产业扶贫之所以成效显著,并获得贫困户广泛肯定,其关键原因在于坚持市场导向、品牌导向和消费者导向,充分发挥老百姓的主观能动性,团结一切力量,带动贫困村和贫困户农民脱贫致富。

(二)建立产业扶贫利益联结机制

产业扶贫要发挥产业对贫困户脱贫增收的带动作用,确保贫困户有长期稳定的收益,避免扶农不扶贫、产业不带贫。要重视新型经营主体的带动作用。要创新机制，鼓励种养大户、农民合作社、龙头企业等新型经营主体与贫困户建立稳定的带动关系，向贫困户提供全产业链服务，切实提高产业增值能力和吸纳贫困劳动力就业能力。要通过股份制、股份合作制、土地托管、订单帮扶等多种形式，建立贫困户与产业发展主体间利益联结机制。

政策、银行与金融扶贫项目不仅支持贫困群众，还要鼓励支持带动贫困户脱贫致富的新型农业经营主体，按吸纳贫困户数给予一定的优惠贴息政策。要坚持专项扶贫、行业扶贫、社会扶贫等多方力量和多种举措有机结合、互为支撑的“三位一体”大扶贫格局，真正建立起贫困户分享产业发展红利的有效机制。

（三）突出品牌扶贫协同整合作用

品牌战略是基于实体经济、资源体系、消费关系而形成的差异化、个性化竞争战略。既然是战略，就具有高屋建瓴的作用。品牌创建过程必须协同利用物质、资本、知识、科技、文化等各种资源，“品牌扶贫”才可以起到整合多种扶贫方式、协同作战、资源优化、合力共赢的整合扶贫效果。比如，过去的实物扶贫乃至项目扶贫，只能“授人以鱼”，并不能“授人以渔”。知识扶贫、科技扶贫，大多只能在单项技术培训方面作出努力；产业扶贫，可以在经济方面达到一定的减贫目的，但并不能够提高农民的文化自信与精神气质，不能够传承文脉并衔接现代文化；电商扶贫，虽然能够打破时空限制，拓宽销售渠道，培养电商技术，借助互联网赋能贫困地区的老百姓，但始终不能在更高程度上整合区域资源，形成区域内各界群策群力，区域品牌与企业（产品）品牌互动发展、共振共赢的新型互动发展模式。

“赣南脐橙”品牌扶贫的实践证明，打造区域公用品牌，实施以“赣南脐橙品牌+绿色食品品牌”为核心的生态化、电商化、标准化、组织化扶贫模式，能有效整合利用扶贫资金、电商平台、技术参与、产业基础、文化资源、旅游资源等，形成良性互动互补的整合协同作战，做大做强赣南脐橙产业。

品牌引领浇灌幸福之花

——关于河南天豫薯业股份有限公司品牌扶贫的调查

杨玉慧

（河南省周口市农产品质量安全检测中心）

河南天豫薯业股份有限公司是一家从事优质红薯良种繁育、种植推广、鲜薯窖存、精深加工的农业产业化龙头企业。近年来，在各级农业部门的指导下，天豫薯业通过绿色食品等公共品牌引领发展，在企业不断壮大的同时，带领群众脱贫的能力也越来越强，走出了一条品牌扶贫的路子。

一、天豫薯业的农业品牌建设之路

天豫薯业对于农产品质量品牌的认识始于2005年，当时天豫薯业的产品已经走出国门，为了扩大出口，公司开始认证无公害农产品。省、市、县三级工作机构指导他们建立农产品质量安全制度、生产记录制度、无公害农产品生产技术规程，使公司的质量安全意识和生产管理质量得到很大提升。获得无公害农产品认证后，对公司的产品销售产生极大促进作用，2006年公司年销售量达到5 000吨，实现销售收入4 500万元。随着产品销量的增加，公司越发认识到农产品质量品牌对公司经营的重要性，2010年，天豫薯业开展绿色食品认证。其红薯粉条和红薯淀粉通过绿色食品认证给公司带来重大商机，一家国外合作公司看中天豫的绿色食品品牌，一次签订7年的供货合同，2017年合同到期，该国外合作公司又主动续签供货合同。2010年，公司年销售量达到10 000吨，实现销售收入12 000万元。2016年，郸城县着手“郸城红薯”农产品地理标志登记，作为“郸城红薯”生产的龙头企业，天豫薯业积极配合工作。2017 年，“郸城红薯”农产品地理标识登记获得农业部批准，同年，郸城县创建全国绿色食品原料（红薯）标准化生产基地申请获得农业部批准。天豫薯业是该项工作的最大受益者，通过政府对该项工作的推动，扩大建设标准化绿色红薯基地 3 万亩、订单红薯基地 12 万亩、天豫薯业的红薯粉条荣获第十八届中国绿色食品博览会金奖。2018 年，郸城县全国绿色食品原料（红薯）标准化生产基地顺利通过农业部专家组验收。2018 年，天豫公司年销售量达到 35 000 吨，实现销售收入 49 000 万元；同年，在河南省农业厅召开的河南农业品牌扶贫现场会上，天豫薯业作为唯一的农业品牌扶贫企业典型进行大会发言。“三品一标”质量品牌认证就像是在给天豫公司施基肥，浇拔节水、灌浆水，公司成长的每一个关键时期都离不开品牌认证的助力。

二、天豫薯业的品牌扶贫之路

天豫公司深怀感恩之情，在成长过程中努力回馈社会，积极参与扶贫。他们采取基地增收、产业拉动、一户一策精准扶贫等措施，充分利用农业品牌的影响力和带动力，在扶贫工作中发挥了巨大作用。

（一）基地增收助力扶贫

随着“天豫”品牌产品销量不断增加，公司基地面积也不断扩大，结合公司自身优势，天豫薯业注重以基地带动贫困户增收。采取“公司＋基地＋专业合作社＋农户”模式，把土地从农民手中流转过来，建立起红薯标准化种植基地，然后再将基地交给红薯专业合作社种植。天豫薯业与专业合作社签订包括最低保护价的“五统一”协议，即统一供应脱毒薯苗、统一供应有机肥料、统一田间管理、统一回收标准、统一回收价格，并在协议中要求红薯种植专业合作社必须与流转土地涉及的农户签订产业拉动或土地入股协议。天豫薯业先后与 24 家专业合作社结成了合作共同体，共流转土地 3 万亩，带动流转农户 6 832 家，其中建档立卡贫困户 279 户。在具体实施中，

河南天豫薯业股份有限公司生产车间

凡是以土地入股的贫困户，每年10月，由天豫薯业预先替合作社垫付每亩1 000元的保底分红，到年底合作社根据盈利情况再返利分红；没有参与土地入股的贫困户，每亩租金比非贫困户租金高出200元，并保证每年每户最低500元的收入，此项举措帮扶贫困户250户。同时，天豫薯业还与红薯种植户和部分种植大户签订了12万亩的红薯订单种植合同，同样实行“五统一”管理模式。这样，天豫薯业发挥科技优势，在统一脱毒种苗、统一技术指导下，红薯亩均单产由原来的1 750千克增长到了2 750千克。3万亩自营基地和12万亩的订单基地，仅增产一项，就可为广大薯农每年带来1.2亿元的增收。

（二）产业拉动助力扶贫

天豫薯业从种植、加工、销售到产业服务形成了完整的产业链条，也形成了产业工人队伍。为了更好地开展扶贫工作，天豫薯业规定，凡是流转出土地的农民，只要身体条件许可，都可以进公司成为员工。2017—2019年，天豫薯业累计安排农民工1 058人次。现在天豫的760名固定员工中，有

586 人是来自周边的农民，其中建档立卡贫困人口 68 人，他们每人每年可以获得平均 25 000 元的薪酬。另外，天豫薯业自营 3 万亩基地每亩每年需用人工费用 130～150 元，每年都有 1 800 多人次来自基地周边的社会劳动力参与其中，天豫薯业依然是优先安排贫困户，他们每人每年可获得 2 000～6 000元的劳务报酬，涉及建档立卡贫困户 382 户，人均季节性收入 5 000 元。天豫薯业对建档立卡贫困户实施特殊政策，优秀安排或进车间或下基地，除支付计件工资外，每年每人再补贴 1 200 元。2015 年，天豫薯业安排登记在册贫困人口 69 人，涉及 66 家贫困户。到 2018 年脱贫后，剩余在册贫困人口 5 人涉及 5 户，天豫薯业继续帮扶。

（三）精准扶贫助力脱贫攻坚

天豫薯业在不断探索有效的精准扶贫方式。自 2016 年起，天豫薯业尝试对全县范围内种植红薯的建档立卡贫困户，免费供应薯苗，免费技术培训。经实践，这种做法扶贫效果非常好。2017 年，天豫薯业扩大这一做法，投资 40 多万元，免费为 362 户贫困户提供薯苗 396 万株，种植红薯面积 1 320亩。这些种植户，如果愿意将红薯卖给天豫薯业，还会在签订最低保护价回收的基础上，每吨再加价 40 元。这种扶贫方式可使贫困户户均增收 4 011 元。2017 年、2018 年公司为种植红薯的所有贫困户免费提供 4 502 亩种苗，价值 135.06 万元，帮助贫困户 521 户。

（四）品牌影响助力扶贫

绿色食品标志就是企业最好的广告，就是企业的质量信誉证明，天豫薯业正是凭借着绿色食品企业和自身品牌影响力。2015 年 8 月，天豫薯业和洛宁县合作实施“洛宁天豫循环农业产业园”项目，该项目以洛宁县丰富的优质红薯资源为平台，借助天豫薯业的品牌、资金、市场、销售优势，在洛宁打造以红薯种植、加工为主体的绿色现代农业产业，构建循环农业产业体系。截至 2019 年，天豫薯业已发展优质红薯种植基地 1 万亩，带动当地3 000多农户，基地覆盖 9 个贫困村、580 户建档立卡贫困户，可使他们亩均增收 1 200 元。天豫薯业深深明白“三品一标”品牌的巨大作用力，将主导产品红薯淀粉申报绿色食品，从而实现了提升洛宁现代农业档次、优化洛宁农业结构、带动当地群众脱贫致富的目标。天豫薯业更是凭借品牌影响力走出河南。天豫薯业与江苏美阳合作在江苏泗阳建立 3 万亩红薯花木套种基地，建立了年产 2 万吨的红薯淀粉加工厂，安置就业人员 1 200 人；与山东岱龙公司合作在山东泰安建立年产 1 万吨的红薯淀粉加工厂，带动周边 2 万亩红薯的种植，亩均增收 800 元，直接受益农户 5 000 多户；在江西南昌成立南昌天豫食品有限公司，拉动当地红薯种植 1.3 万亩，涉及 2 400 多农户，亩均增收 900 元。借助品牌影响力为农业增效、农民增收、贫困人口脱贫，2017 年、2018 年两年天豫薯业共投入扶贫资金 668 万元，帮扶建档立卡贫困户 3 500 户，其中，贫困户租地补贴 23 万元，贫困人口就业补贴及帮扶补贴 6 万元，到户增收 25 万元，无偿提供种苗 135.06 万元。

天豫薯业从一个手工作坊发展为年产值上亿元的省级农业产业化龙头企业，成为全国甘薯淀粉行业唯一一家集种植、加工、销售、产业服务的全产业链企业；从生产手工粉条到成为国家甘薯淀粉、粉条、全粉行业标准制定的主要参与者；从单一品种到现在的拥有红薯粉条系列、红薯淀粉系列、红薯休闲食品系列、紫薯饮料系列、优质红薯全粉系列等 8 大系列 60 多种包装规格，产品远销海外 20 多个国家和地区。“三品一标”农业品牌给企业注入了生命力，助推企业成长，助推企业品牌影响力不断提升，推动产业发展，形成强大的带贫能力。目前，天豫薯业正在配合郸城县政府，全力推进“全国绿色食品原料（红薯）标准化生产基地”的建设运营，相信通过政府引导、企业主导，必将推动郸城红薯产业大发展，在带贫致富奔小康的伟大征程中发挥持久且巨大的作用。

加强绿色食品品牌建设　助力精准脱贫

——以欢乐果世界为例

刘犟南

（湖南省平江县农业农村局绿色食品办公室）

平江县是农业大县，绿色食品发展已经有 12 年经历，绿色食品理念、品牌和影响力在平江县快速提高，且随着百姓对食品安全要求越来越高，在政府部门引导下，以绿色食品为主的高端品牌知名度和接受度逐年提高，形成了品牌效应。中国绿色食品发展中心于 2007 年认定平江县 18.4 万亩基地为“全国绿色食品原料（水稻）标准化生产基地”；已认证有机农产品生产基地 4 个，有机农产品 8 个；已建立绿色食品标准化生产基地 25 万亩，认证绿色食品品种 20 个。

平江县也是国家级贫困县，共有贫困人口 141 871 人。近年来，平江县大力发展农业产业扶贫，共计帮扶贫困户 24 084 户 56 619 人。同时，高度重视绿色食品品牌建设，以标准化生产提升农产品质量水平，助力精准脱贫，湖南省九狮寨高山茶业有限责任公司、湖南省山润油茶科技发展有限公司、平江县华星农林发展有限公司、平江县幽吉茶业有限公司等绿色食品生产企业帮扶贫困人口 12 577 人，占产业帮扶人口的 22.2％。

本文以具有代表性的平江县华星农林发展有限公司欢乐果世界农场绿色果品生产农场为例，分析绿色食品品牌发展现状与成果，并从监管、市场监察、品牌建设管理等方面进行了阐述，旨在分析绿色食品品牌建设联系精准扶贫措施，助力脱贫攻坚。

一、欢乐果世界农场绿色食品发展现状

平江县华星农林发展有限公司欢乐果世界绿色果品生产农场位于平江县连云山脚下，是平江县贫困人口主要分布区域之一。该农场充分发挥平江县毗邻长株潭的区位优势，2012 年开始建设以水果种植为主、一二三产业融合发展，并集循环农业、创意农业、科普教育于一体的现代田园综合体。截至 2019 年，该场已投资 5 000 余万元，建成绿色经济林基地 3 000 亩，其中有油茶 459 亩、樱桃 31 亩、甜柿 469 亩、黄桃 55 亩、南方沙梨 649 亩、桃 503 亩、李 207 亩、枣 716 亩。经过 7 年发展，一个“四季有花可观、三季有果可摘”的休闲农业与乡村旅游的示范基地初具雏形。

欢乐果世界农场——一个集绿色果品种植、田园休闲度假、自然科普教育和研学旅行基地于一体的田园综合体

欢乐果世界农场在建设初期，极为重视人才的引进和储备，建园规划前经多方考察并邀请了行业内著名专家指导园区规划和建设。欢乐果世界农场不仅有以行内教授专家为主的特色水果产业指导咨询团队，还有以中南林业科技大学经济林硕士和行业内一线“土”专家为主的项目执行团队，共同完成园区果树生产栽培技术措施的制订和实施。欢乐果世界农场极为重视绿色

果品生产，建有健全的生产管理制度和操作守则。严格遵守绿色食品生产标准，全园始终坚持使用生态栽培措施，严格规范用药标准，施用获得认证的有机肥料。截至2019年，已成功申报“连云翠梨”和“连云鲜桃”产品名的绿色果品基地910亩。农场先后被科学技术部评为“国家级星创天地”，湖南省农村工作委员会、湖南省财政厅评为“现代农业特色（水果）产业园省级示范园”，被湖南省农业农村厅评为“湖南省休闲农业示范点”。

2017—2018年，欢乐果世界农场通过多种利益联结模式，帮扶带动贫困人口2 316人，产业增收460余万元，人均增收1 700余元。

二、欢乐果世界农场绿色食品品牌建设对策

1. 以有效监管保障品牌公信力

绿色食品品牌想要建设的前提是保障食品安全，安全的食品才能够拥有广阔的发展前景。提高品牌公信力需要由内而外，也需要由外而内。由内而外是指绿色食品企业必须严格按照绿色食品要求生产食品，从技术引进到企业员工操作方面，均需要保证生产的合规合格，同时根据绿色食品标准和操作规程进行生产，确保产品质量安全；由外而内是指各级监管部门认真履职，建立绿色食品标志管理制度，以确保发放的标志的真实有效性，以此维护绿色标志的公信力。多年以来，平江县绿色食品管理机构均按照绿色食品管理规范和质量监管的相关要求开展各项工作，以欢乐果世界农场为例，岳阳市绿色食品中心每年都不定期对园区果品展开抽检，县级绿色食品办公室不定期抽检药剂仓库，并在每种果实成熟前开展果实品质农残检测，整个监管极为重视，绿色食品过程中得到有力监管，效果显著。

2. 强化制度建设，加强员工培训工作

制度上墙并不是制度建设的终点，农场紧紧围绕绿色食品生产和品质提升方面做了大量工作。每年都会按时节需求对员工开展果树栽培技术培训，理论结合实践促进员工能力提升，加强一线操作人员对绿色食品生产流程、要求的了解，每年内部培训员工10余次，邀请专家培训2～3次。通过多年

努力，取得了良好的效果，大部分员工能按照绿色果品生产要求独立完成各项果树管理操作。

3. 整体打造绿色生态生产环境

绿色食品生产对传统果品生产主体要求较高，需要调整的内容较多，局部的绿色生产达不到理想的要求。为此，农场技术团队为实现生态自然果品生产环境，加大力度培肥地力，探索“以草抑草”模式。通过4年时间的试验，前后试验了三叶草、黑麦草、紫花苜蓿、鼠毛草等生草种植，并展开了对比试验，最终确定鼠茅草为目的草种，农场试验推广面积200亩，实现了“以草抑草”、增加土壤有机质、培肥地力的目标，减少了化肥的施用，提高了有机肥施用效果。同时，利用原本记忆食品厂生产酱干后剩余的豆渣发酵成高品质有机肥，实现园区农林废弃物有效处理，达到零排放目标，实现了农业生产与自然生态和谐共处。

4. 加强自身品牌建设和宣传，提高消费者认知度

品牌建设是一个长期过程，通过坚持严格操作标准，打造绿色生产环境。欢乐果世界农场生产的优于进口水果品质的绿色水果为农场赢得了良好的口碑。2018年，农场完成桃、梨绿色食品认证申报，获得绿色食品证书，使欢乐果世界农场高品质水果有了官方认证，营销宣传如虎添翼，公司利用微商、淘宝、京东、携程等电商平台，并积极参加中国绿色食品博览会、地理标志品牌推介会等活动，大力宣传农场绿色果品，推广品牌。同时，计划在县城发展绿色水果体验直营店5～10家，进一步布局营销宣传展示平台，做足品牌宣传建设。经过多年的经营，欢乐果世界农场的水果已经在平江及长沙周边形成了一定的品牌影响力，水果市场认可度较高，拥有了一批忠实消费者。

5. 辐射带动推广，投入精准扶贫和乡村振兴战略大局

欢乐果世界农场充分发挥自身技术优势，对有条件、有意向发展果业的贫困村，提供建设特色水果园绿色食品生产整体解决方案，从品种选择、规划整地、栽培技术到果品销售，进行全方位的支持。截至2019年，通过该场支持，带动了加义镇杨林街村、五星村、泊头村、丽江村和安定镇长田村、大洲乡上洲村等种植南方沙梨、猕猴桃、桃等特色水果2 000余亩，预计2年后可获益，5年后亩产值可达3 500元，总产值超过700万元。为响应杨林街村“一户三园”美丽乡村建设，2019年，农场对杨林街村300余村民发放了优质果树苗木12 000株，并与村民签订了技术支撑协议；同时，农场整合国家项目资金，对有意向发展绿色水果生产的村民免费发放农资、树苗，提供技术服务等，辐射带动栽种各类水果350亩。

6. 以绿色食品品牌为后盾，坚持一二三产业融合发展，提升农业附加值

坚持一产业为基础的发展思路，大力促进二三产业发展，使一二三产业互促互融。欢乐果世界农场一方面不断招揽储备营销、亲子自然教育的研学导师优秀专业人才；另一方面对于有潜力的优秀员工，公司不惜重金外派学习，提升员工技能，仅2018年就外派员工20人次赴上海、杭州、南京、北京等地学习。

7. 优化绿色果品营销体系结构

为确保欢乐果世界农场可持续良好发展，欢乐果世界农场通过多种方式建立了综合性营销体系，确保农场生产的农产品以高附加值销售。一是拥有一支实力强劲的销售队伍，结合线上线下进行销售，线上拥有自己的微商城，线下在平江县城及长沙有水果连锁店；二是集一二三产业融合于一体，重点发展休闲农业与乡村旅游，2017年被评为湖南省五星级乡村旅游点、2018年被评为平江县研学旅行示范基地，农场正在申报五星级农庄和全国休闲农业精品园区。目前，前来体验采摘的游客较多，能保证很大部分的绿色水果以较高附加值就地销售。

8. 立足长期发展、坚持科学管理

建设品牌必须着眼于长远利益，忌急功近利，能够实现长足发展的企业均是一点一滴建设起来的。品牌建设与绿色食品品质应当居于同样重要的位置，提高企业管理能力，控制果品质量，是建设品牌的基础。

三、欢乐果世界农场深度参与扶贫工作

欢乐果世界农场在坚持绿色食品品牌建设、增加企业效益的同时牢记社

会责任，深入参与精准扶贫、助力脱贫攻坚战略。

1. 发展产业带动贫困户增收

一是发展水果种植业带动增收。欢乐果世界农场依托湖南农业大学、中南林业科技大学的科技支撑，精选优质新品种，将高等院校最新成果转移转化到基地落实试验。经过5年探索，掌握了水果种植从高标准建园、品种选择搭配、绿色生产栽培措施、采后储藏保鲜等一整套成熟的标准规程和办法。该场充分发挥自身技术优势，对有条件、有意向发展果业的贫困村，提供建设特色水果园整体解决方案，从品种选择、规划整地、栽培技术到果品销售，进行全方位的支持。截至2019年，通过该场支持，带动了加义镇杨林街村、五星村、泊头村、丽江村和安定镇长田村、大洲乡上洲村等村新种植南方沙梨、猕猴桃、桃等特色水果2 000余亩，2年后可获益，5年后亩产值可达3 500元，总产值超过700万元。

二是发展加工业带动增收。农场建设了平江老酱干体验馆，每年生产中国地理标志产品“平江酱干”9万千克，年产值达300万元。农场生产酱干每年需大豆95吨。为促进当地贫困户增收，农场提供种子，由贫困户种植本地原生大豆，并与贫困户签订协议，以高于市场价20%的价格保底收购。2018年，已带动35户贫困户种植大豆65亩，预计可增收6.3万元，户平均增收1 800余元。

三是发展旅游业带动增收。为满足城市家庭亲子度假和中小学研学旅行的消费需求，农场以特色水果产业园为基础，建设了山顶童话木屋、乡村玩乐童营、农耕体验馆和自然教育学堂等多个特色项目，较好地实现了一二三产业融合发展。每逢周末和节假日，许多学校、社区、家庭组织小孩到欢乐果世界游玩或开展研学活动，带来了巨大的客流量。不但使农场产生了良好效益，也带火了周边的农家餐馆和农产品销售。经初步统计，当地农户新开农家餐馆2家，年收入达20万元，当地各类农产品销售年增收15万元，两项合计为当地贫困户增收十余万元。同时，农场根据研学旅行和亲子活动所需，引导42户贫困户种植蔬菜、红薯、玉米、花生等农产品，养殖土猪、土鸡等家禽家畜，农场以保底价格收购。2017年，为贫困户增收20余万元；2018 年，增收达 60 万元以上。

2. 就业带动贫困户增收

欢乐果世界农场是田园综合体，在种植、养殖、农产品加工和旅游服务等方面，需要大量务工人员，每年直接解决农户就业 120 多人，带动增收 115 万元；该场为建档立卡贫困对象长期提供就业 36 人，贫困对象在家门口实现了就业，每年人均务工收入 2.8 万余元，合计增收 100 余万元；农场的种植、旅游服务、基础设施建设等环节带动了贫困户短期务工，2018 年共计短期务工超过 1 000 人次，日平均工资达 150 余元，贫困户增收 15 万余元；农场还提供订单务工岗位，该场根据游客需求，充分挖掘湘绣手工艺产品进行销售，组织贫困妇女 60 余人参加湘绣技能和湘绣编织培训，预计 2019 年可增收十余万元。

3. 参与省级重点产品扶贫项目带动贫困户增收

2017 年，欢乐果世界农场积极响应政府产业扶贫政策，参与欢乐果世界现代农业产业园扶贫项目，联系贫困人口 1 500 人。贫困户以人均 2 000 元扶贫资金入股后，农场与贫困户建立利益联结机制，前 5 年采取保底保本分红模式，不低于本金的 10%进行分红，5 年后贫困户与农场同股同利，实行永久性分红。平江县产业精准扶贫示范基地项目共帮扶贫困人口 816 人，按照“退本分红”原则与贫困户建立长效联结机制，期限为 5 年，刚性分红。

四、总结

本文以平江县欢乐果世界农场绿色食品建设助力精准脱贫为案例，着重了分析了其在把控绿色产品生产、品牌建设、产品营销、三产融合等方面所做的工作和所取得的成果。建设绿色食品品牌需要相关人士长期坚持，政府、企业均不能放松，需要二者合力发展，相关协调，共同谋划，提高绿色食品公信力、提升管理水平、树立长期发展的理念、践行品牌策略，坚持不懈探索实践平江县绿色食品品牌建设助力精准脱贫之路，同时为我国绿色食品品牌建设助力脱贫攻坚战略作出应有的贡献。

绿色食品蔗糖在产业扶贫中的成效探究

蓝怀勇　杨天锦　陆　燕　刘淑梅　韦岚岚
（广西壮族自治区绿色食品办公室）

广西是中国最大的糖料蔗生产基地和食糖生产中心，近10年来，广西蔗糖产量持续占全国的60％以上，是我国最大的糖仓。广西甘蔗生产涉及人多、面广，涉蔗农民2 000多万人，产业工人10多万人。广西26个国家贫困县、15个省级脱贫攻坚县、6个边境县都发展糖料蔗生产。广西绿色食品蔗糖经过多年不断发展，2018年，广西有19个蔗糖企业23个产品获得绿色食品认证，认证面积333.2万亩，绿色食品白砂糖产量204.3万吨，绿色食品蔗糖约占全区蔗糖总量的三分之一，绿色食品蔗糖产业已成为广西产业扶贫中的一个重要产业。

一、广西发展绿色食品蔗糖产业的优势

1. 适宜的气候条件

甘蔗属热带和亚热带作物，光合利用率高，具有喜高温强光照和需水量大等特点，对种植地的热、光、水等有着较高要求。广西属亚热带季风气候，具有气温较高、光照充足、雨量充沛、无霜期长等优势，而且温度、光照和雨水同季，与糖蔗生长所需要的气候条件相适应，非常适合绿色食品蔗糖生产。广西西南部、中部雨水充沛，大部分地区年均降水量在1 200～2 000毫米，年均气温介于17～23 ℃，4～9月温度最高，无霜期在284天以上，年高于10 ℃的天数持续在230天以上，年日照时间为1 200～1 400小时，年有效积温5 000～8 300 ℃，是世界上最适合种植甘蔗的地区之一。

“双高”糖料蔗基地大型机械化收割场景

2. 优良的产地环境

广西具有生产绿色食品白砂糖的良好生态环境。广西位于我国东南沿海和西南腹地的“结合部”，地貌、气候、土壤复杂多样，降水充沛，生物群落类型较多，生长繁殖快速，植物资源和动物资源都比较丰富。广西森林覆盖率达62.31%，工业不发达，农业污染较轻，甘蔗产地符合绿色食品产地环境要求，具有发展绿色食品的良好环境条件。

3. 稳固的生产基地

广西持续对糖料蔗基地进行开发建设，从1988年起开展、实施糖料基地开发规划，把发展糖蔗自然条件好、生产基础好、宜蔗可垦荒地多、种蔗土地潜力大的县（区）纳入糖料蔗重点开发基地。从1992年起，广西糖蔗种植面积和产量一直稳居全国首位。近年来，广西糖蔗种植和生产布局进一步优化，形成了优势区域布局明显、集群化发展和规模化生产的格局。在产业区域布局方面，重点发展崇左、来宾、南宁和柳州为主要蔗区，巩固发展百色、河池的蔗区，因地制宜发展部分桂东南和沿海的蔗区，规模化已稳固的甘蔗基地，为生产绿色食品白砂糖打下了良好的种植基础。

4. 完备的制糖工业体系

广西实施食糖市场化经营，对糖业产业结构进行了大规模的调整，落后

的制糖企业被淘汰，优势企业慢慢成长且规模不断扩大，大量社会资金进入，彻底改变了之前单一的国有企业体制，形成了国有、民营、外资等各种经济成分共存，且多样投资主体兼容的格局。特别是进入21世纪以来，以大型骨干企业为核心、以资产重组为纽带的大型糖业集团发展迅速，生产能力迅速提升，产业集中度有了很大提高，极大地改善了企业经营状况和行业的竞争力。在蔗糖加工过程中，加强产品加工管理和质量控制，加强生产加工各环节记录，严格控制食品添加剂，实现了制糖加工产业转型升级，为生产绿色食品白砂糖打下了加工基础。

二、广西发展绿色食品蔗糖产业的做法

1. 绿色生产，品质升级

广西确定了发展绿色食品白砂糖的战略，充分利用蔗糖的产业优势、区位优势、环境优势、资源优势，以扩数量、强品质、提效益为目标，大力推进绿色食品蔗糖标准化生产，扩大绿色食品蔗糖规模。自治区党委、政府出台了包含绿色蔗糖产业在内的《广西现代特色农业产业品种品质品牌“10+3”提升行动计划》《关于贯彻落实习近平总书记视察广西重要讲话精神有关

广西省绿色食品糖料蔗基地

专题的实施方案》《关于印发广西发挥品牌引领作用推动供需结构升级实施方案的通知》等文件。自治区连续对新申报的绿色食品蔗糖进行补助，部分市、县也出台了相应的补贴政策。贫困县对甘蔗种植进行补贴。

广西绿色食品蔗糖从生产到加工严格按照绿色食品标准进行，生产过程中严格控制投入品品种和用量。绿色食品蔗糖企业在其蔗区内所用的农药和化肥由公司统一从合格供应商采购后发放给蔗农，农药和化肥符合《绿色食品　农药使用准则》和《绿色食品　肥料使用准则》要求。对广大蔗农进行绿色食品甘蔗种植技术的培训及宣传，让绿色食品知识家喻户晓。榨季期间定期对设备、管路进行轮洗和消毒，确保环境、设备设施外部清洁及食品接触面得到有效的清洁和消毒。严格控制产品在加工过程中关键成品区域的人流、物流、气流、水流、杂质、过敏源等因素。通过对糖料蔗生产、蔗糖加工和产品包装运输过程的全程监管，保证了绿色食品质量。

2. 绿色机制，联动发展

广西绿色食品糖料蔗实行“风险共担，利益共享”（政府参与甘蔗种植、定价）的绿色发展机制，采用“公司＋农户＋订单”的管理模式，对甘蔗种植基地及农户进行管理。这种因地制宜的管理模式，成熟有效，农户、企业种植绿色食品糖料蔗规模也比较稳定，可避免糖料蔗突然增多或减少的情况发生，安全风险可控，农户、企业、政府都比较认可，促进了广西制糖业绿色可持续发展。

3. 区块管理，保证质量

广西制糖企业的蔗区由各市、县人民政府划定，绿色食品糖料蔗采用“公司＋农户”的管理模式对甘蔗种植基地及农户进行管理，参与管理的机构、人员还包括各乡镇领导、绿色食品机构、乡镇甘蔗站、农技站、村民委员会，以及公司聘任的协调员、甘蔗管理员等。公司对绿色食品糖料蔗蔗区进行细分划块管理，分为多个内控组织，当地政府也大力支持与帮助，配置机构管理人员能够兼顾到蔗区的每块基地。在政府和制糖企业的相互协调下，有效地指导、监督种植户科学地做好绿色食品糖料蔗种植、施肥、除草、防虫、砍运管理等工作，在源头要求按照绿色食品规范种植、生产，保

证甘蔗质量符合订单质量要求。

4. 建设基地，提质增量

为促进绿色食品白砂糖的发展，广西大力推广“双高”（高产、高糖）甘蔗种植，建设“双高”甘蔗种植示范基地，全力推进机械一体化种植，将“路相通、渠相连、涝能排、旱能灌”作为种植推广标准，实现种植良种化、经营规模化、水利现代化、生产机械化；农业、科技、蔗糖等部门多方配合，形成耕、种、管、收全程机械化甘蔗种植新模式，建成投入成本更低，产量、含糖量、质量更高的绿色食品糖料蔗基地，带动广西绿色食品糖料蔗高质量发展。2019年，广西500万亩“双高”基地取得良好进展，万亩以上连片的“双高”基地共28个片区，完成水利化建设243万亩，良种种植率100%，综合机械率67.08%，已建成的“双高”基地样本点平均亩产7.15吨、蔗糖糖分14.53%。

5. 绿色循环，吃干榨尽

广西绿色食品蔗糖遵循绿色发展理念，甘蔗砍收后基本上能做到一根甘蔗吃干榨尽，实现“零废弃物”，实现了绿色可持续发展。不能进厂的老蔗叶还田处理，蔗梢、甘蔗绿叶被蔗农回收饲喂牛羊，增加效益；进厂的甘蔗产出的所有副产品都可以综合利用，已形成了多条具有广西特色、较为完整的循环经济产业链。数据统计，平均8吨甘蔗可以产出1吨糖，但每生产1吨糖，就会产生2～3吨的蔗渣。除了榨糖以外，这些甘蔗渣来源集中、产量大，成为糖厂很大部分副产品。糖厂的蔗渣，一部分用来制浆造纸，一部分成为燃料送入锅炉；也有一部分糖厂利用蔗渣进行生物发电，在满足糖厂用电需求的同时还有富余。对糖厂来说，将甘蔗渣作为生物质原料，是通向能源结构转型的捷径，其效益十分可观。甘蔗加工产业链已不断延伸，甘蔗糖蜜用来生产酒精，酒精废液能生产生物有机肥，甘蔗滤泥也可以用来生产生物有机肥。

三、广西绿色食品蔗糖产业在产业扶贫中的作用

扶贫，要从“根”上扶，而“根”在产业。产业扶贫，是贫困群众脱贫

致富的必由之路。没有产业带动，难言脱贫，缺乏产业支撑，即便一时脱贫，也难以为继。广西发展绿色食品蔗糖产业，在产业扶贫中取得了明显成效。

1. 建成绿色食品产业，脱贫后劲持续

在广西贫困县中，绿色蔗糖产业已成为脱贫的支柱产业，形成了绿色食品白砂糖从种植、加工到包装销售的完整产业化体系。2018 年，广西绿色甘蔗面积 333.2 万亩，绿色食品白砂糖产量 204.3 万吨，不少贫困县绿色糖蔗种植超过 30 万亩，糖业收入成为当地财政的重要支柱，其中扶绥县占比达 46%。来宾市、崇左市等绿色种蔗已成为百姓脱贫的主要收入来源。全国国产的白砂糖中，每 3 千克就有 1 千克是产自广西贫困县市的绿色白砂糖。

2. 企业收入增加，产品竞争力增强

广西绿色食品蔗糖产业不仅为全国提供了大量的绿色食品食糖，提高了蔗糖企业的收入，还保障了当地尤其是贫困地区农业产业稳定的发展。2018 年，广西共有 333.2 万吨白砂糖获得了绿色食品认证，认证后每吨售价提高 100～200 元，仅此一项年增收 5 亿元以上。绿色食品蔗糖产业不仅给企业增加了收入，还增强了企业产品的市场竞争力。企业进行绿色食品品牌打造、绿色食品品牌经营，把绿色食品标志作为一种产品质量证明加以品牌化宣传。南宁糖业股份有限公司打造了“云鸥”“明阳”“大明山”“古府”4 个品牌绿色食品白砂糖产品，其中“云鸥”“明阳”白砂糖获得“中国名牌产品”称号。广西农垦糖业集团红河制糖有限公司“荷花”牌一级白砂糖也荣获广西著名商标。此外，绿色食品品牌也进一步巩固和强化了产品的销售渠道，如广西来宾东糖迁江有限公司生产的绿色食品白砂糖成为“百事可乐”“李锦记”“加多宝”“伊利”“娃哈哈”“农夫山泉”等品牌食品重要供应商。

3. 促进贫困户就业，增加贫困户收入

绿色食品糖料蔗涉及面广、量多，产业融合度不仅高，而且产业带动广，产业带动能力已经远超过其他农产品。在种植、砍收、加工过程中需要大量的劳动力，广西将蔗糖产业转型与产业扶贫统筹谋划，把脱贫攻坚融入绿色食品糖料蔗生产种植、加工、综合利用的全过程，形成“全产业链”扶贫态势。一是贫困户以“政府＋糖企＋合作社＋贫困户”等模式参与基地建

设，通过土地流转、基地务工、亩产增收等方式，分享红利。二是甘蔗砍收为每年 11 月至次年 4 月，贫困群众参与砍蔗、装车每人每天可获得 80～120 元收入，整个榨季贫困群众收入可达 6 000～10 000 元。在甘蔗种植合作社、大户日常甘蔗种植的管理中，需要人力进行施肥、除草、病虫害防治等，也能解决部分贫困户就业问题，尤其是解决需要在家照顾老人、儿童的留守妇女，能够在家门口就业，不仅能够照顾老人、儿童，还能增加收入。三是广西政府和绿色食品蔗糖企业引导贫困户科学种蔗，选用高产高糖品种和轻简高效栽培技术，探索机械化生产，在提高农户种蔗效益的同时，将解放出来的劳动力投入其他工作获得劳务收益，拓宽农户增收渠道。如马山县鼓励贫困户按照绿色食品相关标准要求种植甘蔗，对贫困户新种植的甘蔗每亩奖励 800 元，刺激贫困户发展甘蔗种植积极性，并按照相关要求生产。通过良田、良种、良法、良机配套，提高产量，蔗农从中得到了实惠。许多贫困户通过种植甘蔗被称为“甘蔗大王”“甘蔗大户”，不少贫困村被称为“甘蔗村”，贫困户新居被誉为“甘蔗楼”。四是在蔗糖加工过程中，政府鼓励绿色食品蔗糖生产企业增加贫困劳动力份额，解决了部分贫困劳动力。

4. 企业积极落实社会责任，充分发挥帮贫带富作用

“一根甘蔗，上连农户，下连企业。”企业对蔗农的影响非常大，作为全行业实行订单生产的绿色蔗糖产业来说，制糖企业承担着助推脱贫攻坚的重任，在精准扶贫、精准脱贫中发挥了很大作用。广西绿色食品蔗糖企业积极响应产业扶贫的号召，积极在当地发挥产业扶贫作用和示范带动作用。大化县的广西农垦糖业集团达华制糖有限公司、都安县的广西湘桂糖业有限公司、武宣县的广西农垦糖业集团黔江制糖有限公司、融安县的广西凤糖融安制糖有限责任公司等都是位于贫困县的绿色食品蔗糖企业，在全县产业扶贫中发挥重要作用。其他绿色食品蔗糖企业在帮扶贫困村、贫困户中也发挥着至关重要的作用。

绿色食品企业通过蔗区道路建设、结对帮扶、优先聘用贫困户到企业工作等方式，反哺农民，促进产业发展和脱贫工作的双推进。一是甘蔗种到哪里，公路就修到哪里。对于部分道路不通的地块，企业主动修建了蔗区道路，改善了蔗区农村尤其是山区贫困村的生产生活条件，带动了村民发展产业。二是企业通过借支给贫困户甘蔗种苗、农药、化肥、地膜等，指导贫困户运用新技术、新型农药、高效化肥种蔗，种植过程中所借支的费用再从年底的甘蔗款中扣除，解决了贫困户没有成本投入的难题，在企业的帮助下，贫困户也乐于选择“短平快”项目。三是绿色食品蔗糖企业积极承担社会责任，优先聘用贫困户，并加强对贫困户的培训，确保贫困户能够长期胜任蔗糖加工工作，获得稳定收入。

5. 绿色蔗糖产业持续发展，绿色发展理念落地生根

广西贫困地区通过传统的蔗糖产业升级为绿色食品蔗糖产业，不仅产品质量提升，还将绿色发展理念贯穿于整个甘蔗生产、加工以及产业链的延伸当中。绿色食品糖料蔗化肥的使用量比常规产品减少 25%左右，化学农药的使用量则减少 40%左右，年减少化肥施用量 6 万多吨、化学农药 80 多吨，发展绿色蔗糖，绿色发展理念在贫困地区落地生根。

四、广西发展绿色食品蔗糖产业展望

广西继续将绿色发展理念贯穿于所有蔗糖生产过程中，进一步发挥绿色食品蔗糖在产业扶贫中的带动作用。一是支持组织蔗糖企业尤其是位于贫困地区的蔗糖企业申报绿色食品，将贫困地区生态优势转化为产业优势。力争广西绿色食品蔗糖产量占蔗糖总量的一半以上。根据广西的绿色蔗糖产业优势和市场需求，积极探索有机蔗糖发展。二是加大对新申报绿色食品蔗糖产品进行补助，强化产品品牌建设，增强产品市场竞争力。三是加强绿色食品糖料蔗基地和蔗糖加工管理，严格按照绿色食品糖料蔗种植、加工规程和质量控制规范管理，加强投入品管控，确保产品质量。四是强化绿色食品检查员、内检员、监管员的培养，使其在绿色食品蔗糖产业发展中充分发挥建设作用。五是继续鼓励绿色食品蔗糖企业对当地贫困地区、贫困人口的帮贫带富作用，为决胜全面建成小康社会作出贡献。

红心猕猴桃：苍溪贫困农户全面小康的“黄金果”

孙秀梅[1]　蔡培华[1]　王　艳[1]　闫志农[2]　周　熙[2]

（1. 四川省广元市农产品质量安全中心；2. 四川省绿色食品发展中心）

苍溪县地处四川盆地北缘、秦巴山南麓、嘉陵江中游，幅员面积 2 330 平方公里，辖 39 个乡（镇）802 个村，总人口 79 万人。2015 年，该县精准识别贫困村 214 个、贫困户 98 391 户 312 349 人，属国家级贫困县和四川省四大片区连片扶贫开发重点县。

近年来，苍溪县深入贯彻落实习近平新时代中国特色社会主义思想和来川视察重要讲话精神，聚焦、聚力脱贫攻坚“两不愁三保障”要求，始终坚持“脱贫围绕产业干、产品围绕绿色转、品牌围绕市场建”，始终把苍溪红心猕猴桃（红心果）作为全县贫困农户脱贫致富的骨干产业来抓，把绿色、有机和地理标志等品牌建设作为红心猕猴桃持续健康发展的基础保障来做，采取五条联动措施推进红心猕猴桃全产业融合发展，取得了显著经济、社会、生态效益。2018 年底，全县红心猕猴桃种植面积达 40.7 万亩，年综合产值 46 亿元，带动贫困农户人均增收 3 360 元，助力全县 175 个村、96 136 户 305 053人，实现了稳定脱贫，剩余 39 个村、2 255 户 7 296 人在 2019 年实现整体脱贫、贫困县摘帽。打造的绿色红心猕猴桃已真正成为苍溪贫困农户脱贫致富的“黄金果”，探索了一条可复制、可推广的山区绿色优质农产品品牌脱贫奔康之路。

一、“园区+庭园”联动建成全国最大红心猕猴桃基地

规模基地是产业绿色发展的基础。苍溪县是红心猕猴桃自然资源原产

地、红心猕猴桃优良品种选育地和栽培的最佳适生区，选育的红阳等红心猕猴桃品种具有完全知识产权。县内建设了红心猕猴桃良种苗木繁育中心，是中国红心猕猴桃之乡和首批国家农产品质量安全县。“园区＋庭院”联动发展模式，使得该县以每年新增5万亩的速度壮大红心猕猴桃基地规模，建成了全国最大的红心猕猴桃品牌基地。

苍溪县天新现代农业园区

1. 大园区示范

苍溪县以“一个万亩产业园，连片增收过亿元”为目标，红心猕猴桃现代产业园区规划建设为载体，依据品种特性，打桩定位最佳适宜区，深入推进猕猴桃百亿产业基地融合发展，加快推进猕猴桃产业标准化示范基地建设。2019年，全县围绕“一园五区相融、四个统筹推进”，连片规划布局建成了万亩现代红心猕猴桃产业园区17个、千亩以上种植园区66个，产业覆盖全县39个乡镇、近80个贫困村、1.6万贫困人口。建成猕猴桃加工园区3个，开发猕猴桃酵素、果酒、口服液保健品等深加工产品30余种，实现年加工3万吨、产值10亿元，吸纳当地贫困人口2 400余人就地转移就业。已建成投产的部分猕猴桃园，因初期选址不当、改土不规范、设施不配套，红心猕猴桃树长势差、抗病性弱、不同程度发生溃疡病，产业效益差，对其进行改造提升。通过品改、技改和完善设施等，不断保持和提升猕猴桃基地产能。

2. 小庭园连片

围绕红心猕猴桃产业园区，按照“一户二亩产业园、三年脱贫超万元”的目标，着力“三个一＋四到户”方式，推进户办猕猴桃庭园建设，连片壮大猕猴桃产业基地，带动农户增收脱贫。“三个一”，即户建一个产业园、户建一个微水池、户有一个技术明白人；“四到户”，即政策资金到户、干部帮扶到户、技术培训到户、订单保单到户。全县60%以上在家有劳动力的贫困户建有1亩以上红心猕猴桃产业庭园3.8万个。

二、“双带＋双促”联动构建猕猴桃产业长效发展机制

机制活方能产业兴。要实现猕猴桃产业带动农户整体增收致富，必须建立、完善多种形式的利益联结机制，让贫困农户真正融入产业、享受产业发展红利，实现持续稳定增收。

1. “合作经营”带农户

大力培育农业企业、专合社和家庭农场等新型农业经营主体，采取“以奖代补”、“先建后补”、贴息贷款、担保融资、税费减免、优化环境等激励方式，大力引进培育工商资本和返乡创业人员领办龙头企业8家（上市企业1家）、猕猴桃专合社165家（社员46 500户）、家庭农场81个（贫困户56个）。采取“新型经营主体＋基地＋农户”合作经营模式，带动贫困农户发展红心猕猴桃产业。四川华朴农业公司集中建设红心猕猴桃基地1.6万亩，带动近3 000户贫困农户实现合作经营。

2. “四保分红”带增收

创新“四保＋分红”利益联接和利益分享机制。“四保”，即保土地租金、保园区务工、保订单收购、产业保险。2018年，贫困户土地租金收益500万元、园区贫困户务工人均收入6 000元以上、贫困户红心猕猴桃庭园

订单率100%、产业参保面积10.5万亩。“分红”，即二次返利分红。2018年，苍溪果王公司推行订单收购二次返利分红184万元，其中，贫困户分红60多万元。

3. “以购代扶”促生产

通过帮扶单位和帮扶个人“以购代扶”方式，由直接向贫困户送钱给物“养懒汉”粗放式扶贫，变为购买、销售贫困户农特产品促其发展生产造血式扶贫。2018年，全县通过实施“以购代扶”激励0.9万户建卡贫困户种植红心猕猴桃1.5万亩。

4. “以奖代补”促发展

每年设立不少于5 000万元猕猴桃产业发展专项基金，不少于2亿元统筹打捆项目资金，用于“以奖代补”支持猕猴桃产业发展。对参与产业保险的农户县本级财政补贴75%、自交25%，新型经营主体县本级财政补贴25%、自交75%；对连续五年红心猕猴桃专营店每年补助1万元宣传广告费；对建2亩以上自强农场的贫困户，给予“以奖代补”资金6 000元等。

三、“整合+吸引”联动确保猕猴桃产业发展资金投入

产业发展离不开资金支持。猕猴桃基地建设、加工设施和配套产业等项目需要大量的资金投入，如建1亩标准化的红心猕猴桃园需要2万~3万元，若采用避雨栽培资金需求更大。如何化解贫困地区产业发展资金供求矛盾尤为突出。

1. 整合涉农项目

苍溪县坚持“渠道不乱、用途不变”的原则，集中力量办大事。全县每年统筹整合涉农项目资金2亿多元，每个贫困村近100万元，解决贫困村农户产业基础设施配套建设问题，如道路、水渠、网络等。县红心猕猴桃良种繁育中心建立“政府订单联系、中心按标生产、质量统一把关”的机制，改栽种环节补贴为种苗生产环节补贴，实现年产200多万株无病毒壮苗移栽、

苍溪县华朴农业公司开展无人机施肥抗旱作业

快速建园，达到了“一年栽植，二年成园，三年投产”，极大地缩短了投产期，降低了建园风险。

2. 吸引社会资本

设立了苍溪县红心猕猴桃产业贷款基金，创新建立“经营权抵押贷款+扶贫再贷款”“扶贫小额贷款+农村保险”“债贷结合+拼盘整合”三大金融扶贫机制，构建债、贷、投、扶等相结合的多元金融扶持猕猴桃产业发展体系。截至2018年底，全县共发放小额扶贫贷款2.27亿元，发放农村产权抵押贷款1.9亿元。通过“以奖代补”“先建后补”等方式，撬动新型农业经营主体等社会资本11.2亿元助推猕猴桃产业发展。

四、“认证+监管”联动建立猕猴桃全产业链质量控制体系

质量是品牌的支撑，品牌是信誉的保证。苍溪县高度重视绿色食品、有机农产品和地理标志等品牌对产业发展、产业扶贫和产业奔小康的重要作用，建立“苍溪红心猕猴桃区域公共品牌”加企业自主商标为一体的品牌体

系，通过实施绿色品牌认证和强化质量安全全程监管，持续提升红心猕猴桃质量。

1. 认证助推红心猕猴桃标准化生产

苍溪红心猕猴桃是地理标志保护产品，保护区域占全县乡镇总数的61.5%。认证有机产品证书9张，面积2 484亩；认证绿色食品红心猕猴桃生产企业2个，面积6 160亩；认定全国绿色食品原料（猕猴桃）标准化示范基地10万亩。全域通过无公害猕猴桃产地整体认定，2家生产经营单位已试点启动实施“CAQS-GAP”全程质量控制体系。园区红心猕猴桃标准化普及率100%，“三品一标”获证产品占全县红心猕猴桃总量的70%以上，是国家级出口猕猴桃质量安全示范区和猕猴桃生态原产地保护区。

2. 广泛合作提升生产技术水平

围绕苍溪红心猕猴桃地理标志品牌，建立健全了苍溪红心猕猴桃产地环境、生产规程和产品质量等全程质量标准，丰富了绿色、有机、地理标志等红心猕猴桃标准体系。成立了苍溪县猕猴桃研究所，与中国科学院武汉植物园、四川省农业科学院、四川农业大学等开展深度合作，合作开展新品种选育、病虫害生物防治、节本高效栽培和猕猴桃溃疡病防治等技术攻关，积极推广采购预冷、冷藏运输和销售等技术，建设红心猕猴桃快速建园丰产技术百亩示范片，推行苍溪红心猕猴桃国家数字农业园区建设，全面推广红心猕猴桃标准化技术进村入户到田，极大地提升了猕猴桃生产管理水平。

3. 全程监管确保红心猕猴桃质量

县政府成立了农产品质量安全工作领导小组和办公室，将农产品质量安全纳入绩效目标考核，每年落实工作经费200万元；建立县、乡、村“三级”农产品质量安全监管、检测和执法体系，县检测站于2012年通过“双认证”，乡镇“一图、二书、三园、四定、八项制度”监管阵地规范化建设达100%，建设村级“四个一”（一个人、一间房、一组设备、一套制度）规范化协管阵地45个，将猕猴桃质量监管纳入农业综合执法，全县猕猴桃出园抽检率90%，每年开展红心猕猴桃质量安全专项整治2次，全面落实监管、检测和执法责任；建设了县农产品质量安全监管平台，搭建了网格化

移动监管、农资溯源销售、检测数据直报、农业标准查询和质量追溯等全程质量控制体系，年入网各类监管数据信息近20万条，追溯覆盖率达80%。严格落实农资定点经营、定时达标采摘、自动分级和全程冷链、有机肥替代化肥、生产经营公开承诺、证后监管和“红黑名单”等管理制度，“产出”“管出”两手抓、两手硬，确保了全县红心猕猴桃安全质量。

五、“线上+线下”联动拓展国内外销售市场

市场能实现猕猴桃从产品变成商品，实现品牌价值，而开拓国内外市场，以销定产、以销促产是构建猕猴桃全产业链发展、防止果贱伤农和促农增收的关键环节。

1. 电商拓展市场

通过创新“互联网+”新模式，着力推进“全国电子商务进农村综合示范县”建设，建成“京东苍溪特产馆”和186个村级电商合作点，发展电商386家，共享农场20家，“一村一品一店”网络平台上线快速搭建起苍溪特色农产品电商交易平台。2018年，销售红心猕猴桃鲜果近2万吨、销售额超5.4亿元，带动贫困村和贫困户人均纯收入分别增长1 380元、890元。积极推行产品期货交易，2018年成交金额10多亿元。全力打造出口猕猴桃示范区，拓展国际市场，产品出口美国、欧盟、东南亚等国家和地区，实现出口收入1.5亿元。

2. 宣传提升效益

通过举办苍溪红心猕猴桃国际订货会、采摘节，在中央电视台等国内知名媒体和网络平台强化品牌宣传，极大提升了品牌知名度和美誉度，增强了品牌影响力和综合效益。“苍溪红心猕猴桃”被评为“中国驰名商标”。2019年，品牌估值63亿元。2018年，猕猴桃鲜果产地收购价从2017年的每千克16元上涨到近30元，亩产值达24 000元，高于全国其他地区近2倍。

苍溪县进一步贯彻落实中办国办《关于创新体制机制推进农业绿色发展

的意见》，全面实施苍溪红心猕猴桃全产业链发展规划，建设产地初加工设施和配套产业，不断探索红心猕猴桃精深加工；深入挖掘红心猕猴桃文化，大力推进红心猕猴桃采摘观光体验游，打造红心猕猴桃农业景区和国家农业（猕猴桃）融合发展先导区。要建立苍溪红心猕猴桃产业联盟，大力开展绿色、有机认证及示范推广，规范“苍溪红心猕猴桃”包装标识使用管理，加快构建 O2O 产品营销体系，落实产品质量标识和合格证明制度，完善苍溪红心猕猴桃原产地可追溯体系，进一步做靓品牌、提升价值，努力打造红心猕猴桃 100 亿产业，为贫困山区农户全面小康和实现对美好生活的向往作出新贡献，撑起富民强县“脊梁”。

立足芦笋资源优势　助力恩阳绿色发展

彭春莲[1]　孟　芳[1]　郭东阳[2]　王国栋[2]　徐芝文[2]

（1. 四川省绿色食品发展中心；

2. 四川省巴中市恩阳区农畜产品质量安全检验检测监督管理站）

一、发展现状

芦笋作为恩阳区最为悠久的经济作物之一，距今已有 50 年的种植历史。据《巴中县志》记载：1973 年引进种植，先后在城守公社、上八庙镇试种成功，还曾一度建起了芦笋罐头厂。恩阳芦笋先后成功申报无公害农产品、绿色食品、有机农产品、农产品地理标志，恩阳区荣获“中国芦笋之乡”“省级特色农产品优势区”。截至 2019 年，恩阳区累计发展芦笋 3 万亩，建成核心示范片 1 万亩、示范园 80 个，建立试验示范基地 4 处、高产示范基地 7 处，形成 4 条环线产业带和 2 个万亩芦笋示范园，培育各类新型经营主体 400 余家。

二、发展措施

1. 技术支撑

实施芦笋生产技术研究与应用推广计划，与北京市农林科学院、四川省农业科学院、山东潍坊市农业科学院签订合作协议，组建科研所；与中国农业大学、四川龙蟒集团共同筹建芦笋科技小院，主攻新技术推广、新品种研发、土壤改良等课题。全区推广试验成果 15 项、破技术难题 10 条、推广芦笋种植新技术 4 项。同时，区技术员分片分组、划分责任区域负责技术指导和跟踪服务。全区实行“四统一分”严格按照标准栽植。

2. 建立机构

恩阳区把芦笋产业发展与脱贫攻坚、乡村振兴等统筹谋划、合理布局，高起点编制《恩阳区芦笋产业发展规划（2018—2020 年）》，明晰了芦笋产业发展“路线图”。成立了以区委书记为组长的芦笋产业推进工作小组，设立巴中市恩阳区芦笋产业发展办公室，各乡镇（街道）建立芦笋产业发展服务中心，村村派驻技术员，全区上下形成“四级”联动。

恩阳芦笋突出品牌形象，强化产销对接

3. 资金支持

恩阳区出台明确芦笋种植具体扶持意见，财政出资 1 000 万元建立芦笋产业发展“分险池”，对芦笋新型经营主体和社会化服务组织予以信贷资金支持。此外，对发展芦笋的新型经营主体和社会化服务组织予以信贷支持。2018 年，恩阳区财政安排专项资金，实施芦笋产业奖补：新植芦笋第一年补助 2 600 元/亩，第二年补助 1 000 元/亩，第三年补助 500 元/亩。2019 年，对无雨恒温垄肥栽培芦笋补助 9 000 元/亩。同时，对高产试验基地给

予补助。2019年，已兑现2018年芦笋产业补助资金3 235万元。

4. 品牌营销

参加全国性、地区性农业博览会和展销会15次，展示展销产品50余种；邀请全国首席科学传播专家陈光宇博士来恩阳区考察并举办“中国芦笋大健康产业发展趋势”专题讲座；受邀参加首届芦笋大健康亚洲论坛并荣获“中国芦笋之乡”称号；召开芦笋产业投资招商推介会，与亚洲各地芦笋专家及企业代表交流种植、研发及营销经验，寻求合作机会，与成都袁氏农业等4家企业签订“恩阳芦笋”合作框架协议。

三、创新模式

1. 突破“同质化”走出一条适合自己的路

产业发展是乡村振兴的关键，是促进经济发展、实现农民增收致富的重要渠道。种水果、栽药材、发展养殖业，这些产业已然全国“遍地开花”。如何在同质化中走出一条适合自身发展又具有特色的农业发展好路子，恩阳区大会商量、小会讨论、外出考察、请专家把脉。2013年，恩阳区第一次党代会确定把发展芦笋作为恩阳现代农业发展中的主导产业。区委一班人紧紧扭住产业发展不松手，思路逐渐清晰，方向也逐渐明确。按照“人无我有、人有我特、人少我多”的特色产业农业发展思路，将誉为“蔬菜之王”的芦笋摆上了“桌面”。

2. 突破“传统模式”走一条共同致富之路

模式一：“支部＋合作社＋农户”。恩阳区柳林镇海山坝村人肖淑容为了让老百姓享受产业发展红利与村共产党员支部委员会、村民自治委员会及70余户农户签订合同，通过“支部＋合作社＋农户”模式，建立利益分配机制。支部村委会负责土地流转协调；专合社负责芦笋的田间管理、产品收集、资金投入等；农户负责按时保质完成合作社交办的除草、施肥、防病虫害等工作。芦笋产业见效益后，利润按照1∶8∶1进行分配。

模式二：“龙头企业＋基地＋农户＋集体”。以巴中市誉丰农业科技有限

恩阳芦笋标准化生产示范园

公司为例，因地制宜推出“1613”利益联结机制，即“1”，一份300～700元不等的月保底收入，按照土地流转新模式，确保贫困户、合作社股东优先进园务工、优先享受入股土地产出收益分配收入；“6”，六份农户收入，农户以田地入股，按企业要求统一技术指导、统一田间管理、统一销售，收获后每亩的60%作农户收益；“1”，一份集体收入，村集体所争取的资金投入园区基础设施建设，在收益时将10%的收入划归为集体所有；“3”，三份企业收入，即按照企业“五统五管”（“五统”：统一技术指导、统一种苗提供、统一规划布局、统一农资购置、统一销售产品。“五管”：管技术、管物资、管安全、管质量、管销售），销售获益30%归企业，实行“基本收益＋按股分红”的收益分配方式。

模式三：“合作社＋农户＋农户”。以柳林镇人和寨村村民程功为例。通过专合社负责统一供种、育苗、移栽；程功本人投工投劳，从事施肥、除草、防病等田间管理。他家5亩芦笋给他带来每年2万余元纯收入。和他同村的居民通过同样的方式，年收入均增加至少1万元。

模式四：“政府引导＋农户＋农户＋政府”。在巴中市恩阳区政府的领导

下，成立了巴中市恩阳区芦笋产业发展办公室，各乡（镇、街道）建立芦笋产业发展服务中心，村村派驻技术员，为有意愿自己种植芦笋的种植户提供技术支撑，各个农户将自己所拥有的土地换种芦笋。有技术支撑，农户只需投工投劳，从事施肥、除草、防病等田间管理等工作。等到芦笋收获季节，巴中市恩阳区芦笋产业发展办公室开始奔波于各大采购商之间，将有意向收购芦笋的采购商联系方式提供给农户，农户根据采购商的订单数量进行采集。实现农户自产、政府销，打破农户自产无销路的困境。

恩阳区大力发展芦笋产业，到 2020 年芦笋种植面积达到 5 万亩、投产 5 万吨，实现综合产值 15 亿元，芦笋已成为恩阳区脱贫攻坚的基础产业、福民强区的骨干产业、致富奔康的特色产业。

绿色食品助推修文猕猴桃提质增效

吴素芳[1]　代振江[2]

（1. 贵州省修文县农业农村局；2. 贵州省绿色食品发展中心）

修文县地处黔中，东西长 51.8 公里，南北宽 48.5 公里，总面积1 075.70 平方公里。修文县属亚热带季风性湿润气候，冬无严寒、夏无酷暑，山清水秀、风光秀丽。境内平均海拔 1 250 米，地势丘陵居多，年平均气温为 16 ℃，年降雨量达 1 293 毫米，土地垦殖率较高，立体农业结构明显。修文县从 20 世纪 80 年代末期开始种植猕猴桃。2019 年，全县约 90％的贫困劳动力参与猕猴桃产业。其中，自发种植猕猴桃 139 人（占贫困劳动力 5％），在猕猴

贵州修文猕猴桃

桃基地就业 1 615 人（占贫困劳动力 55%），在加工和销售环节就业 146 人（占贫困劳动力的 5%），通过将土地入股和扶贫资金量化入股猕猴桃产业的有 735 人（占贫困劳动力的 25%）。修文县历届县委、县政府坚持把猕猴桃产业作为全县山地特色产业来打造，其“绿色、优质、安全、生态”的发展原则和“规模化、标准化、品牌化”发展思路与绿色食品的初心不谋而合。2018 年，修文县获批创建全国绿色食品原料标准化生产基地，成为贵州省首个获批创建的绿色食品原料基地。截至 2019 年，修文县绿色食品企业已达 18 家。修文县正以绿色食品为抓手，秉承“不忘初心、坚韧不拔、笃实创新、久久为功”的精神，进一步“扩面、提质、拓链、增效”，全力打造猕猴桃产业现代农业升级版。修文县正借助绿色食品将“绿水青山”变成“金山银山”，为脱贫攻坚贡献力量。

一、发展现状

2019 年，修文县种植猕猴桃 16.7 万亩，居全国第四位，其中绿色食品猕猴桃原料基地（创建期）种植面积 1.5 万亩，绿色食品猕猴桃企业认证面积 1 万亩。2018 年，挂果面积 10 万亩，鲜果产量 7.6 万吨，综合产值 30 亿元。通过“绿色食品＋龙头企业＋合作社＋农户”的模式有效解决了当地部分贫困户的就业问题。

1. 品种端

按照绿色食品有关要求，为实现“五统一”，更好地解决农户在品种选择过程中的盲目性问题，确保区域内农户种植的绿色食品猕猴桃实现统一的品种、持续的口感。修文县在谷堡镇折溪村已建立品种资源圃 1 个，占地 70 亩，拥有品种 208 个。其中，雌性品种 175 个、雄性品种 33 个，为修文猕猴桃产业储备了丰富的品种资源。

2. 种植端

以创建高质量绿色食品原料基地为抓手，制定并发布了修文猕猴桃质量安全标准体系，包括 1 个省级地方标准和 10 个县级地方标准，覆盖产地环境、苗木繁育、栽培管理、病虫害防治、市场管理等各个环节；加大对农户的绿色食品基础知识培训，提升农户专业技能，为实现增产、提质、增收奠定基础。此外，为实现可持续发展、最大程度吸收劳动力、提高猕猴桃产业在脱贫攻坚中的贡献度，要求各种植户在猕猴桃基地范围内禁止使用除草剂。

3. 市场端

借助“绿色食品”等品牌培育区域公用品牌“修文猕猴桃”。截至 2019 年，已获得“绿色食品博览会金奖”“2017 年全国名特优新农产品”“省著名商标”“省优质农产品”“省著名品牌”“省名牌产品”“市知名商标”“畅销果品奖”“最受欢迎十大果蔬品牌”等荣誉称号。依托绿色发展，修文县成功创建国家级出口食品农产品质量安全示范区、国家级电子商务进农村综合示范县、贵州省农村一二三产业融合发展示范县，正在创建国家农产品质量安全县、国家有机产品认证示范区、国家级现代农业产业园和全国绿色食品原料（猕猴桃）标准化生产基地。已培育的知名企业品牌包括“7 不够”

猕猴桃喜获丰收

“采上果”“猕香苑”“米小猴”“猕露”“弥之源”等，已实现出口俄罗斯、日本和东南亚国家。

4. 科技端

秉持绿色生产理念，按照绿色食品农药、肥料使用准则，修文县引进示范生草覆盖、配方施肥、生物菌肥、水肥一体化、按芽定产等先进技术，正在进行推广；与省内外12家科研院所达成合作，其中包括中国科学院和中国农业大学等，正在开展脱毒苗繁育、病虫害绿色防控技术集成、新产品研发等工作。

二、发展成效

1. 绿色食品助力脱贫攻坚

截至2017年底，全县共有建档立卡国家级贫困户2 283户5 939人。其中，兜底保障户（低保户和五保户）1 366户3 005人，具备劳动能力户（一般贫困户和一般农户）917户2 934人，占全县建档立卡贫困人口49.40%。在创建绿色食品原料基地的过程中，采用人工除草、施用农家肥等用工量较大病虫草害防治措施，按亩均年需用工23.5个测算，2018年，全县16.7万亩猕猴桃果园，种植环节年需用工量425.85万个，用工费用按本地贫困户人口常年参与全县猕猴桃产业情况计算，即年人均劳作150个工作日，仅种植环节可解决28 390名劳动力就业。

2. 生态环境有效提升

一是通过近几年县委、县政府的大力宣传推广，绿色生产理念深入人心，绿色食品获证企业和申报企业大幅增加，在他们的带动和影响下，全县化肥和农药的施用量呈下降趋势；二是猕猴桃产业主要利用荒山荒坡、废弃矿山等，不仅保护了有限的耕地，而且促进了非耕地开发，绿化了荒山荒坡及废弃土地，新增绿化土地面积，大大地改善了生态环境。通过种植猕猴桃，农民不但取得较高的经济效益，还避免了对土地的过度开发利用和对山林、水体、熟地的掠夺式利用，有效地保护了生态环境。

3. 社会环境和谐发展

猕猴桃产业属于劳动密集型产业，其发展需要大量劳动力，同时，除草剂的禁用和化学农药的减量化使用迫使绿色食品生产企业加大人力投入，增加了大量的就业岗位。2019 年，已种植的 16.7 万亩猕猴桃需要农民工近 3 万人。农民就近就业，每天有 80～120 元工资收入，又能照顾家庭，一些外出的农村劳动力回流，有效地解决了农村劳动力大量外出打工带来无人赡养老人、子女管教缺失、夫妻分居等一系列社会问题，促进农村和谐发展。

4. 乡村旅游方兴未艾

依托绿色食品猕猴桃产业，修文县建成 7 个省级现代高效农业示范园区、4 个市级农业园区、15 个休闲观光产业园、4 条美丽乡村示范带和 88 家精品客栈和休闲避暑度假农庄，乡村旅游方兴未艾。

三、主要措施

一是抓产业发展和规划。按照产业“十二五”发展规划和产业发展实际情况，修文县新增猕猴桃标准化基地 5 万余亩，使全县猕猴桃种植规模达 16.7 万亩。同时，编制了修文县猕猴桃产业“十三五”发展规划和各年度产业发展计划。二是抓项目资金争取及整合。自 2009 年以来，修文县共整合和争取资金 8 亿元以上用于猕猴桃产业发展，主要用于完善基础设施建设、新增基地建设补助、标准园提升、大数据建设、产业保险试点、冷库建设、绿色食品知识培训及品牌宣传推介等，已建省、市、县级猕猴桃标准园 142 个，新建冷库 100 余栋，储藏保鲜能力达 1.4 万吨以上。三是抓质量标准体系建设。以绿色食品标准为基准，县猕猴桃局牵头制定了由 11 个标准组成的质量标准体系，覆盖产地环境、苗木繁育、栽培管理、鲜果分级、储藏保鲜、市场规范等各个生产环节，确保猕猴桃全产业链有标可依，为猕猴桃产业实现绿色化、工业化发展奠定基础。四是抓绿色生产实用技术培训及推广。依据绿色生产有关标准，围绕猕猴桃育苗、定植、规范上架、整形修剪、科学授粉、疏花疏果、水肥管理、病虫害防治等栽培管理技术，着力提高广大猕猴桃生产者的绿色生产管理水平，每年开展各类技术培训50期以上、培训4 000人次以上。五是抓病虫害的绿色防控。在往年病虫害高发期前，向各乡镇及全县种植户发布预测、预警及绿色防治措施，避免病虫害的暴发。同时，每年邀请省内外专家开展调研座谈不低于10次，并制订防治方案，发放统防统治宣传资料10 000份，开展统防统治技术培训20期。六是抓品种资源储备及示范带动。为达到绿色食品品质，确保持续“绿色”，全县建成品种资源圃70亩，引进新品种100多个，新建两个产学研基地共700亩，开展节水灌溉、配方施肥、机械授粉等新技术试验，取得了一定成绩。同时，开展了修枝整形、优质高产、配方施肥等示范基地建设，共建成县级示范基地110个（市级30个、省级2个）。七是抓产品质量安全监管。组织开展了大量的宣传动员工作，着力提高广大猕猴桃种植者的质量安全意识。充分利用大数据物联网优势，建立农产品质量安全追溯和物联网大数据云平台系统，实现了“产加销”等环节全程检索、全程管控、追踪溯源。对“三品一标”获证企业进行全覆盖监管，确保100%签订质量安全承诺书，100%落实内检员制度，100%生产有规程、过程有记录，100%样品抽检合格。八是抓品牌创建及市场拓展。已成功获得全国绿色食品原料标准化生产基地创建资格，以及“地理标志证明商标”“国家地理标志保护产品”“国家级出口食品农产品质量安全示范区”等区域性公用品牌和“省著名商标”“省优质农产品”“省著名品牌”“省名牌产品”“市知名商标”等一系列省市品牌及“畅销果品奖”“绿博会金奖”“最受欢迎十大果蔬品牌”等市场荣誉。同时，依托“绿色食品”“绿色食品原料标准化基地”等品牌，成功打造了“7不够”“采上果”“米小猕”“猕香苑”等企业知名品牌。积极组织猕猴桃生产企业、合作社参加北京、上海、广州、昆明、西安、台湾、香港等国内外各大城市农产品展销推介会。自2014年以来，修文猕猴桃共参加各种展会30余次，大大提升了其知名度和美誉度。九是抓绿色食品龙头企业培育。一方面致力于通过招商引资引进有实力的企业参与绿色食品产业发展，全县猕猴桃企业144家、合作社121家；另一方面培育扶持本地企业发展壮大成绿色食品龙头企业。十是抓利益联结。为带动农民增收，修文县积极探索利益联结机制，建立了供销社“三社促三变”、洒坪“双富促三变”和“三位一体促三变”等模式，完成 20 个“三变”改革试点村工作，土地“三权”分置和土地流转交易有序开展。全县资源变资产涉及农村土地转包 27 398 亩、出租 56 338 亩、入股 10 048 亩；资金变股金 756.6 万元；农民变股东 3 079 户、10 976 人。十一是抓绿色食品原料基地创建。以创建绿色食品原料标准化生产基地为抓手，普及绿色食品生产理念，提高企业和农户品牌强农、质量兴农意识，在基地范围内实现化零为整，严格按照绿色食品标准组织生产种植，进一步提高修文县绿色食品品质和市场影响力。

打造绿色品牌　助推脱贫攻坚

——以镇康县南汀河实业有限责任公司绿色扶贫为例

赵跃植[1]　李荣生[1]　李忠攒[2]

（1. 云南省临沧市绿色食品管理办公室；

2. 云南省镇康县南汀河实业有限责任公司）

镇康县南汀河实业有限责任公司是洋浦南华糖业集团公司下属的红糖企业，于 2001 年建成投产。公司坐落于云南省临沧市镇康县的一个民族乡——军赛民族乡，临近两个国家级口岸，两个口岸均是中国通向印度洋陆上距离最近的前沿商埠，是滇西南进入东南亚的陆上捷径和重要门户，是国家实施“一带一路”倡议的前沿窗口。公司所在地——镇康县军赛民族乡及蔗区地处位置水源、光照、热量充足，一半平坝，一半山区，突出的立体气候构成了这里独特的地理、气候优势，适宜发展种植业。种植区分布在海拔 500～1 300米，全年日照 1 989 个小时以上，昼夜温差大，甘蔗糖分充足，是生产优质红糖的优势区域；加之区内工业污染少，具有得天独厚的自然生态优势，是发展绿色食品产业的理想基地。

一、发展现状

（一）生产初具规模，逐步成为当地特色产业

镇康县南汀河实业有限责任公司凭借区位优势和自然生态条件，经过 20 多年的发展，红糖生产现已初具规模。镇康县南汀河实业有限责任公司占地面积 18.56 亩，占地面积 15 450 平方米，建筑面积 8 263.48 平方米，厂房面积 8 177 平方米。公司注册资金 446 万元，有正式职工 108 人、榨季

工300多人。公司拥有高优生态蔗园25 000亩，日生产红糖规模达150吨，年产1.26万吨，是目前国内规模最大、专业性强的现代化红糖生产加工企业。

（二）产品品种多样，开发出各种特色功能红糖产品

公司采用“百年古法工艺＋先进技术＋现代管理”生产红糖产品，保证了红糖原汁原味。公司根据不同消费群体的需要，有针对性开发出适合小孩、青年、妇女、老人、病人食用的红糖，成功开发了红糖、产妇型红糖、玫瑰黑糖（红糖）、桂花黑糖（红糖）、姜黑糖（红糖）等18种特色红糖。随着红糖的需求量不断加大，市场竞争力也在增强。

二、主要做法

（一）强化品牌建设

1. 品质不断提高，品牌效益日益提升

公司始终秉承制作真红糖的理念，致力于红糖生产，保证红糖原汁原味、细腻香醇的口感，同时保证了产品的质量。公司先后通过了ISO 9001、2008质量管理体系认证、ISO 22000食品安全体系认证，并获得SC认证。2005年6月，通过中国绿色食品发展中心绿色食品认证，认证基地1.3万亩，认证产品3个（红糖、产妇型红糖、黑糖），认证产品量1.088万吨；2019年，有2.1万亩甘蔗基地通过辽宁辽环认证中心有机产品认证，认证黑糖、红糖、块糖等有机红糖1.26万吨，并获得产品出口备案资质，是国内首家资质完备的红糖生产加工企业。

2. 公司坚定不移、持之以恒的实施品牌发展战略，拓展公司生存空间

坚持质量第一，抢占市场制高点；坚持优质服务，拓展市场空间；坚持诚信至上，赢取市场美誉。“福乐丹”牌红糖被国家糖业质量监督检验中心评定为产品优质品牌，2012—2018年连续多年荣获产品质量优秀奖；2011年12月至2014年12月、2015年12月至2018年12月均被云南农业厅评为

云南名牌农产品；2016 年，公司被云南科学技术厅评为云南科技型小企业；2017 年 8 月，“福乐丹”牌红糖被临沧市实施品牌和质量强市战略领导小组授予“临沧市名牌产品”的称号；2018 年 3 月，公司被镇康县市场监督管理局认定公示为“守合同重信用”单位；2018 年 5 月，公司被镇康县个体私营经济协会评为先进私营企业。公司不断提高产品精深加工水平和产品档次，逐步将“福乐丹”品牌推向世界。

（二）完善制度建设

公司坚持走“规模、品牌、质量”的发展道路。通过强化生产、加工各环节管理机制，从原料发展到生产系统再到产品出厂销售各环节中，采取严格的管理策略，逐步提升公司红糖的质量。

1. 规范甘蔗种植管理，引进、推广良种和种植技术，提高糖料甘蔗品质

20 余年来，公司拥有 20 000 多亩有机生态蔗园，蔗地选择在植被优良、生态环境保护良好、100 公里内无污染的区域，确保甘蔗生长处于优质生态环境。

2. 抓质量和安全管理，提升公司产品质量

产品质量安全是企业生存的基石，是企业竞争实力的重要组成部分，公司一直非常重视。公司根据国家相关规定及标准，制定出公司相关质量管理制度，设立产品质量控制管理部（简称为“品控部”），下设化验室、质检室，严格对甘蔗进厂到产品生产进行监督把控；公司品控部紧紧围绕公司的质量目标，对产品进行逐批检验；对品控部人员进行严格要求，强化检验人员的工作态度，从而使产品质量处于一种相对稳定和受控状态，出厂产品合格率得到提高。南汀河公司一直秉承“诚信为本、质量第一、服务至上”的管理理念，让顾客吃到安全糖、放心糖。

3. 抓内部管理，规范生产经营活动

通过分析公司内外部的竞争环境后，在集团公司的统一领导下，从公司不断提升企业整体竞争能力和拓展企业发展空间出发，为提升公司全体员工素质及为公司下步发展考虑，对公司各部门实施了市场化改革。依托集团公

镇康县南汀河实业有限责任公司勐简乡秋冬甘蔗种植现场启动仪式

司市场化改革实施，将生产经营管理、产品质量管理融入市场化改革工作中，农务工作及部门业务处理都取得了可观的成绩，有效地调动广大员工的工作积极性，加强了员工的责任感和危机感，加强了干部队伍建设。通过实体、电商等线上线下相结合的方式进行销售，建立完善产品追溯管理体制。

4. 加强服务精神，树立品牌形象

为营造公司工作氛围，进一步加强服务理念，有力地推动公司各项工作的顺利开展，顺应市场化改革的要求，公司总经理提出“九大工作理念、八大服务理念”。加强公司员工对蔗农、客户、部门的服务意识，切实提高服务质量、服务意识和工作责任感，从原料进厂到产品销售更好地树立公司产品品牌形象。

5. 依托品牌效应，提升宣传水平

公司在各级政府部门的正确引导下，逐步将公司发展成为质量优异、服务上乘及具有高知名度、信誉度产品的企业，把品牌产品建立在顾客满意的基础上，更好地树立产品形象和企业形象，提供良好的产品和服务。2019年，红糖远销全国各地及日本、欧美、中东、东南亚等国家，产品受到国内外消费者的青睐，品牌影响力不断扩大。

三、绿色产业深度融合，助力脱贫攻坚成效明显

（一）发展产业助脱贫

公司与蔗农建立利益联结机制，村级成立甘蔗种植协会，以甘蔗产业种植发展助力当地脱贫，公司实行“种苗＋肥料＋技术＋价格”的统一标准，提高蔗糖原料质量，做到质量最优、价格最高、效益最大，从而提高蔗农收入，推行建档立卡贫困户的蔗款实时结算，特别是因学、因病的家庭急需用钱时，可申请预付蔗款。公司蔗区涉及 3 个县、12 个村委会 2 400 户种蔗农户 8 000 多人。拥有最高优生态蔗园 25 000 多亩，年产甘蔗 1.2 万多吨，2017—2018 年度，涉及公司蔗区建档立卡贫困户种植甘蔗 230 户，支付蔗款近 444 万元。

（二）吸引就业稳增收

在稳定种蔗农户的同时，优先招聘贫困户劳动力为公司员工，为当地贫困户劳动力提供更多的就业、创业机会。农户创业稳增收，建立公司员工优先招聘贫困户劳动力制度，为当地贫困户劳动力提供更多的就业创业机会。公司每年在用季节工、长期临时工 150 多人，其中长期聘用建档立卡贫困劳动力 15 人，支付建档立卡贫困户工人工资共 14 多万元。

（三）稳固发展提增效

2017—2018 年度，公司生产红糖 1.26 万吨，营业收入达 6 125 万元，支付职工薪酬 1 161 万元，支付蔗款近 2 000 万元，上交财税 422 多万元，真正实现了蔗农增收、财税增长、企业增效、员工收入增加的目标，为当地经济发展作出了贡献，进一步助推了当地脱贫工作。

眉县猕猴桃地理标志助推产业脱贫的做法和启示

赵菊琴[1]　任新奇[2]

（1. 陕西省眉县果业技术推广服务中心；2. 陕西省眉县农业农村局）

眉县位于关中平原西部、秦岭主峰太白山脚下，气候温和，土壤肥沃，独特的自然条件非常适合猕猴桃的生长，被誉为“中国猕猴桃之乡”。全县总面积863平方公里，辖7镇1街86个行政村，农业人口25.5万，耕地面积35.4万亩，猕猴桃种植面积30.2万亩。

眉县依托独特的生长环境，厚重的历史底蕴，先进的科学技术，标准化的生产管理，孕育出了秦岭珍宝国家农产品地理标志产品“眉县猕猴桃”。2009年，取得地理标志登记保护，2015年，创建成功“国家级农产品地理标志示范样板”，眉县猕猴桃成为全县农民增收致富的支柱产业。

一、立足实际，发展特色，产业规模已经形成

1. 生态环境优越

眉县南依秦岭、北跨渭河，属暖温带大陆性季风气候带，气候温和、光照充足、雨量充沛，土壤肥沃疏松、透气性好、保水保肥，水质纯净无污染，适宜猕猴桃生长。在太白山雪水的滋润下，眉县猕猴桃根系发达、枝叶茂盛、树势强壮，产量高、品质优，占尽天时地利。

2. 产业规模形成

全县猕猴桃种植面积达到30.2万亩，占陕西省的三分之一、全国的五分之一，是国内外猕猴桃产业聚集度比较高的区域之一。2019年，全县猕猴桃总产量达46万吨，猕猴桃“一县一业”格局已经形成。

3. 品种资源丰富

秦岭山区蕴藏的野生猕猴桃资源，是我国猕猴桃的种植资源库。已形成了以徐香、海沃德为主栽的绿肉猕猴桃系列，以红阳、脐红、华优、黄金果为搭配的红肉、黄肉系列，品种资源丰富，特别是徐香猕猴桃香味浓郁，酸甜可口，深受消费者信赖。

4. 产业链条健全

通过招商引资、项目带动、政策扶持等措施，支持龙头企业、专业合作社做大做强，全县共培育市级以上猕猴桃农业产业化龙头企业 11 家、猕猴桃专业合作社 183 个，认定家庭农场 93 家，注册猕猴桃鲜果及加工品商标 85 个，发展果业中介服务机构 300 多个；建设各类冷库 3 500 座，储藏能力达到 25 万吨；引进天人集团、千裕酒业、百贤酒业等大型猕猴桃精深加工企业 3 家；引进阿里巴巴、京东、居无忧等一批国内知名电商企业，建成阿里巴巴农村淘宝眉县运营中心等，形成了生产、加工、销售完整的产业链条。

二、持之以恒，多措并举，推进地标管理成效

脱贫攻坚工作开展以来，立足眉县猕猴桃地理标志的优势，紧紧围绕“扩规模、提品质、延链条、树品牌、占市场、保安全”的发展思路，不断推进猕猴桃产业规模化、标准化、品牌化、国际化进程，经过 30 多年的发展，眉县猕猴桃产业已成为规模大、效益好、覆盖广、扶贫带动能力强、在全国有一定影响的特色产业。依托全县建档立卡贫困人口7 525 户22 647 人，涉及产业发展的贫困群众 6 897 户 21 626 人。眉县猕猴桃被认定为“国家地理标志保护产品”“中华人民共和国生态原产地保护产品”“最具投资价值的中国农产品区域公用品牌”，品牌价值达到 98.28 亿元。

1. 加大政策扶持，扩大产业规模

眉县先后出台了《关于大力发展猕猴桃产业的决定》《关于推进猕猴桃产业持续健康发展的意见》《关于进一步支持农业发展的政策意见》《眉县现

代农业发展扶持政策》等一系列文件，在发展培育期对猕猴桃产业给予适当财政补贴，极大地激发了农户的积极性，种植规模迅速扩大。县财政每年列支500万元专项资金，用于支持猕猴桃基地建设、产品认证、品牌创建、宣传推介等。

2. 坚持规划引领，明确产业目标

眉县分别在2005年、2010年、2016年制定了《眉县猕猴桃五年发展规划》等一系列中长期规划，明确了发展目标和重点措施，提出了"板块发展、整村推进""一村一品、一乡一业""进浅山、上台塬""农业品牌化"等发展战略，引导眉县猕猴桃产业发展步入快车道。

3. 强化科技支撑，推进标准化生产

眉县与西北农林科技大学从2006年开始进行产业技术合作，持续实施猕猴桃产业技术示范与科技入户工程。新西兰猕猴桃花粉研究加工中心、西农大猕猴桃试验站、陕西省猕猴桃研究院、何积丰院士眉县科研基地等一批科研推广机构相继在眉县建成落户。眉县全域普及推广果园生草、果实套袋、人工授粉、生态循环等十大关键技术，全力推行绿色标准化生产方式，猕猴桃的核心技术研究应用走在了全国前列，以眉县猕猴桃生产技术标准为原型的《陕西省猕猴桃标准综合体》成为陕西省的地方标准。

4. 抓好果品质量，确保产业安全

眉县始终把猕猴桃质量安全作为重中之重的工作来抓，大力开展无公害、绿色、有机和农产品地理标志认证以及其他质量安全认证，建立健全了质量安全标准化、农业化学品投入控制、疫病疫情监测控制、产品检验检测、质量安全追溯等质量安全管控体系，切实提高猕猴桃质量安全水平，确保产业健康安全发展。

5. 加强宣传推介，做强区域公用品牌

眉县通过举办世界猕猴桃大会和已连续六届的中国·陕西（眉县）猕猴桃产业发展大会、创办"眉县猕猴桃"微信平台、拍摄《太白山下猕猴桃》科教故事电影及策划"百名大学生为眉县猕猴桃代言""眉县猕猴桃跑团"

国家级（眉县）猕猴桃产业园区

和“我和眉县猕猴桃的故事”征文等系列活动，不断加大眉县猕猴桃品牌宣传力度，使眉县猕猴桃影响力日益扩大，品牌声誉持续攀升。

6. 打造核心板块，提高产业水平

眉县投资28.07亿元建成了全国唯一的国家级猕猴桃批发市场，成为立足宝鸡、引领陕西、辐射全国、对接国际的国家级销售平台。同时，眉县还建成了2个省级猕猴桃现代农业园区和5个市级猕猴桃现代农业园区，建成猕猴桃“一村一品”国家级示范镇1个、省级示范镇6个，国家级示范村1个、省级示范村77个，省级生态果园示范村3个，形成了秦岭北麓渭河以南30万亩绿色猕猴桃特色经济产业带。通过打造核心板块，全面提升了猕猴桃产业发展水平。

三、利益联结，助力脱贫，依靠产业稳定增收

产业发展了，如何让贫困群众获得可靠的收益，这就要建立切实可行的

利益联结机制，把贫困户嵌入到地理标志管理的体系中，把政府、企业、合作社、集体经济组织等有机结合起来，形成合理、共赢、稳固的利益共同体。眉县经过两年多的探索，逐步形成了“6＋”扶贫模式，多种机制并行，助力群众稳定脱贫。

1. 政府＋主导产业＋贫困户

针对贫困群众发展猕猴桃产业资金不足的问题，眉县制定、实施了产业补贴政策，对贫困群众现有产业及新发展产业进行了资金扶持。帮联干部根据贫困户家庭实际情况和发展意愿，帮助制订产业发展规划，协助村组做好扶持政策衔接落实。县政府对全县贫困户现有猕猴桃每亩补贴 338 元，对新建、高接换头猕猴桃园每亩补贴 1 100 元，补贴政策惠及 6 897 户，2017—2018 年共发放补贴资金 1 397.56 万元。通过资金的扶持，进一步提高了群众发展产业的积极性。

2. 龙头企业＋专业合作社＋贫困户

贫困群众有了产业，就要确保他们获得相应的收益，给他们吃上一颗定心丸。眉县组织全县 180 多个果业龙头企业、专业合作社、家庭农场等新型经营主体，开展技术培训、农资配送、果园托管、营销对接等服务工作，与贫困户签订生产订单，吸纳贫困人员就业。解决贫困户缺技术、缺劳力、销售难的问题。截至 2019 年，全县 56 家市级以上龙头企业、专业合作社示范社与3 256户贫困户建立了稳定的帮扶关系，与贫困户签订猕猴桃生产订单 180 万千克，实际收购贫困户猕猴桃 688.5 万千克，免费发放有机肥、生物菌肥等农资 231 吨，吸纳贫困户人口就业 830 人次。

3. 村党支部＋互助组织＋贫困户

村党支部是带领贫困群众发展产业脱贫的主要基层领导力量。眉县发挥村党支部引领作用，组织本村党员、致富能人、乡土人才开展“一对一”结对帮扶，为贫困户传授生产技术，帮助销售产品，带动产业发展，支持贫困村成立扶贫互助专业合作社。对于部分没有能力发展产业的贫困户，按照自愿原则将其土地按面积入股村集体经济组织，每亩折为 1 股，分红由双方协商确定，年终享受固定分红；对于有猕猴桃产业但不善经

营的贫困户，采取将其猕猴桃园交与合作社、农村能人、种植大户托管经营，每年付给托管方一定金额的托管费，猕猴桃销售获得的收入归贫困户所有。村党支部带头发展特色产业，壮大集体经济，党员对贫困户实行“一对一帮扶”。县政府为每个新成立的扶贫互助合作社注入15万元财政资金，村集体资源和资金纳入合作社统一管理，利润所得全部用于分红。

4. 技术团队＋职业农民＋贫困户

贫困群众发展猕猴桃产业还有一个顾虑就是担心不会作务，现实中就是有很多贫困群众由于作务水平不高而导致猕猴桃园产值较低，收益也不高。针对这一问题，眉县在全面开展技术服务上下功夫，聘请西北农林科技大学专家教授、优选农业系统具有中级以上职称的专业技术人员组建眉县产业脱贫技术服务专家组，建立微信群，由技术人员负责答疑解惑，并针对产业情况逐村开展精准培训和技术指导。县农业局成立了110产业技术服务中心，采取定期走访、入户指导、技术培训等多种形式，提高贫困户生产技能，实现了产业脱贫技术服务全覆盖。同时，组织引导全县160名产业致富带头人和1 200名乡土人才，通过田间指导、言传身教，带动3 056户贫困户掌握了先进生产技术。在全县开展免费冬剪技术服务活动，以西北农林科技大学专家、农技干部、乡土专家、专业合作职业农民为主要服务力量，逐村为贫困户进行冬剪技术服务和培训，全县贫困户猕猴桃冬剪技术服务达到全覆盖。

5. 电商企业＋帮扶干部＋贫困户

眉县建立了电商龙头企业包抓重点贫困村、电商企业和有影响力的电商经营户联系贫困户的扶贫机制，在“农村淘宝”合伙人招募、电商企业用工中优先选用贫困户。全县电商企业为贫困户提供就业岗位726个，帮助16户贫困户开设了网店、2户开办了村级电商服务站。电商扶贫与产业培育结合，通过提供农资配送、技术指导、订单销售等措施，助力产业脱贫。县、镇电商农资配送中心为贫困户提供农资配送服务，免费发放价值50多万元的农资；在电商平台上优先安排销售贫困户农产品。全县帮联干部充分发挥掌握政策信息、技术力量、人脉资源等优势，帮助贫困户通过电商企业销售猕猴桃420多万千克。通过电商销售，拓宽了销售渠道，增加了产业效益。

6. 新型经济组织＋扶贫基地＋贫困户

积极推进“三变”改革试点，支持通过“资源变资本、资金变股金、农民变股东”建立产业扶贫基地，壮大集体经济，采取土地流转、土地入股、扶贫贷款入股、吸纳就业等方式，使贫困户通过租金、分红和务工获得长期稳定收入。截至2019年，眉县新型经营主体共流转土地3 555.6亩，土地入股2 587.7亩，建立产业扶贫基地12个，发放产业扶贫贷款1 051户3 205万元，吸纳股金520万元，其中，贫困户资金入股60万元。

四、突出重点，加强服务，总结经验和不足

眉县猕猴桃在产业脱贫工作中，坚持以农产品地理标志公用品牌的打造为主线，通过实施“6＋”模式，政府发挥主导作用，助推产业脱贫，实现了贫困群众脱贫致富。

1. 政府主导是核心

在产业脱贫工作中，政府要始终处在核心主导地位，做好全盘指挥，特别是在各方利益联结机制的构建和监管、扶贫资金和项目的安排使用、技术培训体系的有效运行等方面，都离不开政府这根指挥棒。

2. 选准产业是基础

眉县在选择猕猴桃产业作为扶贫主导产业时充分考虑了产业发展的前景和风险。一定要根据本地的实际情况，因地制宜，尽量选择符合本地自然条件的、有一定基础的成熟产业来作为主导，切不可盲目跟风，为追求高效益而忽视了风险。

3. 精准帮扶是途径

在产业脱贫过程中，精准帮扶是最为有效的方法和唯一路径。要对每户贫困户进行充分的了解和宣传动员，根据每户的不同情况制定不同的产业帮

扶办法，做到一户一策、精准帮扶。对实在没有发展意愿的暂时缓一缓，继续动员，帮助寻求其他脱贫路子；对家中劳动力条件不允许的采取果园托管或入股的办法等。总之，产业脱贫不搞一个模式，不搞“一刀切”，更不搞强迫，否则便会事与愿违。

4. 资金支持是力量

很多贫困户由于生活比较拮据，没有能力或者因为担心而在产业投入上犹豫不决、患得患失。政府发放一定数量的货币性补贴资金，可以极大地调动贫困群众发展产业的积极性，带动和帮助他们把产业发展起来，通过产业脱贫致富。

5. 技术服务是保障

对于大多数贫困户来说，技术服务非常重要、不可或缺，没有强有力的技术服务做支撑，他们就不敢、不愿意发展产业。眉县在产业扶贫过程中，始终把技术服务放在重要位置，实施全程服务，使贫困群众有了发展产业的信心。全方位的技术服务是产业发展的重要保障，不能缺位，才能不断提高贫困群众的技术作务水平，产出高质量的产品，从而获得较高的收益。

6. 保底收益是信心

任何一个产业，都会有一定的风险，而贫困群众是最承受不起风险的。在产业扶贫过程中，给贫困群众发展产业一个保底的收益就非常重要。只要愿意干，就可以有基本收益，就有可能走上致富路，心里有了底，就会焕发出动力，就会有发展的信心。

枣乡大荔的振兴之路

李　云　周小波　何乐乐
（陕西省大荔县农产品检验检测中心）

冬枣熟了，务枣的人笑了。
忙碌了一年，是该数一数票子了！
人来人往，熙熙攘攘，
不是为了枣子，就是为了票子。
……
白露过后，挂满枝头的大枣，
就像是一串又一串翡翠玛瑙，
一串又一串金灿灿的大元宝。
……

——摘自《写给大荔冬枣的情书》

大荔冬枣喜获丰收，农户笑逐颜开

这是大荔枣农为冬枣谱写的一份最纯真、最质朴的“情书”。大荔冬枣于2011年获得农产品地理标志登记保护，2018年成功创建国家级农产品地理标志示范样板。截至2018年底，大荔冬枣从业人员26万人、人均收入1.8万元。大荔冬枣核心产区安仁镇小坡村，种植冬枣1.5万亩，年销售额亿元以上，农民人均纯收入3万元，摘掉了省级贫困村的旧帽子，带上了“全国冬枣第一村”的新帽子。大荔冬枣农产品地理标志在推进产业扶贫产业兴旺上发挥了巨大的示范推动作用。

一、政府强力背书，政策经费保障到位

大荔县委、县政府高度重视大荔冬枣产业发展和质量安全，制定《大荔县冬枣优势特色产业项目规划》，明确冬枣产业发展目标和工作重点，先后出台了《关于加强农产品质量安全监管工作的意见》《关于冬枣质量和食品安全专项行动的实施意见》等重要文件；安排冬枣质量安全专项工作经费200余万元，每年召开全县农产品质量安全监管工作会议，县、镇、村逐级签订《农产品质量安全目标责任书》，村与户签订《农产品质量安全生产承诺书》，相关部门和镇政府负责人在电视台公开承诺，层层夯实责任。同时，县政府领导多次深入冬枣主产镇开展调研，召开冬枣质量安全大会、提升冬枣质量安全暨规范销售市场协调会等专题会议，听取汇报，现场协调解决问题；县人大、县政协多次组织专题视察调研，积极为冬枣质量安全建言献策。

二、部门多措并举，冬枣品质保障到位

1. 实行标准化生产

联合中国标准化研究院制定国家标准《冬枣》（GB/T 32714—2016），制定了《冬枣产地环境技术规范》、《冬枣病虫害绿色防控技术》（DB 6105）和《大荔冬枣绿色食品（A级）》等地方标准，严格监测冬枣产地环境，倡

导枣农按照标准和技术规程科学生产，合理使用化肥农药，翔实记录田间生产档案；将《冬枣》标准印制成通俗易懂的《〈冬枣〉标准十条》，发放给群众，提升枣农的安全意识和标准化水平。

冬枣质量安全监测

2. 强化冬枣质量监测

以创建国家农产品质量安全县为契机，建立县、镇、村三级监管体系，全县各镇（街道）配备了农残速测仪、测糖仪等设备，组织召开镇村监管员技能培训，全面提升镇级监管人员监测能力；在政府网站和主流媒体上公布县、镇两级监管人员名单和联系方式，不定期开展巡查、抽检，全年定性、定量检测冬枣样品 2 000 余个，有效保障了上市冬枣质量安全。

3. 开展冬枣质量认证

鼓励企业、合作社、家庭农场等冬枣生产经营主体和大荔冬枣地标授权企业开展良好农业规范、绿色和有机质量认证，建设大荔冬枣绿色标准化集成示范基地，增加绿色优质冬枣供给。

4. 推进冬枣质量追溯

2015 年，大荔县建立了全省首个县级农产品质量安全追溯系统，把全

县42家生产经营主体纳入平台监管，在冬枣上市期，加入追溯系统的企业向平台提交生产记录，检测合格后，打印追溯二维码；其他合作社和散户，根据合格证管理制度进行编号管理，截至2019年，全县累计发放食用农产品合格证50余万张，大荔冬枣有了“身份证”，消费者根据合格证上的追溯二维码，用手机“扫一扫”就能便捷地查看产品的质量认证类型、农事生产记录和检验报告，让消费者吃得放心。

5. 扎实开展专项整治

大荔县成立由农业农村局、公安局、红枣局等部门组成的联合执法巡查小组，从2014年起，连续5年在全县开展为期4个月的冬枣质量安全联合执法和专项整治，各镇、各村也成立相应机构，公开举报电话，重点查处摘青上市、滥用激素、欺行霸市、打压枣价等行为，销毁摘青、晒伤等劣质冬枣，产生了巨大的震慑作用，有效地遏制了枣市的不良行为。2018年，大荔县公安局组建的“冬枣市场秩序管理中队”挂牌成立，这是保障冬枣质量安全、维护冬枣交易秩序的又一重大举措。

三、营造氛围，品牌宣传推广到位

1. 叫响“大荔冬枣”区域公用品牌

渭南市政府将“大荔冬枣”确定为全市主打的五大区域公用品牌之一，集中优势力量打造大荔冬枣产业品牌。2014年，大荔冬枣获得国家农产品地理标志认证和陕西省著名商标；2015年，荣膺中国果品区域公用品牌50强；2016年荣获全国名优果品区域公用品牌；2017年，跻身“2017中国果品区域公用品牌20强”，位居16位，并荣获“消费者最喜爱的中国农产品区域公用品牌”和“中国百强农产品区域公用品牌”；2018年，成功创建大荔冬枣国家级农产品地理标志示范样板，并被农业农村部评为“中国特色农产品优势区”。自2016年起，大荔冬枣已连续参加了三届中国品牌价值评选，从最初的刚入围100强，逐渐攀升到全国区域品牌（地理标志产品）排名第70位，大荔冬枣品牌实现了跨越式发展。

2. 培育企业品牌

对于地标授权企业，要求其按照“企业品牌+地标区域品牌”确定产品名称，突出地理标志区域品牌优势，借力发力，推进企业品牌建设，先后注册了“百果王”“尊天一品”“小坡”“村状元”等企业品牌。其中，“村状元”牌大荔冬枣，在第9届中国义乌国际森林产品博览会被评为金奖；“小坡”牌大荔冬枣荣获第十五届中国国际农产品交易会参展展品金奖；绿源农庄冬枣专业合作社被评为全国“优质果品基地”。

3. 强化品牌宣传推介

县长、主管县长等县领导带队参加各类推介会，为冬枣做宣传代言，先后开辟了长春、沈阳、长沙、杭州等7个大荔冬枣直销市场，在北京、深圳等特大城市设立了6个品牌直营店、形象店，极大地拓宽了大荔冬枣的销售渠道；大荔冬枣作为名优产品代表参加了第十三、十四、十五届中国国际农产品交易会、全国农业品牌推进大会、2017全国“双安双创”成果展等多场品牌展会，大荔冬枣以皮薄、汁甜、肉脆的独特品质，赢得与会领导、客商和中外嘉宾的交口称赞和一致好评。

4. 营造浓厚宣传氛围

在中心广场举办3场千人以上的大型宣传活动；召开冬枣质量安全保卫战誓师大会，农业执法人员、农产品生产者、农资经营者和客商现场签名承诺；举办中国（大荔）鲜食枣产业研讨会和“农业高质量发展与产业兴旺”

万亩有机冬枣现代科技产业园

论坛，聘请西北农林科技大学专家讲解冬枣栽培管理技术。制作大荔冬枣专题宣传片，制订“冬枣品质保护十不准”“冬枣品牌保护十个全覆盖”，在中心广场和人口密集区设立LED屏幕广告和灯箱广告，在108国道设立大型广告牌，在旅游路线和基地入口悬挂大荔冬枣农产品地理标志宣传牌，各镇在辖区内粉刷墙体广告、悬挂横幅，营造了浓厚的宣传氛围，全民参与共同呵护大荔冬枣品牌。

四、推进三产融合，生产经营主体培育到位

1. 培育冬枣生产主体

按照“市场牵龙头、龙头带园区、园区联农户”的模式，建成了小坡万亩冬枣园，建成千亩以上集中连片的冬枣示范园12个、百亩以上68个，有了农产品地理标志公用品牌的号召和园区企业的示范带动，注册各类冬枣合作社300余家，农户抱团取暖，组织化、标准化程度提高，冬枣质量有了保证，改善了小散乱的经营模式，改变了个体户单打独斗闯市场、创品牌的局面。

2. 完善冬枣产业链条

健全与冬枣配套的产业集群，建立枣工程技术研究中心，组建行业协会和冬枣培训学院，建立冬枣交易中心和保鲜冷库，培育冬枣深加工企业6家，开发枣芽茶、枣花蜜、蒸枣、枣沫糊、脆冬枣、冬枣片、冬枣醋等以枣为主题的特色小吃和饮品。建立以冬枣主产镇为中心的电商一条街，汇集顺丰、圆通等数十家物流企业，发展电商企业740家，线上销售额突破6个亿；与阿里巴巴旗下天猫优品签署战略合作协议，京东联合冬枣商家订制了“抢鲜一步 为你而来”的大荔冬枣京东物流生鲜供应链解决方案，挖掘优秀的冬枣企业入驻京东平台。通过线上线下，全渠道、一体化的生鲜供应链，将优质冬枣销往全国，成功进入高铁、航空等高端领域。孵化冬枣外贸企业12家，使大荔冬枣出口到越南、泰国等国家，大荔冬枣获国际原产地认证，“直飞”加拿大等8个国家和地区，进军欧美高端市场。

3. 转变发展理念

推行“农业+旅游”，打造以冬枣产业为重点的全域农业公园，发展休闲农业和观光旅游。修建大荔农展馆，在沿黄公路沿线建成以枣文化为主题的万亩冬枣园、中国枣文化博览园及文化长廊，集中弘扬大荔2千多年的枣文化历史，举办中国冬枣节，以冬枣小镇项目为载体，投资1 000万元，建成5.6公里观光火车环线和水上乐园等12处景观节点，建成各类农业休闲冬枣采摘园5个，发布冬枣卡通形象、奖章和纪念品；举办冬枣采摘节、冬枣趣味知识竞赛，编排大荔县同州梆子现代戏《枣花香》。以精准扶贫为主题，以基层党员干部带领群众治理盐碱滩涂、栽植冬枣脱贫致富为题材，展现大荔冬枣产业发展历程，既丰富了群众文化生活，又促进了枣文旅产业发展。

关中黑猪香飘三秦大地　绿色品牌助力脱贫攻坚

孙　永

（陕西省西安市农产品质量安全检验监测中心）

群众增收是打赢脱贫攻坚战的前提，产业扶贫是基础保障，如果没有产业的支撑，脱贫成效无疑是空中楼阁，失去了根基，势必造成返贫的现象发生，选择适合当地发展、特色优势明显的产业和发展模式就成了贫困县（区）面临的当务之急。基于以上原因，关中黑猪肉成了周至县关注的焦点，“特色产品＋绿色发展”的思路为贫困地区开辟了一条另类的致富之路。

2012 年，周至县被确定为秦巴山集中连片特殊困难地区，是西安市仅剩的两个贫困县之一，全县总面积 2 974 平方公里，总人口 69.17 万，其中山区占 76%；共有贫困村 107 个，建档立卡贫困人口 11.34 万人，贫困发生率为 18.29%。周至县的山区 4 镇和沿山 8 镇是贫困程度相对较深的区域，九峰乡永丰村就是其中的一个典型，基础设施薄弱、产业布局单一、群众增收乏力，脱贫难度相对较大，如何帮助当地农民脱贫，成为当地政府的一项艰巨的任务。

一、依托优势资源，发展关中黑猪产业

永丰村位于秦岭山脉第二主峰的首阳山区，环境优美、空气清新，生态环境良好，是发展特色优势产业的绝佳地，同时该村一直有饲养本地黑猪的习惯，村民户户饲养土猪（关中黑猪）。黑猪肉具有肉质鲜美、肉色红润的特点，蛋白质含量高达 24.2%，食后有几十年前肉香的感觉。西安首阳农业生态养殖有限公司恰好发现这一优势产业，选址周至县九峰乡永丰村，成

立公司。公司成立初期就明确了发展思路，以市场为导向、品质为保障，打造种养加全程循环产业链，走“公司+基地+农户”的发展之路。

（一）筚路蓝缕，艰苦创业

创业初始，公司成立人员素质参差不齐，制度不健全、管理不规范，造成责任不明确、权责不清晰，公司发展遭遇瓶颈，产业停滞不前。为解决这一问题，公司采取了以下办法。

1. 广开言路、招贤纳士，搭建养殖场班底

公司聘请西农大的教授作为养殖场规划负责人，高薪招聘当地规模化养殖场管理精英、技术负责人搭建首阳养殖场管理框架。

2. 披荆斩棘，建设猪场

养殖场位于九峰乡永丰村，在首阳山山区的坡地，建厂之初，荒草横生，漫无边际。公司在西农大教授的设计下，平地建猪舍，缓坡建运动场，四周栽绿化树，开辟了占地200多亩的现代化养殖场，探索出“猪舍集中养殖+户外定时运动”的生态健康养殖模式。

3. 建章立制，科学养殖

养殖场基础设施到位后，公司立即邀请方圆认证中心的工作人员，健全规章制度，合理规范养殖行为，使公司的各项制度既切合实际，又有章可循。

4. 产业链向前延伸，保障饲料稳定来源

养殖场饲料来源的可靠稳定是肉品品质的重要保障。按照“公司+基地+农户”发展思路，公司成立初期，就在永丰村流转土地200亩，用于种植苜蓿。同时，和村民签订了2 000亩的玉米种植协议，解决了饲料来源。

5. 精挑细选，引进适宜品种

公司根据当地农户散养的特点，高价收购纯种关中黑猪，一次性引进黑猪50多头。2012年，公司400头黑猪上市了，但是产品定价高，消费者不认可，公司发展暂时陷入泥潭之中。

（二）机缘巧合，绿色助力发展

在2012年的一次宣传会上，首阳公司领导首次听到绿色食品发展理念，“产自优良生态环境、按照绿色食品标准生产、实行全程质量控制并获得绿色食品标志使用权的安全、优质食用农产品及相关产品”的绿色食品概念完全与公司发展思路相吻合。他们的产品，生长在秦岭山中，呼吸最新鲜的空气，喝着山泉水，吃着当地自产的无污染玉米。首阳公司领导认为他们的产品就是绿色的，因此萌生了让自身产品更上一层楼的想法。随后，公司立即开始了关中黑猪肉的绿色食品之旅，对饲料基地提升换挡，绿色生产、绿色养殖，修订绿色管理制度，积极申报绿色食品。通过现场检查、环境检测、产品检测等1年时间的努力，2013年获得绿色认证，创立了“金永峰”品牌，成为陕西省唯一一家绿色食品猪肉生产企业。

怎样让老百姓能接受120元/千克的高价位绿色猪肉，让公司产品得到认可，让公司产品家喻户晓？公司以绿色食品为切入点，在报纸、杂志、广播电台、电梯、LED大屏以及出租车都进行宣传，扩展产品知名度，再加上一系列促销活动的开展，让西安市民充分认识和了解企业和产品。公司大胆尝试在西安和周至开设关中黑猪肉体验店。其中，周至县环山公路边竖立的高15米的巨大广告牌（“绿色关中黑猪肉　消失的味道”）和占地2 000平方米的生态体验餐厅吸引眼球，效果最好，引来大量食客品尝绿色关中黑猪肉的美味。产品也从整块销售，走向细分化，开发出了30多个品种。一盒一盒，一块一块……积少成多、聚沙成塔，绿色品牌助力关中黑猪肉慢慢打开了销量。绿色食品证书也让他们打开大型商超的大门，2016年，金永丰系列产品陆续进入到麦德龙、华润ole'、卜蜂莲花、陕西省军区军人服务社、苏宁生活超市、绿地等中高端商超市；2018年5月正式进驻盒马鲜生，线上线下同时销售。2016年，“金永丰”黑猪肉的销售增长率为9.63%，2017年达到44.46%。2018年，受经济形势及非洲猪瘟影响，猪肉行业严重受挫，市场整体业绩下滑，而首阳公司的产品销售增长了10%，平均每月出栏200多头，单价从60元/千克，增长到80～90元/千克，年产值达到

2 000 万元，一时造成了“洛阳纸贵”的现象。绿色生产在当地方兴未艾，永丰村及周边村绿色养殖户逐渐多起来。怎样保障产品品质、保护绿色品牌成为政府和企业需要深层次考虑的问题。

二、吃水不忘打井人，全力带领村民脱贫奔小康

当地政府和公司在保护绿色品牌、带领永丰村人脱贫奔小康方面进行了深层次的考虑，制定了 5 大长远规划：保障绿色品质，占领西安猪肉高端市场，不断扩大养殖规模；稳步扩大绿色饲料原料基地，保障养殖饲料来源；保护环境、减量使用化肥和农药，发展绿色种植业；绿化荒坡、荒山，美化环境，建立苗圃，扩大产业链；建立熟食生产线，提供就业岗位。绿色关中黑猪肉的热销，带动了当地养殖业的发展，贫困户的养殖热情很高。怎么规范化绿色养殖呢？公司首先成立了养殖合作社，带动贫困户走联合发展的道路；其次，聘请西北农林科技大学的老师在基地搞养殖培训，提高农户的养殖水平；建立纯种繁育基地，不断优化品种，给贫困户提供优质商品猪；制定绿色养殖标准，供应绿色饲料，保障产品品质；依据市场订单，合理发展养殖规模（关中黑猪肉养殖周期 10 个月，为保证市场供应，公司调减淡季生产量，增大贫困户在淡季的供应量，保障贫困户的利益）。公司加大了绿色玉米的合同供应量，生产规模从最初的 2 000 亩，扩大到 2 500 亩，产量从 800 吨提高到 1 000 吨。

绿色养殖业的发展也促进了绿色种植业的发展，当地猕猴桃种植是村集体的主要产业之一。以前种植业主要以产量取胜，猕猴桃品质较差、亩产值较低。为促进猕猴桃产业的健康发展，村集体成立了猕猴桃合作社，开始了绿色种植。公司 2014 建立了 600 立方米的大型沼气站，年产沼液、沼渣 7 300 吨，每年无偿供 4 200 吨的沼液、沼渣肥料，用于生产绿色猕猴桃，使猕猴桃每亩生产成本从 1 500 元降到 1 000 元，猕猴桃年产值从 7 000 元/亩增加到 8 000 元/亩。绿色猕猴桃的种植使产品从低端市场走向了高端市场。公司开始在村合作社定制猕猴桃供应其会员，年定制量达到 2 000 盒。

为解决永丰村留守人员的就业问题、增加贫困户收入，2016年，公司又投资1 000万元建立熟食生产线，常年为永丰村提供固定工作岗位80个，临时用工600人/（次·年），年人均增收3 000元。在建设美丽乡村中，公司积极承包了养殖场后面的荒山300亩，带领贫困户建包含多树种的苗圃，为10个贫困群众提供工作岗位。2013—2018年，公司发展绿色循环产业，使贫困户人均年收入达到3 070元，带领30户脱贫，全村户增加收入500元/年。

做农业企业，投资长、见效慢、风险高，做一个好的产品更是成本高、利润薄。首阳公司不忘初心，一直坚持绿色发展理念，用心养好猪、产好肉，带领周边群众脱贫致富，更多是尽一份社会责任。把企业的发展和企业社会责任有机地结合起来，坚持“精准扶贫、精准脱贫”，立足周至县绿色生态功能定位，在保护好秦岭北麓和渭河、黑河生态环境的前提下，聚力乡村振兴，加快现代都市农业发展，以经济发展带动群众致富，以产业发展促进农民增收，努力建设西安市国家中心城市生态美丽宜居后花园。

静宁绿色品牌苹果助力脱贫攻坚

李　恒[1]　王志伟[1]　刘卫卫[1]　秦国正[1]　张　颖[1]　程月红[2]

（1. 甘肃省静宁县农产品质量安全监督与检验检测站；

2. 甘肃省静宁县红六福果业有限公司）

静宁县位于甘肃省东部，地处黄土高原丘陵沟壑区，海拔高；属暖温带半湿润半干旱气候，四季比较分明，降水均衡；气候温和，光照充足，昼夜温差大。由于地域、土壤、气候环境独特，具备优质苹果生产的理想条件，所产苹果果肉硬度、脆度优良，含糖量高，果实着色好、风味浓，外观品质和内在品质俱佳。因此，静宁县被农业农村部评为“黄土高原优生苹果最佳栽植区域”，是农业农村部划定的黄土高原苹果优势产区之一，也是全国苹果规模栽培第一县。静宁苹果产业是静宁县人民实现精准扶贫、赖以脱贫致富的主导产业。

一、静宁县苹果产业发展现状

近年来，静宁县坚持点上突破、片上扩展、带上延伸，依托 50 万亩苹果绿色原料生产基地创建及巩固退耕还林成果后续产业苹果基地建设等项目，每年投入资金近 800 万元，新植果园 5 万～10 万亩。全县果园面积稳定在百万亩以上，占耕地总面积的 68%，户均 10.6 亩，人均 2.34 亩。建成仁大、李店等 12 个果园化乡镇和治平雷沟、城川吴庙等 80 个果品专业村，形成以李店河流域 25 万亩苹果出口创汇基地、葫芦河流域 15 万亩高效农业示范区和 312 国道沿线苹果产业带为主的“三大基地”。积极探索“政府＋协会（或公司、联合体、合作社）＋基地＋农户（贫困户）”的发展模

式，建成大型储藏营销企业108家、202家果品专业合作社，入社社员2.5万多人，与农户建立紧密的利益联结关系，为果农提供农资供应、技术指导、市场信息、产品营销等服务，加大了示范基地培育力度，集中抓建了一批示范园、优质苹果生产加工基地及产业基地，引导培育了1家国家级、10家省级、40家市级果品生产经营龙头企业，加强了苹果基地认证、绿色认证、有机认证及无公害认证，积极开展产品和基地认证，现已有11家企业、认定了15.5万亩绿色苹果基地，生产绿色苹果26.51万吨、1万亩良好农业规范（GAP）和24.9万亩出口基地，基地认定面积达到41.4万亩，占全县果园总面积的40.6%。

2019年，全县果园面积达到102万亩，挂果园面积达到65万亩，果品产量78万吨，产值达32亿元，实现人均果品纯收入4 920元，占全县农村居民人均可支配收入的80%以上，苹果产业在静宁县实现精准脱贫工作中发挥了不可替代的主导作用。

二、打造静宁苹果绿色品牌，助力脱贫攻坚

静宁县有着生产优质苹果得天独厚的天然气候和生态环境，但在国际化大市场的竞争下，满山遍野的果香如何才能产业转型，提升农业综合效益？面对这道转型考题，静宁县大力发展绿色农业，在带动农业产业发展转型升级的同时，更成为脱贫攻坚的倍增神器。

静宁县充分发挥绿色产业苹果的品牌优势，创建众多具有地方特色的企业品牌，依托“三品一标”公用品牌提升企业品牌影响力，加快推进地方农产品品牌化建设，通过品牌化推动标准化，通过标准化推进产业化，进而提升农产品市场竞争力和农业综合效益，助力打赢脱贫攻坚战。

（一）品牌扶贫突出模式

静宁县红六福果业有限公司是静宁县的一家省级农业产业化龙头企业，自2011年成立以来，坚持以“绿色兴企、质量兴企、品牌强企”为企业发

展理念，"红六福"商标于2013年取得由国家商标总局批准，并被认定为甘肃省著名商标。自2014年开始，先后认证了1万亩绿色苹果生产基地和0.3万亩有机苹果生产基地，并陆续取得了ISO 9001、ISO 22000和HACCP食品安全质量体系认证。2018年，联合16家农民专业合作社组建成了红六福苹果产业扶贫联合体，联合体充分发挥龙头企业的带动作用，吸纳余湾、甘沟等乡镇农户（贫困户）参与经营，按照"乡产业扶贫开发公司监管服务、龙头企业投资运作、合作社实施管理、贫困户入股分红"的工作思路，采取"产业扶贫公司+龙头企业+合作社+贫困户"的苹果产业扶贫联合体经营模式，建立完善品牌扶贫利益联结机制，激发了合作社成员的生产经营积极性和发展内生动力，走出了一条联合经营、合作共赢、脱贫致富的绿色产业品牌扶贫之路。

静宁苹果

（二）发挥龙头带动作用，实现经营收益分红

自2018年以来，联合体以市场需求为导向，以绿色有机为基础，以产品质量为生命线，坚持标准化生产、规范化经营、现代化管理，打造红六福

万亩富硒有机苹果品牌，建设出口食品质量安全示范区，将互联网思维融入生产、流通、营销等环节，拓展了内销外贸、线上线下销售渠道，建设并成功运营静宁县农产品质量安全追溯平台，运营京东商城静宁扶贫馆，成功参与央视财经频道2018年“改革开放40年·中国电商扶贫行动”、甘肃卫视“扶贫第一线”等宣传推介活动20多场次，取得了良好的社会效益和经济效益。

2019年，联合体建设有苹果果园面积2.6万亩，重点开发富硒、绿色、有机苹果，企业先后取得了绿色、有机生产基地认证，获得了自营出口权。企业开发的产品荣获甘肃农业博览会金奖、第17届中国绿色食品博览会金奖，2018年甘肃省名牌产品，“红六福”被评为甘肃省著名商标。2018年，联合体内有6个产业扶贫开发公司和合作社注册了商标，品牌化经营理念初步形成。

2019年，联合体拥有成员2 258户，含乡产业扶贫开发公司2家、省级龙头企业1家、农民专业合作社16家、社员1 950户、贫困户289户。联合体入股资金602万元，包括村集体入股资金313万元、贫困户财政到户配股资金289万元。联合体内合作社社员通过发展果品产业，收入最高的达到15万元；贫困户通过销售果品、劳务收入、入股分红，收入最高的达到2.6万元，289户贫困户通过产业扶贫实现稳定脱贫。

（三）打造利益联结机制，构建产业扶贫体系

1. “三联接”组建产业化联合体

联合体以产业、要素、利益三个连接确立权责、利益联盟关系，由乡产业扶贫开发公司、红六福果业公司、村农民专业合作社和社员组成的新型农业经营组织联盟。村集体和农户以土地、果园、人力资源、技术等入股合作社，资源变资产；贫困户以产业配股资金、精准扶贫贷款和闲余资金入股，资金变股金；联合体通过运营，实现利益最大化，农户获取收益分红，农民变股民。通过“三变”改革，极大地激发了贫困社员的生产积极性和发展内动力，为乡村振兴奠定了坚实的基础。

2. 以“三带动”构建产业扶贫利益合作体系

红六福果业公司所在乡未脱贫的425户贫困户以扶贫资金、土地果园、人力资本入社参与合作组织，结合农村“三变”改革，创建产业扶贫示范园，鼓励66户自主经营的果园大户（挂果园10亩以上，年收益20万元左右）建立“脱贫奔康创业园”641.5亩，示范带动当地农户发展果园，吸纳贫困户进园务工增加收入；对全乡无劳力、无法自主经营的24户贫困户的92.5亩果园，由合作社、村干部、致富能人、亲朋好友托管，建成“脱贫增收托管园”，按托管合同分配收益；由红六福果业公司采取新模式标准化栽植果园315亩，建成“脱贫致富就业园”，吸纳当地26户贫困户参与就业，增加务工收入，促进脱贫致富。通过三带动，让贫困户主动加入村农民专业合作社，融入合作社统一的标准化生产体系，专业合作社为龙头企业提供质量稳定、合格的产品，龙头企业以优质的商品创品牌、拓市场，实现企业赢利、合作社增收、贫困户致富的利益联合体持久共赢模式。

3. “三保障”构建产业扶贫利益保障体系

一是创建产业扶贫示范园1 049亩，保障贫困户增收可持续发展。二是监管新型农业经营主体，保障贫困户利益不受损失。成立入股资金管理小组，聘请法律和会计顾问，定期审查资金使用和经营情况，做好风险防控。三是发挥农业和期货价格保险作用，保障贫困户发展生产不受影响。实现农业保险全覆盖，探索发展期货价格保险。抵御市场价格波动造成的损失和经营风险，增加果农收入，促进贫困户稳定脱贫。以三保障为联合体成员降低了自然和市场风险，保证了联合体各方利益，有效地将联合体成员由利益联合体变为了命运共同体。

4. “三分红”构建产业扶贫利益分配体系

依托“三变”改革的资产收益扶持制度，以股权为纽带，构建产业扶贫利益分配体系。

一是按股分红。2018年，预脱贫贫困户产业配股每户1万元、按10%～30%优先股保底分红；红六福果业公司、非贫困户则按照普通股进行收益分红。同时，鼓励贫困户将扶持发展产业的精准扶贫贴息贷款5万元自愿入股本村合作社，按股获取收益分红。

二是按资产分红、赚劳务薪金。贫困户以土地经营权折价入股本村合作社，获得固定分红和收益分红；同时，贫困户通过在红六福扶贫车间务工获取劳务收益。2018 年，贫困户参与扶贫车间生产劳务分红 18.6 万元。

三是村集体分红。村集体以本村村级集体经济发展资金入股本村合作社。2018 年，按 10%的比例进行保底收益分红，其中收益的 60%由村集体所有，主要用于公用事业、应急扶贫资金和发展留存资金，剩余 40%按照贫困户 60%、一般户 40%的比例进行二次分红。

（四）拓展联合要素范围，建设现代农业体系

联合体将进一步与更大范围的平台、乡镇产业扶贫企业和合作社加强合作，共同开发出“土字号”“乡字号”的静宁特色产品品牌，推进联合体现代农业产业发展体系，加强小农户与现代农业产业体系的有机衔接，推动联合体一二三产业融合发展利益联结机制，让更多的联合体成员分享产业增值效益。

1. 强化联合体联结机制

联合体成员更进一步稳固生产资料供应、产品收购、技术作业服务、产品研发生产、市场渠道开拓的合作关系，以产业、要素、利益三个联结促进一体化紧密型经营活动，清晰责权、利益联盟关系。充分发挥联合体的载体作用，更进一步实施村集体和农户以土地、果园、人力资源、技术等入股，资源变资产；贫困户以产业配股资金、精准扶贫贷款和闲余资金入股，资金变股金；联合体通过运营，实现利益最大化，让更多的农户获取收益分红，农民变股民。

2. 发挥龙头企业引领作用

积极推进绿色有机苹果标准化种植，建设万亩红六福富硒苹果生产基地，培育“静宁苹果”地理标志品牌和“红六福”富硒苹果知名品牌，引导合作社强化质量管理，不断完善“三品一标”认证，实行投入品源头管控和果品标准化生产，健全农产品质量可追溯管理体系。为合作社和农户提供种

苗、配方施肥、病虫害统防统治、机械化生产等技术服务。进一步培育村农民专业合作社，开发优质农产品，打造村合作社品牌，发展村集体经济。不断开拓线上线下市场渠道，加强销售平台建设。

3. 提升合作社运营能力

合作社采取“产业支部＋党员＋基地＋农户（贫困户）”模式，组建党员先锋队和党员技术服务队进行技术服务，不断培养务果能手、技术明白人和优秀果农。按照“支部引领、合作社搭台、党员示范、农户参与”的思路，建设党员示范责任田，分片分区域实行网格化挂牌管理，通过订单农业和采购联销等形式，为龙头企业提供质量稳定的优质果品，服务、引导社员以优果优价增收致富，培育、打造市级、省级、国家级农民专业合作社，以绿色兴社、质量兴社、品牌强社的发展思路不断拓宽农民稳定增收的渠道。

三、总结

2019 年，静宁县通过绿色食品品牌扶贫的新型农业经营主体达到 100 多家，龙头企业和农民专业合作社不断创新产业体系的扶贫措施，注重抓好静宁苹果地理标志品牌建设，通过品牌开拓高端市场，带动贫困群众以优果优价实现脱贫增收，增强自身发展和造血功能，以绿色品牌扶贫助力脱贫攻坚战。

提升马铃薯产业品牌　助力农村精准扶贫

——定西市安定区发展农产品品牌、助力农村扶贫的思考

曹举科

（甘肃省定西市安定区绿色食品办公室）

甘肃省委、省政府紧紧围绕甘肃省多样的地理条件、独特的农情民情、丰富的资源禀赋及“独一份”“特别特”“好中优”“错峰头”的农产品优势，坚持“三品”（品种、品质、品牌）齐抓和“三化”（标准化、规模化、科学化）共创的路子，实施品牌提升战略，大力推进无公害农产品、绿色食品、有机农产品和农产品地理标志的认证，着力打造“甘味”知名农产品品牌，争创一批“甘”字号区域公用品牌和中国驰名商标。按照省委、省政府的总

定西瑞源农民专业合作社绿色食品马铃薯生产基地

体工作思路和目标要求，定西市安定区在农业产业发展中大力开展农产品“三品一标”认证，不断提升品牌影响力和市场知名度，全力服务全区产业扶贫和产业脱贫工作大局。

一、区情概述及“三品一标”认证基本情况

1. 区情概述

定西市安定区位于甘肃省中部，属陇中黄土高原丘陵沟壑区，境内梁峁起伏、沟壑纵横，海拔1 700～2 580米，年降水量380毫米，多集中在7～9月，年平均气温6.3℃，无霜期140天左右，非常适合马铃薯生长；总流域面积3 638平方公里，辖19个农村乡镇和3个街道办事处，总人口47.02万，其中农业人口37.1万；G22青（岛）兰（州）、G30连（云港）霍（尔果斯）高速公路和陇海、兰渝、宝兰铁路客运专线穿境而过，交通运输区位优势明显；现有耕地面积179万亩，主要种植马铃薯、玉米、蔬菜等农作物，其中马铃薯常年种植面积100万亩、蔬菜种植面积15万亩。定西市安定区是全国马铃薯种植面积最大的县区之一，马铃薯产业是本区支柱产业，蔬菜产业是近年来新发展的特色产业。

2. “三品一标”认证基本情况

截至2018年底，全区保持“三品一标”播种面积认证规模达到133.42万亩，占农作物播种面积179万亩的74.54%，比省、市45%的认证指标超出29.54%。认证产品包括马铃薯、蔬菜、马铃薯淀粉及其制品、肉鸡、鸡蛋等产品，涵盖了安定区马铃薯、蔬菜2大产业。其中：无公害产地及产品认证企业1家，认证肉鸡、鸡蛋产品188吨；绿色食品认证8家企业、23个产品，认证面积27.42万亩，产量33.47万吨，产品包含马铃薯鲜薯、淀粉、粉丝以及苦荞茶、蔬菜、草莓等；有机食品保持认证1家企业，认证产品为菊粉、菊芋糖浆、菊芋粕，认证面积1万亩，产量6 450吨；农产品地理标志认证的产品是“定西马铃薯”，认证面积105万亩，产量120万吨。

3. 马铃薯及其制品认证情况

以安定区马铃薯产业开发办公室为主体，于2016年完成“定西马铃薯”农产品地理标志认证，认证面积105万亩，产量120万吨。有6家企业的11个产品获得A级绿色食品认证，认证面积17.72万亩，产量31万吨，认证产品包括马铃薯鲜薯和马铃薯淀粉、粉丝，实现了全产业链产品认证。其中，认证马铃薯鲜薯产量29.06万吨、淀粉1.9万吨、粉丝0.043万吨。

二、发展马铃薯产业，助推精准扶贫的思路和做法

1. 工作思路

将马铃薯产业作为助推精准脱贫的主导产业，在组织广大农户户均种植10亩马铃薯的基础上，充分发挥种薯企业、薯制品加工企业、合作社等新型经营主体的带动作用，主推“龙头企业＋联合社＋合作社＋农户＋基地”等模式，建立种薯繁育基地、商品薯生产基地、加工薯原料基地，全力推动

甘肃蓝天马铃薯产业开发公司原料生产基地

全区马铃薯产业实现新发展。

2. 目标任务

以打造全国最大的县（区）级马铃薯种薯繁育基地、商品薯生产基地、精深加工基地、仓储销售基地“四大基地”和全国具有影响力的马铃薯物流集散中心、价格形成中心、信息发布中心、科技交流中心、会展贸易中心“五大中心”为目标，突出基地规模化、加工集群化，实现一二三产业融合发展。建立马铃薯种薯、加工薯、商品薯三大标准化生产基地40万亩，其中，核心示范基地20万亩，带动全区马铃薯种植面积达100万亩以上，总产量在130万吨以上，微型薯生产能力稳定在5亿粒以上，马铃薯产业总产值接近30亿元，农民人均每年从马铃薯产业中获得收入2 000元。

3. 主要做法

（1）坚持政府引导，突出主体带动　采取龙头企业自主建基地、龙头企业和合作社对接建基地、合作社自主建基地及合作社和农户对接建基地等模式，培育、筛选、引进建设主体，科学引领、统筹指导，全力抓好基地建设工作。

（2）坚持科学布局，突出优势区域　积极衔接、引导、建设主体，紧密对接农业产业化龙头企业和终端市场，以市场需求为导向，并结合当地气候区域特点，科学合理谋划基地、规划区域、选择优势品种。

（3）坚持技术集成，突出基地水平　高起点、高标准、高质量规划基地，突出基地建设的品种统一、配方施肥、全程机械化和科学化病虫害防控等栽培管理措施，全力推广“4＋N”技术栽培模式，提升基地建设水平。

（4）坚持品牌培育，突出提质增效　对已有绿色食品认证的甘肃蓝天、凯凯农科、圣大方舟等公司和盈丰、瑞源等合作社，督促其加大产品质量管控力度，建立完善质量追溯体系，并授权使用“定西马铃薯”农产品地理标志公用品牌，形成品牌叠加效应。对在创建省级绿色食品马铃薯标准化生产基地的过程中需落实标准化建设任务的企业、农民专业合作社，积极开展绿色食品、有机农产品认证，力争年内新增绿色食品认证5个以上，并对对接企业、合作社采取各种形式，投放农药残留检测仪器、质量安全追溯设备，

印发安定区绿色食品马铃薯标准化生产技术规程、张贴绿色食品宣传挂图、设立绿色食品标准化生产标识牌等，加强马铃薯生产过程管控，落实全程质量安全追溯，不断提升企业、农户等生产经营主体素质，提高“定西马铃薯”的质量，扩大品牌影响。

（5）坚持订单农业，突出基地建设　由蓝天、薯香园、恒源清真、巨鹏等加工企业对接合作社和种植大户，实行订单化生产，建立集中连片且种植规模1 000亩以上的核心示范基地。在种植面积5万亩以上的乡镇，建立2个5 000亩以上核心示范基地；在5万亩以下的乡镇，建立2个2 000亩以上核心示范基地；按照“把有种植意愿的农户培育成种植大户”的要求，结合精准扶贫富民产业培育工程，培育发展种植大户、家庭农场等，建立1 000亩以上的马铃薯标准化种植示范基地，全区规模化黑膜马铃薯示范基地达到31万亩以上。

定西瑞源农民专业合作社马铃薯生产基地

（6）坚持精准扶贫，突出政府补贴　对建档立卡户投放马铃薯原种

7 262吨，可种植 7.26 万亩，共补贴资金 1 888.12 万元，由政府统一招标采购，以全额补贴方式投放；对全区非建档立卡户和各类新型经营主体投放马铃薯原种 1 854 吨，可种植马铃薯 1.85 万亩，共补贴资金 482.04 万元，按照农户和新型经营主体自筹 1.4 元/千克，政府补贴 1.2 元/千克的标准，共补贴资金 222.48 万元，由政府统一招标采购后，进行补贴投放。同时，按照“谁建设、补贴谁”的原则，将与贫困农户签订订单合同的农业产业化龙头企业、合作社、种植大户纳入补贴范围，对建立集中连片在 1 000 亩以上的核心示范基地，采取“先建后补”的方式，按照 60 元/亩的标准进行补贴。

三、加强执法监管，创造良好的品牌发展环境

1. 加强“三品一标”产品市场监察监管

随着群众对“三品一标”产品的认识，假冒“三品一标”产品的现象也时有发生。为保护认证企业和消费者的合法权益，区农业农村局经常组织农业综合执法、绿色食品办公室等部门开展“三品一标”产品联合执法检查活动，区绿色食品办公室每月都开展“三品一标”产品市场监察和“三品一标”认证企业生产环节现场检查，及时发现和解决问题，确保“三品一标”产品的质量。

2. 加大“三品一标”宣传

积极组织认证企业参加绿色食品博览会、有机食品博览会、中国马铃薯大会，宣传认证产品，参加经贸洽谈。在食品安全宣传月和农产品质量安全宣传周、绿色食品宣传月活动中，将“三品一标”作为一项重要宣传内容，为消费者讲解怎样选购“三品一标”产品、怎样识别假冒“三品一标”产品，维护了“三品一标”产品的公信力，切实保障生产者、消费者的合法权益。2018 年，由区政府领导带队，参加了厦门第十九届中国绿色食品博览会暨第十二届中国国际有机食品博览会，召开了“定西马铃薯”厦门推介活动，有力地提升了“定西马铃薯”的市场知名度和品牌影响力。

3. 加大“三品一标”标准的宣传贯彻

组织区内“三品一标”认证企业，按照申报产品标准组织生产，严格落实农业投入品使用、生产过程管控、生产档案记载、质量合格证明、产地准出和市场准入、产品质量安全追溯等相关制度，确保企业生产出的产品符合相应标准。充分发挥“三品一标”认证企业的示范作用，辐射带动农民、家庭农场、专业合作社采用“三品一标”相应标准组织生产，全区农业标准化规模不断扩大，“三品一标”认证企业、认证面积、认证产量逐年提高。

四、存在的主要问题

1. 企业思想认识不足

近年来，农产品生产、加工企业、专业合作社、协会、家庭农场得到了长足发展，但取得“三品一标”认证的企业、专业合作社仅 9 家。分析原因，主要是企业对“三品一标”认识不高，特别是有些中小企业、专业合作社、家庭农场等小微主体，时不时咨询“三品一标”认证，但听到认证需要缴纳评审费、审核费、标识使用费，加上企业本身生产规模较小、效益不好，效费比不划算，认为没有必要去花钱搞认证，舍不得认证投入，开拓进取动力不足。

2. 品牌效益发挥不好

由于市场大环境制约，消费者的意识、政策落实、监管措施等落实不到位，优质优价还没有充分体现出来，带标上市的企业只有 5 家。分析其原因，一是市场准入门槛低，按要求进入超市的农产品应取得“三品一标”认证，带包装、带标识、可追溯，但安定区对进入超市销售的农产品政策和监管措施未落实，销售的农产品多为“非标”产品；二是安定区生产的马铃薯、蔬菜为大宗农产品，去向主要是低端农产品批发市场，对产品包装和带标上市要求不高；三是认证企业生产规模小，不能保障供给。

3. 企业整体素质不高

安定区内大中型农产品生产企业较少，多数农产品生产经营企业、协会、专业合作社、家庭农场生产经营规模小，处于家族、家庭经营状态，管理水平低下粗放，企业员工文化程度较低，管理水平达不到各类认证标准而不能取得认证，个别企业甚至连认证材料都不能按要求填报和撰写。

4. 奖励补助政策偏少

对于取得“三品一标”认证的企业，甘肃省出台了一系列奖励扶助政策措施，省级财政每年都安排一定的补助资金补贴新认证产品的企业主体。本区由于财政困难，对认证企业没有奖励补助政策措施。

5. 监管队伍不健全

安定区没有单独设立绿色食品工作机构，区绿色食品办公室加挂在区农业农村局内设的质监股，承担着全区农产品质量安全监督管理、检验检测、“三品一标”认证管理、农产品质量安全追溯管理等业务工作，工作量大，人员又少，没有专门的“三品一标”认证及监管人员，也影响着全区“三品一标”各项工作顺利开展。

五、今后努力的方向

根据本区“三品一标”认证基本情况和产业发展，结合“三品一标”在脱贫攻坚中的突出问题，在“三品一标”认证中，不但要关注龙头企业和主导产业，也要突出小微主体和小众产业，尽力做好以“三品一标”认证助力脱贫攻坚工作。

1. 加大宣传推广力度

充分利用报纸、广播、电视等传统媒体和网络新型媒体，大力宣传推介本区特色优势产品及农业生产企业。同时，要组织有实力、有能力的企业积极参与不同地区、不同层级的农产品博览会等节会，如中国绿色食品博览会等。

2. 提高市场准入门槛

实行农产品市场准入制度，逐步落实准入监管措施，开展质量安全追溯

管理。对于没有取得“三品一标”认证、没有包装标识的散装食用农产品，不得进入超市销售，并逐步扩大到全区大中型蔬菜批发、零售市场。

3. 培育壮大认证企业

鼓励认证企业采取土地流转、合作社等多种形式，建立自己的农产品生产基地，实行统一的农业投入品采购和使用、田间管理等制度，确保生产的农产品符合认证标准，保证农产品质量。

4. 主攻高端产品

鼓励“三品一标”认证企业走高端发展思路，严格按照各类认证标准，生产高端产品。通过农村淘宝、网上商城等形式，实现互联网销售。同时，鼓励认证企业将其生产的认证产品通过分级、分拣、初加工、包装贴标，实行走出去战略，进入各大城市超市销售，实现优质优价。

5. 提高企业素质

各认证企业要根据自身实际，有计划的招收未就业大中专毕业生进入企业；政府部门为认证企业派驻科技特派员等。采取不同形式，不断提高企业自身素质，提高市场竞争能力。

6. 制定奖励补助政策

根据本区实际，积极争取由区级财政预算一部分“三品一标”奖励资金，对新增“三品一标”认证产品的企业，给予一定的奖励补助。同时，要制定出台“三品一标”认证优惠政策，如在项目扶持、争取方面给予认证企业优先权等。

7. 加强“三品一标”监管

要充实“三品一标”监管队伍，在加大“三品一标”认证的同时，要进一步加大认证后的监管力度，严厉打击假冒“三品一标”标识产品的违法犯罪行为，维护生产者和消费者的合法权益。

依托青海特有自然资源
打造高原绿色食品产业链

张兴蓉

（青海江河源投资集团有限公司）

巍巍昆仑，皑皑雪山，茫茫草原，蜿蜒河流，天地有大美而不言。这片离天最近的“中华水塔”和“江河之源”，被联合国教科文卫组织誉为“世界四大无公害超净区之一”。这里清新的空气、纯净的水源，孕育出得天独厚的原生态绿色食品资源。但青海也集中了西部地区、民族地区、高原地区、贫困地区特征，成为深度贫困地区的典型代表，大多数贫困人口居住在东部干旱山区和青南高寒牧区，生态脆弱、气候恶劣，是全国生存环境最严酷的地区之一。青海脱贫攻坚当前面临的总体形势呈现贫困程度深、贫困面广、产业发展难度大的特点。

独特的自然资源，让发展绿色食品成为青海攻克深度贫困、打赢脱贫攻坚战的重要武器。在“绿色”浪潮的推动下，位居“世界第三级”的青海省自然不甘落后，凭借地域、资源优势，充分利用“天生就是绿色食品”的农作物、动植物资源开发绿色食品。

青海江河源投资集团有限公司从“优化功能布局，发展绿色产业；保护生态资源，守住美丽田园；提升农产品质量，满足市场需求；强化创新驱动，支撑绿色发展”4个方面构建更高质量、更强竞争力、更有效益、更可持续的绿色农产品供给体系，为满足人民日益增长的绿色优质农产品需求，助力脱贫攻坚不懈努力。

一、青海发展绿色食品的重要性

（一）实施绿色食品生产基地的环境技术标准有利于青海生态环境的保护

青海作为一个发展中的省份，不能沿袭以牺牲环境和损耗资源为代价发展经济的老路，而必须把经济和社会发展建立在资源和环境可持续利用的基础之上，特别是要建立、发展确保农业和食品工业可持续发展的生产方式。因此，绿色食品基地环境技术条件要求我们在选定绿色食品基地时，首先，需选对具有良好生态环境的地方为绿色食品基地，同时对基地的生态环境加以建设和保护；其次，对那些暂不具备绿色食品生产条件的地方加以改造、整治和建设，使其逐步达到绿色食品基地的环境技术条件。

（二）绿色食品的生产技术有利于防止环境与食品的污染

绿色食品的生产过程是无公害的生产过程。通过系统的绿色食品技术的实施、环境的监测与控制，实现了绿色食品生产过程对环境的无公害，保护和改善了产地生态环境，保证了农业生产的生态可持续性。绿色食品生产技术的运用、监控也保证了绿色食品产品的无公害性和食用的安全性，这是绿色食品生产从“土地到餐桌”全程质量监控的必然结果。因此，绿色食品生产是防止环境与食品污染的有效措施。

（三）发展绿色食品有利于实施农业产业结构的战略性调整

实施农业结构的战略性调整，首要的是全面调优和提高农产品质量，而绿色食品具有安全、优质、营养的特征，极大地提高了农产品的市场竞争力，是当前农业增效和农民增收的重要途径。因而，发展绿色食品是实施农业结构战略性调整的具体行动和重大措施，通过发展绿色食品带动农业产业结构的调整，改善农业经济结构。

（四）绿色食品生产有利于推进农业产业化，农业经济新的增长点

农业产业化的基础是产品，没有产品，农业产业化就是一句空话，没有名牌产品，农业产业化就不能快速发展。在农业产业化的企业开发绿色食品，有利于提高产品质量，提高企业产品的名牌效应，提高市场竞争力，树立企业的良好形象，从而提高企业的经济效益。通过培植龙头型的农业产业化的企业成为绿色食品企业，带动基地和农业生产的发展，推进农业产业化的进程，提高农业经济效益。

二、青海发展绿色产业链的优势和有利条件

（一）发展绿色产业链的自然环境和产业优势

1. 产地环境优良

青海省位地处青藏高原，冬季低温时间长，夏季高温多发，日照时间长，光照充足。工业发展相对缓慢，农业污染轻，具有发展绿色食品、有机农产品的先天优势。

2. 产品质量独特、种类丰富

青海省独特的气候环境和物种资源孕育了独具特色的农产品，如牛羊肉、乳制品、植物油、枸杞、青稞、燕麦、蜂蜜、藜麦等农产品，种类丰富多样，都是名优产品，是发展农产品地理标志产品、绿色有机食品的雄厚基础。

（二）发展绿色产业链的有利条件

青海省绿色食品生产已具备了迅速发展的有利条件：一是经过近几年的发展，形成了良好的开端，而且为今后的发展打下了牢固的基础；二是绿色食品顺应了现代消费方式变革的潮流，为人类的安全提供了有力保障，受到消费者欢迎，具有巨大的市场需求潜力；三是由于绿色食品能较好地协调环境、经济、社会、效益等各方面的关系，符合国民经济发展的趋势和国家产

业政策，因而得到了各级政府部门的大力支持；四是生产、发展绿色食品可增加附加值，具有较高的经济效益，得到农户、企业或单位的积极响应和支持，使绿色食品的生产、开发不断向社会拓展。

三、青海江河源集团依托青海特有自然资源，努力打造高原绿色食品产业链

青海江河源投资集团是集菜籽油、乳品、配合饲料、蚕豆休闲食品生产经营和良种奶牛繁育及草原生态治理专利产品研发推广为一体的青海省大型企业集团。现有资产 13 亿元，职工 1 700 名，年销售收入 4.6 亿元，创利税 1 900 多万元。

奶牛养殖

集团旗下青海天露乳业有限责任公司是青海省最具规模的乳品加工企业和荷斯坦奶牛繁育基地，公司始建于 1954 年，现为国家级农业产业化重点龙头企业，国家级扶贫龙头企业。公司在青海省乐都区、贵德县建设标准化奶牛场 2 座，存栏良种荷斯坦奶牛 3 000 余头；拥有国际、国内先进的乳品

加工生产线12条，年加工能力10万吨，形成了以乳品加工、销售为龙头、联结奶源基地的乳业产业化生产经营格局。企业通过了ISO 9001国际质量管理体系认证、HACCP认证、无公害基地认证、诚信管理体系认证等，产品先后获得了“中国名牌农产品”“青海省名牌产品”等荣誉称号，“天露”牌纯牛奶是中国绿色食品发展中心认定的“绿色食品A级产品”，是青海省乳品同类行业中唯一的绿色产品。公司是全国优秀乳品加工企业、青海省流通领域食品安全信用体系建设先进企业及青海省唯一学生奶定点生产企业。

集团旗下青海江河源农牧科技发展有限公司现为青海省最大的专业化饲料加工企业和最大的油菜籽加工企业之一，是国家级农业产业化重点龙头企业、国家级扶贫龙头企业；拥有年加工油菜籽10万吨的菜籽油生产线两条，年生产菜籽油3.5万吨。公司引进国际最先进的成套布勒饲料生产线，年加工能力达20万吨，加工工艺实现了全自动、智能化，在许多方面填补了青海省饲料工业的空白，引领青海省饲料工业上了一个新的台阶，进一步提升了饲料产品的品质和安全性。

（一）绿色原料基地建设

奶牛饲料的营养成分决定了牛奶的品质，为了从源头彻底解决奶源的质量安全，公司流转贵德县当地农民土地，建立标准化青贮草料种植基地，种植的全株玉米、紫花苜蓿、燕麦草等优良牧草，是奶牛产出优质牛奶的基础。

“好山好水好原料，别具匠心健康油”。为确保公司食用油产品质量，公司在门源、大通、平安等地建立了油菜籽、亚麻籽种植基地，能够集中连片生产，便于大型机械化作业，油菜籽、亚麻籽商品率较高，初步形成了一定的油菜籽、亚麻籽生产规模和档次，为油菜籽及亚麻籽产业化发展提供了条件。

（二）绿色饲料产业

公司拥有先进的瑞士布勒成套饲料生产线，年生产能力达20万吨。产

品富含多种维生素和矿物质，营养全面均衡，适口性好，科技含量高。

截至2019年，公司生产的江河源牌饲料产品已达5大类几十个品种，青海市场占有率达50%以上。“江河源”牌饲料荣获了“中国饲料行业信得过产品”“青海省名牌产品”。其中，奶牛精料补充料、肉牛羊精料补充料产品自2007年起被认定为“绿色食品生产资料”。

（三）绿色菜籽油产业

公司是青海省最具规模的油菜籽加工企业之一，拥有先进的原生态压榨工艺技术，严格的工艺操作流程、科学的生产管理及完善的售后服务，为各界人士带来了有品质、有保障的绿色菜籽油。在食用油加工方面，创造性地利用全新理念研制开发了脱皮古法压榨原生态菜籽油和亚麻油的生产工艺，集成了17项专利和新技术，极大提高了青海省食用油的品质和附加值。

粮油加工

公司承担省级储备油任务3 000余吨，年加工菜籽油能力达10万吨。自主研发的原生态脱皮冷榨菜籽油工艺获得国家实用新型专利。采用先脱皮、后古法静压工艺制得的原生态油，可有效去除菜籽种皮中的芥酸、植酸、单宁、皂素等有害抗营养因子，是真正意义上的“健康油”，营养价值能与橄榄油媲美。

（四）绿色乳品产业

1. 天之露，奶之纯

辽阔丰饶的高山牧场，清澈的甘冽山泉，为生长在这里的奶牛提供了天然的条件。集团公司投入大量资金，在青海省乐都区、贵德县两地建立核心奶源基地，现存栏良种奶牛三千余头。

乳品加工

机械化饲喂车将饲料送到牛舍，奶牛们尽情享用着美味营养的饲料，干净整洁的牛舍为它们提供着促进生长的科学环境，专职兽医每天例行检查奶牛健康状况。奶牛的耳标，记录着每头奶牛的身份信息。

在机械化挤奶厅，工人们正按照严格的卫生管理制度和流程为奶牛挤奶。采用先进的瑞典利拉伐挤奶设备，一旦发现奶牛有健康问题，挤奶器便

自动脱落，不再从该奶牛身上挤奶。挤出的鲜奶直接进入制冷罐，迅速制冷至 2～4 ℃，实现了无菌低温保鲜。

每天，天露鲜奶运输罐车准时到达牧场，装满鲜奶后，工人对奶罐进行铅封。途中，通过 GPS 定位实现了对奶罐车实时监控，保证了鲜奶运输安全。奶罐车到达工厂，收奶段人员检查铅封后，由检验员抽样，检验合格的牛奶方可进入车间制冷罐暂存，待后续加工。

2. 先进工艺，高端品质

天露乳业加工车间拥有 12 条国际先进乳品生产线。主要生产工艺有巴氏杀菌系统、UHT 超高温灭菌系统等。先进的利乐超高温杀菌机每小时可处理 10 吨鲜奶，无菌储存罐可存无菌奶 30 吨，为后续工艺做应急储备，确保牛奶质量的绝对安全。特别是 A3 柔性线利乐砖和利乐枕生产线，属目前世界一流生产设备。

为提升乳品质量的检测能力，公司先后投资上千万元，引进国外顶尖乳品检测设备。其中，先进的丹麦福斯乳成分分析仪，可在 2 分钟内快速准确地检测牛奶脂肪、蛋白、酸度等十多项理化指标；引进的高效液相色谱、气象色谱、原子吸收等专业检测设备，全面提升了产品质量检测手段和效率。

为了快速将产品送到消费者的餐桌，公司配置冷链货车和常温配送车近百辆，第一时间将产品送到销售终端。

多年来，江河源集团正是以名牌产品为核心，全力打造绿色纯牛奶、绿色菜籽油、绿色饲料为方向，走上了一条绿色持续发展之路。公司绿色产品既强调了安全基础上的高营养、高品质以及对环境生态的无污染，又实现了自然的和谐、人的和谐及在此基础上的人与自然的和谐。公司将品牌概念引入企业绿色产业链计划中，既发挥了品牌优势又适应了社会进步发展的要求，在品牌优势效应的带动下，将企业的绿色产业链道路推向一个崭新的格局。

四、发展绿色产业、牢记社会责任、助力精准扶贫

绿色产业的发展不仅为广大消费者提供了优质的绿色产品，同时绿色食

品产业链基地的建设为农牧民的增收带来了实惠。

公司积极响应政府“百企帮百村、百企联百户”精准扶贫、村企结对活动，江河源集团公司与大通县青山乡古娄马场村结成了帮扶对子，春节慰问、下乡演出，不断为乡亲们送去温暖，每年为残疾老人、贫困家庭捐钱物6万元。同时，响应省农牧厅的扶贫行动，前往湟源县上胡丹村参加精准扶贫联点帮扶活动，捐赠人民币5万元用于购买扶贫物资。

通过绿色原料基地建设，土地流转，种植优质饲草、油菜籽、亚麻籽，解放农村劳动力，增加农民收入。1 696户贫困户通过土地流转费连续受益，解放出来的农村劳动力可进城务工，多渠道创收。公司流转青海贵德、大通、平安等地农民土地近20 000亩，每亩每年支付土地流转费500元，每年通过收购油菜籽、青稞、小麦、玉米等农副产品带动87 000户农牧民增收，年收购玉米青贮等草料达15 000吨以上，支付给农户种植费用1 000万元以上，为农牧业增效和新农村建设作出一定贡献。

通过奶牛养殖基地建设，公司已经对6个奶牛养殖专业合作社的1 226户贫困户进行了帮扶，连续多年发放红利，每年发放红利120万元，平均每年每户发放979元；同时，企业招聘当地贫困户到奶牛场务工，每人每月收入2 400元，扶贫效果明显。

绿色是生命的底色，它代表生命、健康和活力，是充满希望的颜色。党的十八大以来，习近平总书记多次强调绿色发展理念，2019年中央1号文件特别提出大力发展紧缺和绿色优质农产品生产，推进农业由增产导向转向提质导向。可见，绿色食品事业作为一项国家战略，在促进农业转型升级、提升农业竞争力、带动农民增收和顺应人民美好生活需求上具有重要的意义。作为青海的绿色食品生产企业，江河源集团将积极响应政府号召，全力配合政府做好绿色食品示范城市建设的工作任务，秉持助力脱贫攻坚的社会责任，以青藏高原特有的绿色稀缺原料和先进的现代化工艺及工匠精神为依托，为打造原生态、绿色、健康的好产品而不懈努力，为国家质量兴农战略和乡村振兴战略的实施发挥积极的示范带动作用。

同心银柴胡助推贫困地区脱贫的积极效应

罗小洁　田玲玲　何鹏肖

（宁夏回族自治区同心县农业农村局）

党的十八大以来，以习近平同志为核心的党中央团结全党、全国、全社会之力带领贫困人口脱贫，在全国范围内打响脱贫攻坚战，并强调要在2020年之前，确保全国3 000多万贫困人口共同迈入小康社会，并对此作出了详尽的战略部署。同心县地处黄土高原丘陵沟壑区，位于宁夏回族自治区中部干旱带核心区，是国家级贫困县。2014年贫困人口达103 287人，通过发展中药材等产业，截至2018年底，剩余贫困人口为13 184人。同心县独特的土壤资源、环境条件使得中药材在同心县具有悠久的种植历史和独特的发展潜力。近年来，发展银柴胡等中药材已成为同心县重点培育的“富民强县”10大产业之一，经过十年的引种试验及大田示范推广，中药材已逐步成为同心县农民增收致富和农业产业结构调整的主要产业之一。

一、同心银柴胡产业发展现状

（一）银柴胡种植效益明显

从2002年开始，同心县大规模种植同心银柴胡，群众收入可观。2010年，中药材销售价格持续回暖，种植效益迅速增长；2011年，种植银柴胡亩产值达到4 594元，药材种植户平均收入万元以上；2014年，药材价格下滑以后，药农收入每亩收益也达200～1 000元；2016年，药材价格又升温，给药农带来了更好的收益。目前，药农种植积极性高，群众反响良好。截至2018年，同心县累计完成中药材种植43.3万亩，年均留床面积16.4万亩，年采挖面积6.3万亩，中药材年产值2.4亿元，占农业总产值10%。

（二）规模化种植基地形成

县委、县政府高度重视中药材产业发展，成立了同心县地理标志产品保护领导小组，出台了《关于加快推进中药材生产标准化体系建设的意见》和《关于支持农业产业化龙头企业发展的实施意见》，按照“政府引导、企业带动、农民参与、稳步推进”的发展思路，以市场为导向，以农民增收为目的，依托同心银柴胡等优势产品，推动全县中药材产业快速、健康、持续发展。同心县先后引进同亳中药材种植销售公司、泰杰中药材种植销售公司等多家中药材种植企业，发展培育了宁夏同心县天润生态农业种植专业合作社、同心县神农益民中药材种植专业合作社等38家中药材合作社，全县中药种植面积由2002年的千亩发展到2018年43.3万亩，建立了规模化中药材种植基地。

同心银柴胡规范化种植基地

二、同心银柴胡栽培历史

（一）历史记载

银柴胡在同心县具有悠久的种植和栽培历史，《宁夏中药志》上卷中，对银柴胡以及其生物学特性和药用价值有详细描述。据记载，宁夏大宗道地

药材多产于同心、盐池、灵武等县的荒漠和半荒漠地带，如银柴胡、甘草、麻黄等。银柴胡以根供药用，主要用于治疗阴虚发热、小儿疳热等病症。据光绪《平远县志》记载，平远县（而今同心县）创建于清同治十三年（1874），属固原直隶州，药物出产有柴胡、甘草、秦艽、芍药等40余种。1995年出版的《同心县志》中记载，本县种植业历史悠久，以种植小麦、糜子、谷子、荞麦、洋芋（马铃薯）等粮食作物，特别是东部以下马关为中心，方圆韦州、马高庄、预旺、张家塬、田老庄等地适宜种植药物银柴胡。

（二）银柴胡人工栽培

由于人们过度采挖、无序管理以及环境条件的变化，使得野生银柴胡几近枯竭，1987年，在分布区内很难采到野生银柴胡，只有在草原围栏内才能采到。为了保护道地药材，缓解银柴胡药材市场供应短缺的状态，1985年，宁夏药品检验所和自治区药材公司进行银柴胡野生变家种研究工作；1989年，银柴胡人工栽培技术在宁夏首次获得了成功，不仅缓解了该药材品种供应紧张的状态，也极大地改善了荒漠地区的生态环境。近几年，自治区科技厅、农业农村厅组织相关人员通过调研，认为中药材在同心东部旱作区是一个区域优势产业。

三、同心银柴胡产业优势

（一）地域环境适宜

同心县中药材主要种植为预旺、马高庄、下马关和王团东部旱作区，位于宁夏中部干旱带，耕地面积100万亩左右。该区域土地面积广阔，土层疏松深厚，土壤肥沃，有机质含量达1.0%；年均降水量200毫米，且集中在7～9月，光照资源丰富，昼夜温差大，有利于光合积累，且属雨养农业区，水、土壤无污染，极有利于发展无公害高产优质中药材。银柴胡等中药材是一个较强的抗旱适种经济特色产业，它的经济产量是根茎，生长期同当地降雨期相适应，这种特殊的地理环境为同心县发展中药材产业奠定了基础。

（二）道地药材

据《宁夏中药志》及相关文献资料记载，宁夏大宗道地药材多产于同心、盐池、灵武等县的荒漠和半荒漠地带，道地药材主要有中宁枸杞、同心银柴胡、盐池西正甘草、陶乐麻黄、海源小茴香等。同心银柴胡成为宁夏继枸杞之后的第二个特色道地药材品种。

（三）地理标志产品

2018 年 8 月 30 日，同心银柴胡通过了中国绿色食品发展中心审查和专家评审，符合农产品地理标志登记条件和相关技术标准要求，农业农村部准予登记，依法实施保护。至此，同心银柴胡成为同心县继同心马铃薯、同心滩羊肉、同心圆枣之后又一地理标志农产品。

（四）品质特色及药用价值

1. 外在品质 同心银柴胡长 20～45 厘米，直径 0.5～1.5 厘米；表面呈棕褐色或浅棕黄色，有扭曲的纵皱纹，且细腻明显，几无“砂眼”，“珍珠盘”不明显。

2. 内在品质 依据 2015 年版《中国药典》第一部要求，银柴胡酸不溶性灰分不得过 5.0%，浸出物不得少于 20.0%。经宁夏回族自治区药品检验所、上海中药标准化研究中心检测部多次检测，同心银柴胡酸不溶性灰分≤1.5%，浸出物为 26%～53.6%。

3. 药用价值 银柴胡是石竹科植物银柴胡的干燥根，以根供药用，味甘性寒，具有清虚热、除疳热的功效，为乌鸡白凤丸等中药制剂的原料药，在临床上享有很好的声誉。

四、同心银柴胡品牌建设与精准脱贫

（一）转变发展模式

近年来，同心县在特色上做文章，在经营方式上求突破，促进现代农业

发展步伐加快。探索出了“企业＋合作社＋基地＋农户＋科技服务团队”的发展模式，加快土地流转步伐，加大招商引资力度，引进宁夏同德生物科技有限公司、宁夏锦绣天域生物科技有限公司等5家龙头企业，通过“集约化经营、规模化生产、标准化种植、市场化运作”的方式使企业参与中药材规模开发；银柴胡等特色农业由分散经营向集中连片、规模化、集约化、标准化经营转变，由单一原料生产经营向产加销一体化转变，建成了全国最大的银柴胡连片种植基地，种植面积、产量与产值实现全面增长。2018年，建立规模化万亩中药材种植基地1处、种子种苗繁育基地3家，规划到2020年，全县中药材留床面积稳定在20万亩，培育发展区级农业产业化（中药材产业）龙头企业2家、市级农业产业化（中药材产业）龙头企业5家。

（二）创新种植模式

自2012年以来，同心县加快推进中药材产业发展，不断探索中药材种植新模式，开展了中药材膜下滴灌、覆膜播种一体化技术研究和试验，探索出银柴胡覆膜精量播种种植技术，解决了小颗粒种子机械化覆膜精量播种问题，使银柴胡亩播量0.8～1.0千克，每穴播种3～5粒，每亩可减少银柴胡种子用

同心银柴胡机械覆膜一体化播种技术

量2千克，节约种子成本40元/亩，有效地实现了“节本增效、抗旱减灾”的目标，使蓄水、保墒能力提高，解决了干旱出苗困难、保苗率低的难题。

（三）加大科研投入

同心县人民政府聘请宁夏大学彭励教授为同心县中药材产业首席专家，中国医学科学院药用植物研究院陈君、徐常青教授为同心县中药材产业高级顾问，在预旺镇建立了宁夏大学科技工作站，开展了中药材品种试验示范、推广育苗移栽等技术，为加快同心县中药材产业的发展奠定了坚实的基础。截至2018年8月，建立规模化万亩中药材种植基地1处、种子种苗繁育基地3家，建成中药材无害化清洁高效并联串流节能烘干技术企业3家，完成GAP种植追溯体系基地1处；实施科技扶贫东西部合作项目推进同心县中药材生产品种多样化；转化引用科技成果实用新型专利6项、发明专利3项、技术规程8项。

（四）加大标准化、品牌化建设

为适应中医药现代化的要求，同心县按照中药材优质高产栽培管理规范（GAP）及种植操作规程（SOP），推广了中药材大田覆膜穴播、膜下补水穴播、大田补水直播、育苗栽培、提纯复壮和病虫害防治等技术，为农户提供中药材优质高产栽培管理规范（GAP）及种植操作规程（SOP）方面的技术指导和技术服务；建立起较为完善的中药材产业生产、研发和流通体系，逐步扩大中药材GAP种植规模，形成规模优势、品质优势，种植过程不施化肥、不喷农药，达到零农残、无污染，实现中药材产业的标准化、品牌化和产业化生产。宁夏同心县优质中药材银柴胡种植基地荣获“全国特色中药材种植基地”，在国家市场监督管理总局注册“塞上富民”品牌地产优质中药材商标，产品远销亳州、广州、北京、上海等地，使“道地药材”做成真正的“地道”药材，打造同心“塞上富民”品牌，争创全国“银柴胡之乡”。

（五）中介服务组织促进市场繁荣

截至2019年，同心县培育和发展宁夏同心县天润生态农业种植专业

合作社、同心县富民中药材种植专业合作社、同心县华世中药材合作社等38个合作社，合作社现有会员350人；先后培育药材种植、购销初级经纪人900多人；通过“农户＋协会（合作社）＋企业”的形式，大力发展订单生产，全县95％的中药材实现了订单销售，药农足不出户，就能实现销售。

（六）带动贫困户脱贫

中药材种植具有良好的经济效益，一般都高于大宗粮食作物。2018年，中药材种植面积6.45万亩，产量达到1.935万吨，总产值达到0.87亿元以上。其中，银柴胡种植面积4.2万亩，年产量0.66万吨，产值达2 970万元，农民年人均收入增加1 459元。正如药农所说“宁种1亩药，不种10亩粮”。全县合作社、企业、协会等通过种植银柴胡等中药材，带动周边6 000余农民就业，不少农户依靠发展中药材已经脱贫致富。

同心县规划的中药材示范园区、中药材示范基地，重点依托新型农业经营主体，突出发展同心银柴胡等特色中药材产业，并将其作为产业扶贫的抓手，采取“合作社＋贫困户”“能人大户＋贫困户”“基地＋贫困村”等模式，鼓励合作社、能人大户通过合作、入股、劳务等方式，吸收、组织、带领贫困户增收脱贫。合作社为贫困户设立帮扶就业岗，提供产前、产中、产后服务，提供药种、药苗、肥料、技术服务，以市场保护价回收药材；贫困户可从事中药材种植、栽培管理、收获、加工包装等工作，基本做到大部分贫困户有活干、有钱挣。同心县形成以经济利益为纽带的合作社与基地、企业（合作社）与农户利益共同体，推进中药材生产的产业化经营，助推百姓脱贫致富。

绿色品牌建设　助推脱贫致富

徐　颖

（宁夏回族自治区价格认定中心）

宁夏回族自治区中卫市环香山地区，年均降水量不足 200 毫米，蒸发量高达 2 000 多毫米，是典型的干旱山区，被联合国评定为不适合人类生存的地方。自中卫市建市以来，在中央、自治区的关心支持下，当地政府因势利导，强力推进，打造了享誉区内外的“香山硒砂瓜”西瓜品牌，建成了百万亩硒砂瓜产业带；中卫市沙坡头区建设全国绿色食品原料（压砂西瓜）标准化生产基地 14.58 万亩；中宁县建设全国绿色食品原料（压砂西瓜）标准化

绿色食品香山硒砂瓜

生产基地 14 万亩；海原县建设全国绿色食品原料（压砂西瓜）标准化生产基地 10.67 万亩。小西瓜做成大产业，成为中卫环香山地区贫困群众脱贫增收的“金饭碗”。

一、劣势自然资源条件，造就安全优质农产品

中卫市环香山地区地处腾格里沙漠南部的边缘地带，属宁夏中部干旱带的重点区域。该区域干旱、少雨、风大，病虫草害少；海拔高，无灌溉条件，化学投入品使用少，利用率低；光照充足，生长季节日照时数达 1 080 小时，有效积温 2 529.3 ℃，5～8 月昼夜温差一般在 12.6～15.5 ℃；土壤硒含量丰富。独特的气候条件和旱资源优势，使香山硒砂瓜不仅个大、耐储存、易运输，而且瓤红、汁多、沙甜爽口，还富含葡萄糖、维生素、氨基酸和多种微量元素，被誉为中国最好吃的西瓜之一。

中卫市硒砂瓜的环境区域分为三大生态环境区域。一是香山区域，位于祁连山余脉。此山脉区域，系亿万年前泻湖沉积区，经过“造山运动”形成的山脉；山脉海拔 1 500～2 361.6 米，山脉逶迤起伏。这一区域，东起中宁县喊叫水乡，西至沙坡头区香山乡梁水园村，总长 78 公里，宽 16.5 公里；其中，从兴仁镇到香山乡的峡门自然村，由于地壳的变化，形成了一个山区盆地，这个盆地约 271 平方公里，地形开阔平坦，是一个较好的压砂区域。二是中宁县鸣沙、白马区域，此区域属于黄河古河道的沿岸三级阶地，和沙坡头区的南山台子相似；海拔 1 600～1 800 米，面积广大，地势西高东低，从北向南呈坡地，渐而陡峭，总面积约 66 平方公里，是一个比较好的压砂区域。三是海原县高崖、西安区域，地处南华山和西华山山麓间，南北长 95 公里，东西宽 80 公里，平均海拔高 1 951.3 米，海拔最高的马山 2 955.3 米，海拔最低的兴降镇1 336米；此区域地形绵连起伏、壑沟纵横，总土地为 5 516.5 平方公里，兴隆、高崖区域，连片集中；关桥镇，长蛇状分布；西安镇，星罗棋布状分布。

中卫市压砂地分布在宁夏回族自治区中部干旱带 100 多公里的区域，压砂地累计面积达到 108.2 万亩，10 年以上的压砂地 65.6 万亩，占压砂地总

面积的60.65%；6～10年的压砂地42.56万亩，占压砂地总面积的38.35%。沙坡头区压砂地主要分布在香山乡、常乐镇、永康镇、宣和镇、兴仁镇等乡镇，达到62.7万亩；中宁县压砂地主要分布在白马乡、鸣沙镇、舟塔乡、喊叫水乡、徐套乡等乡镇，达到40万亩；海原县压砂地主要分布在关桥乡、高崖乡、甘盐池乡、七营镇、甘城乡等乡镇，达到5.5万亩。

二、绿色食品原料标准化基地建设，推动硒砂瓜主导产业发展

近40万亩的全国绿色食品原料标准化基地分布在各压砂西瓜主产区。在“政府苦抓、干部苦帮、群众苦干”的“三苦”精神引领带动下，宁夏硒砂瓜产业稳步健康发展。2018年，中卫市硒砂瓜种植面积87.9万亩，总产量136万吨；其中，沙坡头区46.8万亩，中宁县36.2万亩，海原县4.9万亩。从品种来看，西瓜种植81.34万亩，占比92.5%；甜瓜种植5.73万亩，占比6.5%；籽瓜种植0.74万亩，占比0.84%。从种植方式来看，推广育苗移栽种植56.14万亩，干籽直播31.77万亩，压砂地轮作倒茬歇茬种植20.25万亩。种植作物包括小麦、枣、枸杞、欧李等。

三、品牌培育，促进脱贫致富

2016年，习近平总书记视察宁夏时，提出宁夏要建设“中国硒砂瓜之乡”。中卫市依托硒砂瓜“中国驰名商标”“全国‘一村一品’”“全国十大知名品牌”等优势条件，通过新闻发布会、产品推介会等多种方式，在机场、高速公路等场所，广泛开展宣传推介；全面推行区域公用品牌与硒砂瓜流通组织商标“二标合一”行动，统一印制二维码防伪溯源专用标识，实行分级分区管理机制，全面推行“一瓜一标、一年一印”制度；深入实施硒砂瓜品质品牌保护工程，大力推行“大品牌、小产区”管理模式，集中打造宁夏中卫香山硒砂瓜品牌，建成品质品牌保护示范区40万亩。经过10多年的培育发展，中卫市打造了享誉全国的“香山硒砂瓜”西瓜名牌，今天的硒砂瓜已成为与中宁枸杞齐名的最具有特色的农产品之一，以其独特的品质在全国瓜

产业中脱颖而出，成为中卫市乃至宁夏回族自治区的一张“绿色”名片。2003—2011年，绿色食品“香山绿豪”牌西瓜每年以120万吨的销量带动压砂瓜产业发展。2018年，绿色食品“宁砂宝”牌硒砂瓜，以10万吨的瓜产业带动海原县贫困山区脱贫致富。2019年，中卫市中宁县、沙坡头区企业加入绿色食品申报行列，全国绿色食品原料标准化生产基地对接面积达80%以上。中卫市香山瓜果流通有限责任公司的有机农产品（压砂西瓜）更是提高了产品品质和品牌美誉度。2008年，北京奥运会餐饮备选基地考察组对香山硒砂瓜给出了高度评价，并指定中卫市为北京奥运会中国唯一西瓜采购基地。同年，中宁硒砂瓜和海原硒砂瓜获得农产品地理标志登记保护；2010年，香山硒砂瓜作为上海世博会专供优质农产品之一，以其独特的品质享誉国内外；2010年10月，香山硒砂瓜被认定为中国驰名商标；2016年，被评为全国“一村一品”十大知名品牌；2017年，获评“2017最受消费者喜爱的中国农产品区域公用品牌”，硒砂瓜首次登上南海舰队航母辽宁舰和驱逐舰银川舰；2018年，中卫市被全国土壤质量标准化技术委员会命名为“中国塞上硒谷”。

四、龙头带动，促硒砂瓜产业融合发展

中卫市硒砂瓜产业初步建立了依托川渝鄂、珠三角、京津冀、长三角、西北区五大销售区域为目标市场的销售体系，由龙头企业（合作社）统一开展供种供肥、技术培训指导、测土配肥、机械化应用、统防统治、品牌销售等社会化综合服务，龙头企业带动硒砂瓜产业融合发展体制机制初步建成。全市以宁夏硒产业发展有限责任公司、中卫市香山瓜果流通公司为龙头，成立中卫市硒产业协会，在西南、西北、华南等地区各大中城市设立经销网点33个；全市从事硒砂瓜生产、流通销售的公司、合作社、协会达100多家，会员达11 000人，硒砂瓜年流通量3 000万元以上的流通企业2家、500万～1 000万元的1家、100万～500万元的6家；建成大型硒砂瓜专业市场3个，田头马路市场35个，参与硒砂瓜流通的人数达到4万多人；每年统一安排沙坡头区、中宁、海原县外出营销，促使硒砂瓜每年在上市之初就已签订40%

的销售订单，95%的西瓜销往重庆、成都、北京、广州等全国 30 多个大中城市和沃尔玛、华润万家、家家悦、新华百货等十余家大型连锁超市。

五、成效显著，促产业兴旺

发展硒砂瓜产业，特别是绿色食品标准化基地建设具有改善生态效益、提升社会效益、增加经济效益的积极作用。于压砂地种植硒砂瓜，连续 8 年为全市干旱带山区群众创收 14 亿元的经济收益，比 2004 年增加近 12 亿元，增长近 16 倍，为苦甲天下的山区群众创出了一条生存之路。2018 年，硒砂瓜喜获丰收，产销两旺，总产量 136.04 万吨，总产值 18.99 亿元；其中，平均亩产量 1 547 千克，平均亩产值 2 160 元，亩纯收入 1 160 元，主产区人均收入近万元，惠及中卫市干旱山区 141 个村 28 万人。蓬勃发展的硒砂瓜产业有效带动当地餐饮、住宿、物流、务工等服务业的快速发展，产业总产值超过 25 亿元。硒砂瓜产业已成为当地农民增收致富的支柱产业，也是宁夏回族自治区乃至西北地区产业扶贫的成功典范，被称为“拔穷根”的民生工程。

六、多措并举，为产业保驾护航

一是加强组织领导。中卫市成立了硒砂瓜产业领导小组，加强部门协调配合并建立联席会议工作制度，统筹谋划硒砂瓜产业发展工作；制定印发了《中卫市现代农业发展扶持政策》《关于推进硒砂瓜产业持续健康发展的指导意见》《中卫市富硒产业发展推进方案》，对万亩小产区建设、硒砂瓜生产全程监控、印制硒砂瓜商标和二维码防伪标识、设立硒砂瓜专销区及品牌宣传推介、评鉴观摩、打假等环节给予政策扶持。二是严格质量控制。按照《绿色食品硒砂瓜标准化生产技术规程》《中卫市硒砂瓜标准化生产技术规程》，在硒砂瓜生产过程中，严格控水控肥控药，秋季或春季施用有机肥或生物有机肥，在伸蔓期、膨大期无有效降水、旱情比较严重的地块每亩分别补水 10 立方米左右；病虫害防治以预防为主，主要采取人工、物理、生物防治等方法；高度重视老化压砂地修复利用，引进农业龙头企业，在老化压砂地示范

种植钙果、枸杞、核桃等经济作物，有效探索压砂地后续利用问题；投资3.1亿元在中卫沙坡头区香山北麓干旱区规划建设了10万亩永大线枣瓜间作示范基地，成为中卫市区南部的绿色生态屏障，生态效益显著。三是强化科技支撑。组建中卫市硒砂瓜研究所，成立硒砂瓜专家技术团队，充分发挥自治区、市、县（区）农业科技人员的技术专长，初步建立了农技人员直接到户、良种良法直接到田、技术要领直接到人的科技成果转化应用新机制，积极开展硒砂瓜新品种试验示范，筛选培育适宜压砂地栽培的硒砂瓜主推新品种，新技术到位率超过80%，良种覆盖率达到95%以上。四是坚持绿色发展。大力推行以“控水、控肥”为主要措施标准化生产技术，开展硒砂瓜品质品牌保护工作，采取“政策引导、资金扶持、技术服务、典型带动”等措施，组织修改、完善了相关技术规程以及品质品牌保护的具体措施；严格落实“三统一”控水、“四推行”控肥、“三级”申报、“三榜”公示等关键措施；同时，加大硒砂瓜残膜回收工作力度，进一步促进硒砂瓜产业健康绿色发展。

绿色发展　茴香飘远

唐　伟[1]　杨　玲[2]　努尔艾麦提·吾斯曼[3]
（1. 中国绿色食品发展中心；2. 新疆维吾尔自治区农产品质量安全中心；
3. 岳普湖县农产品进出口有限公司）

习近平总书记强调，扶贫开发贵在精准、重在精准、成败之举在于精准。产业发展是经济活动，要遵循市场规律，按照市场需求发展特色产业，而不是一哄而上。只有精准对接特色，紧扣“优势”做文章，因地制宜选择具有比较优势的特色产业，才是赢得市场竞争、增收脱贫的制胜之道。进入21世纪以来，新疆地方政府下力气发展特色林果产业，红枣成为新疆特色产品，行销全国。但是，随着越来越多的企业在新疆承包土地种植红枣，新疆红枣种植面积不断增大，产量不断提高，到了供过于求的阶段，红枣市场价格降幅很大。相比红枣产业，新疆喀什岳普湖县委、县政府则高度重视农业特色产业结构调整，深度挖掘县域历史文化、特色产品，独辟蹊径，确定了以小茴香为主的特色产业，通过绿色化、品牌化发展，取得了良好的扶贫效果。

一、瞄准特色产业精准发力

岳普湖县是国家深度贫困县，总人口17万余人，其中农业人口13.6万人。自然环境脆弱、基础设施薄弱、产业发展滞后等因素制约了该县当地经济发展。2014年，通过精准识别，全县共有68个贫困村（其中深度贫困村49个），贫困人口13 922户55 820人，贫困发生率31.29％。脱贫攻坚战打响以来，岳普湖县坚定攻坚决心和信心，做好精准文章，发展小茴香、金银

花等特色产业，特别是小茴香产业，发展势头很好。

小茴香在新疆俗称“孜然”，去过新疆的人应该都知道，小茴香不仅是烤肉的灵魂，还是当地特色茶饮里不可或缺的配料，更是一种重要的中药材。岳普湖小茴香原产于中亚、伊朗一带，后经丝绸之路传到我国新疆等地。岳普湖县种植小茴香的历史有近千年，据《岳普湖县县志》记载，岳普湖县小茴香规模化种植始于 1966 年。岳普湖县地处塔克拉玛干沙漠边缘，气候干燥，昼夜温差大，日照时间长。灌溉水源以天山和帕米尔高原的雪融水为主；土壤以沙壤土为主，质地疏松。独特的地理位置和自然资源条件，造就了“铁力木小茴香”特有的品质，籽粒饱满，香味浓郁，挥发油含量每百克达到 4.5 毫升。1992 年，岳普湖县被列为新疆小茴香三大主产区之一，是全国优质小茴香的重要产地。

小茴香生产基地

经过多年的探索和培育，岳普湖县委、县政府决定充分发挥岳普湖县的地域优势和小茴香长期种植的历史，把小茴香作为特色产业发展。2020 年 1 月 7 日，县委十三届六次全会（扩大会议）明确提出发展特色小茴香产业，即种植15万亩（农户种植），加上种植大户套种面积，预计2020年小茴香平播、套种种植总面积突破30万，年产16 000余吨。岳普湖县委、县政府将抓住这一优势，将岳普湖小茴香定位为优质调味料、优质中药材、优质香精、香料的原料，稳稳把牢岳普湖县作为全国优质小茴香生产基地的地位，力争通过5～10年时间，将岳普湖县逐步打造为大型调味料厂商优质原料供应基地、优质中药材原料供应基地、全国优质小茴香育种基地、小茴香技术服务输出基地。

二、绿色品牌引领产业发展

岳普湖县非常重视品牌对产业发展的引领作用，通过“产品品牌＋绿色品牌＋区域公共品牌”的组合拳，做大做强岳普湖小茴香产业。

（一）创建企业品牌

以前岳普湖县农民种植小茴香，没有正规的销售渠道，小茴香价格便宜的时候1千克只能卖几块钱。岳普湖县小茴香协会会长吾斯曼·吾拉音凭着多年的做农副产品生意的市场经验，在政府的帮助下，于2004年，成立了小茴香协会，并注册了“铁力木小茴香”商标。有了商标的小茴香多次参加了喀交会、乌洽会、巴基斯坦卡拉奇商品展销会，开始走出国门，开辟国际市场。现在岳普湖县小茴香已经出口到巴基斯坦、吉尔吉斯斯坦、乌兹别克斯坦等周边国家，成为该县一张响亮的名片。

（二）入选区域公共品牌

在当前推动农业经济高质量发展的大背景下，岳普湖县大力加强品牌创建工作，不断扩大“铁力木小茴香”地标产品的市场影响力。该县以岳普湖县孜然协会为主体，积极申请区域公共品牌，为产品添加更多的内涵。2016年，“铁力木小茴香”获得农业部农产品地理标志证书。为了更好保护和发展岳普湖“铁力木小茴香”，2019年，农业农村部给予专项资金支持，开展

“铁力木小茴香”地理标志农产品登记保护工程项目。从生产能力提升、特色品质保持、品牌建设、知识产权保护等方面开展建设，以农产品地理标志品牌提升建设为抓手，提高产品的知名度，加强生产基地标准化建设和品牌化建设，将品牌优势转化为经济效益，最终实现企业增效，农民增收。

（三）打造绿色品牌

岳普湖县地处偏远，小茴香种植基本处于原生态模式，不使用农药、化肥，发展绿色食品具有天然优势。岳普湖县充分利用这一优势，坚持绿色发展理念，打响绿色品牌。该县以岳普湖县农产品进出口有限公司为龙头企业，申报绿色食品，于 2017 年获得绿色食品证书。获得绿色证书后，绿色食品品牌影响力让“铁力木小茴香”得到了更多消费者的认可，市场价格从原来的 16 元/千克，提高到 25 元/千克，提高了近 56%。仅 2019 年岳普湖县小茴香就先后荣获郑州第二十届中国绿色食品博览会金奖、北京第十届新疆农产品交易会金奖；2020 年 1 月，荣获 2019 年全国绿色农业十佳蔬菜地标品牌。

绿色食品博览会上接受记者采访

三、特色产业带动农民增收

岳普湖县处在喀什噶尔河、叶尔羌河等三河的下游，来水量极少，长年干旱，却不影响小茴香种植。小茴香有耐干旱的特性，从 2 月种植到 6 月初成熟收割，一次水也不用浇，不需要花费大的力气就能获得丰收。同时，小茴香生长周期短、投入成本低、种植效益好，这些特性使小茴香产业成为促进岳普湖县农业增效、农民增收的特色优势产业，在助力脱贫攻坚中发挥了重要作用。

岳普湖县龙头企业岳普湖县农产品进出口有限公司的创始人吾斯曼·吾拉音凭着诚信经营，把孜然销往上海、北京及乌兹别克斯坦等市场，成为岳普湖县农民赚回美元的第一人，被乡亲们誉为“孜然大王”。富起来的吾斯曼没有忘记周围的农民朋友，积极帮助周围群众，2011 年，他所在的家乡铁力木乡 1 村、3 村有几家农民朋友家庭贫困，买不起小茴香种子，他为他们购买了 3.6 万元的小茴香种子；由于部分农民家没有劳动力，他又出资为各个收购点购买一台小茴香加工机器，免费为农民加工小茴香。2013 年，吾斯曼·吾拉音荣获第三届新疆维吾尔自治区道德模范提名奖。

小茴香产业发展起来以后，岳普湖县依托该产业带动贫困户脱贫致富。岳普湖县农产品进出口有限公司和政府农技人员，每年都为农民提供大量的培训，组织农户交流种植经验。在悉心的技术指导下，小茴香产量得到很大提高，从原来的亩产 40～50 千克，增加到亩产 100～120 千克，加上品牌化发展后的溢价，贫困户户均增收近万元。岳普湖县农产品进出口有限公司负责人努尔艾买提·吾斯曼说：“脱贫攻坚人人有责、扶贫工作人人有责。我们希望通过小茴香产业，提高农民收入，助力岳普湖早日脱贫。”